Serge Kahili King

Schamanische Kräfte und Sinne

Serge Kahili King

Schamanische Kräfte und Sinne

ALS STADT-SCHAMANE
DIE WIRKLICHKEIT VERÄNDERN

Aus dem Amerikanischen übersetzt
von Karl Friedrich Hörner

Lüchow

Hinweis: Die Informationen in diesem Buch sind sorgfältig und nach bestem Wissen recherchiert. Eine Garantie kann von Autor und Verlag dennoch nicht übernommen werden; eine Haftung für Personen-, Sach- und Vermögensschäden ist ausgeschlossen. In medizinischen Fragen ist der Rat Ihres Arztes oder Heilpraktikers maßgebend.

Bibliografische Information der Deutschen Nationalbibliothek
Die Deutsche Nationalbibliothek verzeichnet diese Publikation in der Deutschen Nationalbibliografie; detaillierte bibliografische Daten sind im Internet über http://dnb.d-nb.de abrufbar.

info@j-kamphausen.de

www.weltinnenraum.de
2011

Umschlaggestaltung: ReclameBüro, München
Die Gedichte wurden aus dem Amerikanischen übertragen von Ulrich Magin
Umschlagbild: © Set Apart / fotolia (Adler) John Wang / Getty Images
Satz: de·te·pe, Aalen
Druck: Westermann Druck Zwickau GmbH

ISBN 978-3-89901-523-2

Dieses Buch wurde auf 100 % Altpapier gedruckt und ist alterungsbeständig.
Weitere Informationen hierzu finden Sie unter www.weltinnenraum.de

INHALT

WIDMUNG

Dieses Buch ist den *alakai* von Huna International gewidmet, die sich der Verbreitung der Huna-Philosophie und des Aloha-Geistes verschrieben haben, den sie in alle Welt tragen; sie haben auf vielerlei Weisen dabei geholfen, die hier vorgestellten Ideen und Techniken zu entwickeln.

DANKSAGUNGEN

Mein tief empfundener Dank gilt meiner Frau Gloria, die geduldig dafür sorgte, dass ich etwas aß, wenn ich Nahrung brauchte, die mich gekonnt ablenkte, wenn ich eine Pause brauchte, und die sich bereitwillig auf neue Experimente einließ, wenn ich eine Versuchsperson brauchte. Ich danke auch meinem Agenten, John White, der mich immer wieder ermutigte, dieses Buch zu schreiben.

VORWORT

LEBEN IST EIN ABENTEUER

Mach dir klar, was du willst, und sei dafür bereit;
Du kannst dein Leben ändern, und zwar jederzeit.
Nichts ist wirklich unmöglich, glaube nur daran;
Vertrau nicht auf dein Glück, fang noch heute an.

(Refrain) Leben ist ein Abenteuer, Leben ist ein Traum;
Alles kann sich ändern, Schranken gibt es kaum.
Trau dir, gib dein Bestes, fange einfach an;
Plan, wie du dein Leben lebst, und lebe dann den Plan!

Scheint die Welt mal finster, das Leben unlebbar,
Schalte einfach Licht an, denn dann siehst du klar.
Wenn du unglücklich bist, Zweifel an dir nagt,
Fülle dich mit Energie, dann wird laut gesagt:

(Refrain) Leben ist ein Abenteuer, Leben ist ein Traum;
Alles kann sich ändern, Schranken gibt es kaum.
Vertrau dir, gib dein Bestes, fange einfach an;
Plan, wie du dein Leben lebst, und lebe dann den Plan!

Es gibt ein altes Geheimnis, nichts Neues ist dabei:
Glaube versetzt Berge und Liebe macht dich frei;
Segne die Welt jeden Morgen, damit segnest du dich;
Vertrau der Stärke in dir, die Welt ist schön und frisch!

(Refrain) Leben ist ein Abenteuer, Leben ist ein Traum;
Alles kann sich ändern, Schranken gibt es kaum.
Trau dir, gib dein Bestes, fange einfach an;
Plan, wie du dein Leben lebst, und lebe dann den Plan!

Serge Kahili King, 1991

KAPITEL 1
DIE VIER WELTEN DES SCHAMANEN

Viele Leser wissen es bereits: Ich wurde in einer hawaiianischen esoterischen Tradition aufgezogen und ausgebildet, die wir Huna nennen. Eine Fülle von Einzelheiten aus dieser Tradition und meiner Ausbildung sind in meinen anderen Büchern zu finden. Hier genüge es zu sagen, dass meine hawaiianische Adoptivfamilie, die Kahilis, einer Version des Huna folgte, die starke Verbindungen mit anderen schamanischen Traditionen rund um den Globus aufweist. *Kupua* ist im Hawaiianischen das Wort für Schamane. Was hier folgt, ist also durchweg vor diesem weiteren Hintergrund zu sehen. Zur besseren Unterscheidung kann man diese Tradition als *Huna-Kupua* bezeichnen.

Obwohl ich über Huna in seinem Bezug zu vielen verschiedenen Bereichen des Lebens schon ausführlich geschrieben habe, möchte ich mit dem vorliegenden Buch das Verständnis und auch die Praxis weiter vertiefen. Und – daran besteht kein Zweifel – es dürften sogar noch mehr Einzelheiten aus meinem Leben enthüllt werden.

EIN WENIG HINTERGRUND

Zu den verwirrendsten Dingen für Menschen, die sich mit Huna befassen, gehört die Weltsicht der »Hunatiker« (um die eher phantasievolle als akademische Wortprägung eines solchen aufzugreifen). Sie verwirrt meine Schüler heute, und sie verwirrte fraglos auch mich, als ich in dieser Tradition aufwuchs.

Als ich als Teenager auf einer Farm lebte, sprach mein Vater zuweilen über die Ernte und die Tiere um uns herum gerade so, wie es auch die Bauern in unserer Nachbarschaft zu tun pflegten. Manchmal aber sprach er nicht über, sondern zu den Feldfrüchten und Tieren, als wären sie alle intelligente Wesen, die ihn verstehen und ihm antworten könnten. Obwohl ich selbst lernte, was er tat, dauerte es doch geraume Zeit, bis ich diesen Vorgang begriff. Es gab eine Phase, in der es mir schwerfiel, mich zu konzentrieren, während all die Konversationen von Bäumen, Blumen, Käfern, Steinen und Gebäuden im Gange waren. Ich lernte dann, mich in diese Art von Gewahrsein ein- oder es abzuschalten, ohne freilich zu wissen, wie ich das bewerkstelligte.

Im Laufe von sieben Jahren in Afrika lehrte mich mein schamanischer Mentor, M'Bala, mich in einen Zustand tiefer Trance zu versetzen und dann mit den Tieren des Dschungels zu verschmelzen. Ich hielt den Trancezustand für das Mittel, die Veränderung herbeizuführen, bis ich erkannte, dass mein Lehrer von einem Augenblick zum andern das Gleiche tun konnte, ohne überhaupt in Trance zu gehen. Die Trance war nur ein Hilfsmittel und nicht das, was den Wechsel in meinem Erleben bewirkte.

Mein hawaiianischer Kahuna-Onkel, Wana Kahili, lehrte mich, auf innere Reisen zu gehen, Reisen voller Staunen und Schrecken, und leitete mich an, Vorzeichen in Wolken, Blättern und Möbelstücken zu sehen. Doch er brachte mir auch bei, im Wachzustand höchst bewusst zu sein und keine Vorzeichen zu sehen – denn es gibt Zeiten, in denen das ebenso wichtig sein kann.

Mein Vater, M'Bala und Wana Kahili verbrachten sehr wenig Zeit mit Erklärungen der Phänomene, die zu erleben sie mich lehrten. Sie stimmten darin überein, dass Erfahrung der beste Lehrmeister sei und dass intellektuelles Erklären dem eigenen Erleben im Wege stehe. Dies war für mich eine gute Methode, aus meinem Dickschädel und in meinen Körper zu kommen; doch es bremste mein Lernen erheblich, dass ich mit Zweifeln und Ängsten der nicht-schamanischen Kultur zu schaffen hatte, in der ich ebenfalls lebte. Bei meinem eigenen Lernen und Lehren habe ich festgestellt, dass die Befriedigung des fragenden Intellekts oft die analytischen und emotionalen Barrieren vor dem Lernen senkt und damit eine viel schnellere Aufnahme von Erfahrungen ermöglicht. Und so verbrachte ich Jahre damit, meine persönlichen Erlebnisse und die anderer Schamanen vorurteilsfrei zu analysieren, um besser zu verstehen, was wir taten – wenn wir taten, was wir taten –, um es schließlich einfacher vermitteln zu können.

Der eigentliche Ausgangspunkt war Wana Kahilis Lehre von den vier Welten oder Weltsichten – Ebenen oder Modalitäten des Erlebens, zwischen denen ein jeder spontan und gewöhnlich unbewusst wechselte, was Schamanen jedoch bewusst zu tun pflegten. Die vier Welten oder Sichten der Welt waren, auf Hawaiianisch, *'ike papakahi* (wörtlich: Erleben auf der ersten Ebene), *'ike papalua* (Erleben auf der zweiten Ebene), *'ike papakolu* (Erleben auf der dritten Ebene) und *'ike papaha* (Erleben auf der vierten Ebene). In groben Zügen umriss er, dass diese Ebenen die »gewöhnliche Welt«, die »telepathische Welt«, die »Traumwelt« beziehungsweise die »Welt des Seins« darstellten. Aus didaktischen Gründen habe ich sie in die »objektive«, die »subjektive«, die »symbolische« und die »ganzheitliche Welt« umbenannt. Wana Kahili sagte auch, dass alle diese Welten jedem offenstünden – nicht nur Schamanen – und der Unterschied nur darin bestehe, dass *wir* sie wissend und gezielt nutzten. Sehr viel Verwirrung im Leben der Menschen, fügte er hinzu, rühre daher, dass sie die Welten in ihrem Denken und Reden durcheinanderbrächten.

Ich wollte eine große Zahl von Menschen binnen kurzer Zeit über das schamanische Erleben unterrichten, doch selbst nach jenem hilfreichen Beginn blieb mir noch eine Menge eigener Arbeit zu tun. Dies ist eine kurze Zusammenfassung meines Suchens und Untersuchens.

DAS ERLEBEN DES SCHAMANEN

Was tun wir Schamanen (oder Hunatiker), wenn wir tun, was wir tun? Wir sprechen mit der Natur und mit Geistern, wir verändern das Wetter und schaffen Ereignisse, wir heilen Menschen von körperlichen und geistigen Leiden und channeln seltsame Wesenheiten, wir entfliegen unseren Körpern, reisen durch andere Dimensionen und sehen, was andere nicht sehen können … und wir zahlen unsere Steuern, waschen unsere Autos und kaufen unsere Lebensmittel. Gibt es einen Faden, der alle diese so unterschiedlichen Tätigkeiten miteinander verknüpft, oder sind sie lediglich eine Sammlung einzelner, aber separater Fertigkeiten?

Im ersten und grundlegenden Prinzip des Huna finden wir einen wichtigen Hinweis. Das Prinzip besagt: »Die Welt ist, wofür Sie sie halten.« Eine andere, bekanntere Formulierung des gleichen Sachverhalts lautet: »Wir erschaffen unsere Wirklichkeit selbst.« Die meisten Menschen, die dies sagen, akzeptieren es jedoch nicht wirklich ganz; sie meinen nämlich, es bedeute nur, dass alles Schlechte, das ihnen zustößt, ihr eigenes Verschulden sei. Viele, die es besser verstehen und akzeptieren, beschränken die Bedeutung jener Wahrheit auf ihre Vorstellung, dass sie für ihre Gefühle und ihr Erleben selbst verantwortlich seien, und wenn sie ihre negativen Gedanken in positive verwandelten, fingen sie an, positive anstelle von negativen Erlebnissen anzuziehen.

Wir Schamanen jedoch gehen noch viel weiter. Für uns bedeutet diese Vorstellung, dass wir durch unser Denken nicht nur unser Erleben anziehen, sondern tatsächlich Wirklichkeiten erschaffen. Durch unsere Vermutungen, Einstellungen und Erwartungen machen wir Dinge möglich oder unmöglich, wirklich oder unwirklich. Mit anderen Worten, durch Verlagern unseres Denkrahmens können wir in der gleichen physischen Dimension, die wir mit allen anderen Menschen gemeinsam haben, gewöhnliche und ungewöhnliche Dinge tun. Ich wiederhole, dass Schamanen nicht einzigartig sind, wenn sie das tun. Jegliche Einzigartigkeit kommt von der Art, wie wir es anwenden.

Um das Erleben zu verändern und innerhalb einer gegebenen Wirklichkeit von ungewöhnlichen Fähigkeiten Gebrauch machen zu können, gilt es, von einem Rahmen aus Überzeugungen (oder Annahmen, Einstellungen und Erwartungen) über diese Wirklichkeit zu einem anderen Rahmen umzuschalten. Dies klingt sehr einfach – und das ist es in der Tat. Der schwierigste Teil – und für manche kann er sehr schwierig sein – ist, diese Einfachheit zu akzeptieren, denn das bedeutet, die eigene Vorstellung über die Wirklichkeit zu ändern. Die Definition, die ich gebrauchen werde, ist sehr einfach. Wirklichkeit ist Erleben. Es spielt keine Rolle, ob Sie an eine Welt »dort draußen« glauben, an eine Welt der telepathischen und Energie-Verbindungen, an eine Welt aus Träumen oder eine Welt des Einsseins. Wirklichkeit ist Erleben, und Erleben ist Wirklichkeit. Deshalb können wir entweder etwas tun, um die Wirklichkeit zu modifizieren, damit sich unser Erleben der Wirklichkeit verändert, oder wir können unser Erleben modifizieren, um die Wirklichkeit selbst zu verändern. Und genau darum geht es in diesem Buch.

DENKRAHMEN – IM RAHMEN DES DENKBAREN

Das Modell, das ich Ihnen nun vorstellen werde, wurde speziell gestaltet, um moderne Stadtschamanen zu befähigen, klar und bewusst zwischen Wirklichkeitsebenen oder Denkrahmen zu unterscheiden. In einer Gesellschaft, die mit dem Schamanismus besser vertraut ist und ihn akzeptiert, wäre dies nicht notwendig. Das Wechseln zwischen den Denkrahmen oder Perspektiven ginge auf die gleiche Art vonstatten, doch es könnte intuitiver geschehen, weil es weniger widersprechende oder gegensätzliche Denkrahmen von anderen (religiösen oder säkularen) Philosophien gäbe.

In dem Beispiel, das wir uns nun vorstellen, hält sich ein moderner Anthropologe auf einer Insel im Südpazifik auf und studiert die Kultur der Eingeborenen. Eines Tages kommt der Dorfschamane von seinem Tarofeld, wo er gejätet hat, und erzählt den Dorfbewohnern, während seiner Arbeit sei die Göttin Hina auf einen Regenbogen herabgekommen und habe ihn gewarnt, dass sich ein Hurrikan nähere; dann habe sie sich in einen Vogel verwandelt und sei davongeflogen. Der Schamane wechselt mit Leichtigkeit vom Jäten zur Kommunikation mit der Göttin, und die Dorfbewohner akzeptieren dies mühelos, weil es ihrer Erwartung entspricht, dass der Schamane sein Tarofeld jäten und zugleich mit den Gottheiten sprechen kann. Der Anthropologe wiederum hängt eher an einem Denkrahmen, der hier nur durch Drogen herbeigeführte Halluzinationen, Geistesstörungen, einen Schwindel oder die Dramatisierung irgendeiner ganz gewöhnlichen Wahrnehmung zulässt. Die Möglichkeit, dass der Schamane tatsächlich mit einem Geist kommuniziere, entgeht ihm – damit auch die Fähigkeit, es selbst zu tun.

Wenn wir nun die verschiedenen Weltsichten besprechen, behalten Sie im Sinne, dass man jede Welt betreten kann – ein klein wenig, wie wenn Sie die Zehen in einen Teich strecken, oder ganz und gar, wie wenn Sie in die Tiefen eines Ozeans eintauchen.

'IKE PAPAKAHI – DIE OBJEKTIVE WELT

… ist das, was die meisten Menschen in der modernen Gesellschaft als die gewöhnliche Wirklichkeit bezeichnen würden. Nehmen wir eine Waldwiese als Beispiel, so fände Ihr rein sinnliches Erleben dieses Stücks Natur als einer äußeren Wirklichkeit – die Farben von Pflanzen, Erde und Himmel, der Duft der Blumen, der Gesang der Vögel, die Berührung einer leichten Brise auf Ihrer Haut, Ihre Wahrnehmung der Bewegungen eines Rehes und seines Kitzes – in dem Rahmen einer objektiven Welt statt. Es erschiene Ihnen offensichtlich und nicht zu bezweifeln, dass die Waldwiese, aus dieser Sicht oder von dieser Ebene aus betrachtet, soundso viele Quadratmeter Fläche umfasst, dass da soundso viele Bäume bestimmter Arten stehen, dass einige von ihnen Laubbäume sind und andere Nadelbäume, dass soundso viele Tiere verschiedener Spezies das Waldstück bewohnen, dass dieses einen Besitzer hat und so weiter. Das alles wäre wahr. Aber nur auf dieser Ebene der Wahrnehmung. Denn diese erste Ebene, so offensichtlich sie auch scheint, ist nur aufgrund eines bestimmten Glaubens oder auf der Basis einer Annahme auf diese Weise wahrzunehmen, die uns als Rahmen für die objektive Welt dient: ALLES IST GETRENNT. Diese Grundannahme erlaubt uns Klassifizierungen und die Unterscheidung von Kategorien, sie normt die Gesetze der klassischen Physik und ermöglicht uns die verschiedenen Philosophien von Ursache und Wirkung.

Menschen, die mit dieser Grundannahme aufgewachsen sind, fällt es oft recht schwer, sie lediglich als eine Annahme zu betrachten. Es scheint so offenkundig, dass es die einzige Wahrheit sein muss. Aber das ist gerade das Wesen von Grundannahmen. All unser Erleben und Erfahren hat die Neigung, mit unseren Annahmen über unser Erleben übereinzustimmen. Es ist, als trügen wir eine rosa Brille und hätten vergessen, dass wir durch getönte Gläser sehen. Wenn wir uns nie darauf besinnen, dass wir sie abnehmen können, werden wir immer meinen, Rosa wäre die natürliche und einzige Farbe, die die Welt haben kann. Unvereinbarkeit erleben wir, wenn wir bewusst oder unbewusst anderen Annahmen wahrnehmen. Als sei uns die rosa Brille von der Nase gerutscht, fällt uns wieder ein, dass wir sie selbst aufgesetzt – oder einen Traum von einer grünen Welt gehabt – hatten. Und wir beginnen uns für das Erleben anderer Ebenen zu öffnen. Schamanen lernen so früh wie möglich, dass die objektive Welt nur *eine* Betrachtungsweise ist.

Die Annahme, dass alles getrennt sei, ist sehr machtvoll und sehr nützlich. Sie regte uns an zu Reisen, Erkundungen, Wissenschaft, Industrie und zu all den Wundern der modernen Technik einschließlich jener, die die Veröffentlichung dieses Buches ermöglichen. Doch sie diente auch dazu, Sklaverei, Rassismus, Kriege, Vivisektion, Umweltverschmutzung und die Ausbeutung der Schätze unserer Erde zu rechtfertigen.

Die Annahme an sich ist weder schlecht noch gut. Erst wenn die Menschen andere Annahmen in Verbindung mit Wertesystemen zugrunde legen, kommen Wertungen wie »gut« oder »schlecht« ins Spiel; solche Annahmen können auf jeder Ebene der Wirklichkeit auftreten. Betrachten wir unsere beispielhafte Waldwiese mit objektivem Blick, heißen wir sie vielleicht »gut«, weil sie verschiedenen Tieren Nahrung und Lebensraum bietet. Oder wir finden sie »schlecht«, weil sie kostbare Landfläche einnimmt, die für Wohnstätten und zur Nahrungsproduktion für uns Menschen besser genutzt werden könnte. Der Gebrauch oder Missbrauch der Umwelt oder ihrer Bewohner gründet auf der Vorstellung »Alles ist getrennt« sowie auf persönlichen Wertmaßstäben.

Zwei sekundäre Annahmen in der objektiven Welt sind, dass alles einen Anfang und ein Ende hat und dass jede Wirkung eine Ursache hat. Durch den einen oder einen anderen Akt werden Dinge verursacht, um geboren zu werden oder ins Dasein zu kommen, und am Ende sterben sie oder hören sie auf zu sein. Das ist ein sehr wichtiges Thema im Denken der objektiven Welt, deshalb wüten mächtige Kontroversen über die körperlichen Ursachen von Krankheit und die Frage, in welchem Augenblick genau eine Zelle oder eine Gruppe von Zellen zum menschlichen Wesen werden. Unsummen werden ausgegeben, um die Ursachen der Kriminalität in Gesellschaft und Umfeld zu bestimmen und um die Substanz historischer Gebäude zu bewahren, weil das Ende ihrer Existenz ein kultureller Verlust wäre. Menschen nehmen alle möglichen emotionalen und finanziellen Belastungen auf sich, um ein spezifisches Trauma in ihrer Kindheit aufzudecken, das sie heute unglücklich macht, und um das Leben des physischen Körpers zu verlängern. Alle diese Aktionen haben eine wichtige Bedeutung im Lichte der oben erwähnten Annahmen – doch aus der Perspektive anderer Grundannahmen sind sie gänzlich sinnlos.

Manche Menschen fällen das Werturteil, dass die objektive Welt schlecht sei, und sie trachten danach, ihr zu entfliehen oder sie herabzusetzen oder zu leugnen. Im schamanischen Denken hingegen ist die objektive Welt lediglich ein weiterer Ort der Tätigkeit, und das Ziel des Schamanen ist, in jeder Welt effektiv tätig zu sein. In seiner wichtigen Rolle als Heiler gebraucht der Schamane deshalb Annahmen der objektiven Welt, um Fertigkeiten in Heilmethoden wie Massage, Chiropraktik, Heilkräuter- und Arzneikunde, Operationen und Körperübungen, Ernährungslehre und Farbtherapie etc. zu erwerben und zu vertiefen, ohne durch die Grundannahmen jener Methoden begrenzt zu bleiben. Die Wirklichkeit auf der ersten Ebene verändern wir, indem wir verändern, was wir tun, verbal und physisch.

Stellen Sie sich vor, sich wieder auf unserer Waldwiese zu befinden. Dieses Mal nehmen Sie die wechselseitigen Abhängigkeiten in der Welt der Natur wahr, die gegenseitige Unterstützung von Elementen wie Licht und Schatten, Wind und Wasser, Erde und Stein, Bäumen, Vögeln, Blumen und Insekten. Sie empfinden sich selbst als Teil in diesem Gefüge wechselseitiger Abhängigkeit, nicht nur als dessen Betrachter. Vielleicht empfinden Sie Frieden, Glück, Heiterkeit, Liebe oder Ehrfurcht. Sie sind sich der Jahreszeit gewahr und erinnern sich an Jahreszeiten in der Vergangenheit und denken an jene, die noch kommen werden. Falls Sie Schamane oder telepathisch empfänglich sind, ist Ihnen vermutlich eine größere Veränderung Ihres Wahrnehmungsbereichs möglich, und Sie können die Auren oder Energiefelder aller Elemente sowie das Wechselspiel der Kräfte in der Szene vor Ihnen beobachten. Möglicherweise können Sie mit den Pflanzen, Tieren und Steinen sprechen oder mit dem Wind, der Sonne und dem Wasser und deren Geheimnisse und Geschichten erfahren. Je nachdem, was Sie an Erfahrung und Geschicklichkeit mitbringen, vermögen Sie sogar Naturgeister oder Devas und die Überseele oder *aumakua* der Wiese selbst wahrzunehmen und mit ihnen zu kommunizieren. Während Sie dort stehen, werden Sie vielleicht plötzlich Zeuge einer Szene von vor hundert Jahren, als hier nach einer erfolgreichen Jagd Indianer lagerten, um das Feuer saßen, ihre Pfeifen rauchten und dem Großen Geist Dank sagten. Vielleicht fühlen Sie sogar, dass Sie einer von ihnen sind/waren.

Diese Beispiele für ein Erleben der subjektiven Welt sind möglich auf der Basis der Grundannahme dieser Ebene: ALLES IST MITEINANDER VERBUNDEN. Sie wird gestützt von den sekundären Annahmen »Alles ist Teil eines Kreislaufs und im Übergang« und »Alle Ereignisse sind gleichzeitig.«

Im Gefüge dieser Welt sind Telepathie und Hellsehen naturgegebene Fakten, so unzweifelhaft wie die Wirkung eines Hebels in der objektiven Welt. Die gedankliche Kommunikation – mit allem, was existiert, unabhängig von der Entfernung – ist möglich, weil alles miteinander verbunden ist. Aufgrund von empathischer Verbundenheit können Emotionen miterlebt werden. Auren sind zu sehen und zu spüren, weil Energie die Verbindung ist. Vergangene und zukünftige Leben können bekannt sein, weil das Leben zyklisch ist und die Zeit Gleichzeitigkeit. Der Tod ist auf dieser Ebene nur ein Übergang, Teil eines Kreislaufs, während er in der objektiven Welt etwas Endgültiges ist. Alles an dieser Ebene ist wahr, aber wiederum nur aus der Perspektive eben dieser Ebene. Darum haben Menschen, die sich primär in und an der objektiven Welt orientieren, solche Schwierigkeiten, telepathische Phänomene und subjektive Wissenschaften wie die Astrologie als Tatsachen zu akzeptieren – und den primär in der subjektiven Welt Orientierten fällt es so schwer, ihr Erleben objektiv-verwurzelten Freunden zu erklären. Aus der Perspektive der jeweils anderen betrachtet, ist keine der beiden Welten sinnvoll und stimmig. Wenn man geboren wird und stirbt und das alles ist, dann sind frühere Leben Unsinn. Wenn die Sterne eine Myriade Kilometer entfernt sind und man selbst hier auf der Erde spaziert, dann ist jeglicher Einfluss der Gestirne absurd. Anderseits: Wenn alles in wechselseitiger Abhängigkeit miteinander steht, dann ist es Selbstmord, alle Bäume zu fällen, um mehr Städte zu bauen, und wenn Sie in einem früheren Leben einer anderen Rasse angehörten, wird es zur absurden Heuchelei, diese heute zu hassen. Einen schamanischen Weg aus diesem Dilemma hinaus weist uns das siebte Huna-Prinzip: »Wirksamkeit ist das Maß der Wahrheit.« Statt zu entscheiden, welche Ansicht richtig ist, nutzt der Schamane, was effektiv und geeignet ist, um das Ziel der Heilung zu erreichen.

Schamanische Heilmethoden auf dieser Ebene gebrauchen telepathische Suggestionen und schöpferische Gedankenformen, Akupunktur/Akupressur und Energieausgleich, -übertragung oder -bewegung von Hand oder mit Hilfe von Mittlern wie Kristallen und bestimmten Energieformen und -mustern.

Abermals befinden Sie sich auf der Waldwiese, doch dieses Mal beflügeln Sie Ihre Vorstellungskraft und sehen Sie die Offenheit der Wiese als Symbol Ihrer eigener Offenheit für die Liebe und das Leben: Die Bäume werden zu Repräsentanten Ihrer inneren Stärke und höchsten Bestrebungen, die Vögel singen Verheißungen von Freude, das Sonnenlicht auf Ihrer Stirn empfinden Sie als göttliche Berührung. Sie sind von der Schönheit des Ortes erfüllt und so bewegt, dass Sie, je nach Neigung und Talent, auf der Stelle ein Gedicht schreiben oder ein Bild malen, um die Stimmung einzufangen. Sie sind nun zu einen Denkrahmen gewechselt, dessen Grundannahme lautet: ALLES IST SYMBOLISCH. Mit einiger schamanischer Erfahrung könnten Sie noch weiter gehen und auf richtungweisende Vorzeichen in den Mustern von Wolken, Blättern oder dem Vogelflug achten. Oder Sie könnten ein Ritual durchführen und die Wiese weihen, so dass sie ein noch kraftvollerer Ort der Heilung für zukünftige Besucher wird. Eine typische schamanische Gedankenfolge auf dieser Ebene sagt: Wenn alles symbolisch ist und Träume Symbole sind, dann ist auch diese Wirklichkeit ein Traum. Ein Element schamanischer Fertigkeiten ist die Fähigkeit, in Träume einzutreten und sie zu verändern. An diesem Punkt könnte man fragen, was es denn ist, das für alles symbolisch ist? Und wessen Traum ist es? Auf dieser Ebene lautete die korrekte Antwort: Alles ist Symbol für alles andere, besonders aber für den Wahrnehmenden; der Traum ist jedermanns Traum, besonders aber der Traum des Träumenden. Mit anderen, symbolischen Worten ausgedrückt: Alles in Ihrem persönlichen Erleben ist eine Widerspiegelung Ihrer selbst, auch alle Menschen und Dinge um Sie herum. Um das Erleben von dieser Ebene aus zu verändern, können Sie entweder die Symbole oder deren Deutung verändern oder sich selbst verändern, so dass sich in der Folge auch die Widerspiegelung Ihrer selbst verändert.

Die sekundären Annahmen sind: »Alles ist Teil eines Musters und existiert in Beziehung zu etwas anderem« und »Alles bedeutet, was Sie ihm an Deutung geben«. Viele Wissenschaftler in der Forschung und in der theoretischen Mathematik sind in dieser Ebene verwurzelt; sie suchen nach bedeutungsvollen Mustern und Beziehungen in der sichtbaren Struktur des Universums und beachten dabei häufig nicht, wie sehr sich ihre eigenen Überzeugungen auf ihre Entscheidungen auswirken. Auch die Frage nach objektiven Anwendungen ihrer Forschung interessiert sie nicht. Schamanen oder andere symbolisch orientierte Personen werden zu ihrem Nutzen beachten, wie sich Überzeugungen im Körper und im Erleben widerspiegeln und wie leicht sich Zustände und Beziehungen verändern, wenn auch Überzeugungsmuster verändert werden.

Schamanische Heilmethoden auf dieser Ebene beziehen alle Glaubens-, verbalen und Visualisierungs-Therapien ein, darunter Hypnose, NLP, Affirmationen, geführte Phantasiereisen, Plazebos, Traumarbeit und den Einsatz von Amuletten und Talismanen.

'IKE PAPAHA – DIE GANZHEITLICHE WELT

Dieses Mal stehen Sie nicht auf der Wiese – Sie *sind* die Wiese. Sie können fühlen, wie das Sonnenlicht von dem Chlorophyll in Ihren Blättern und Halmen in brauchbare Energie verwandelt wird, während Ihre Wurzeln Nährstoffe aus der Erde ziehen und Sie freigebig Ihren Nektar der Biene überlassen, die den Blütenstaub einsammelt, um ihn zu anderen Blumen zu tragen. Als Biene wiederum genießen Sie es, den Nektar zu saugen, und instinktiv wissen Sie, dass Sie einiges von dem Blütenstaub auf anderen Blumen lassen werden, dass jedoch immer noch reichlich davon übrig bleiben wird, das Sie weiteren Ausdrucksformen Ihrer selbst in den Stock mitbringen. Als der Vogel fühlen sie das Beben Ihrer Kehle, während Sie Ihr Hochzeitslied tirilieren und mit Ihrem gefiederten Schwanz wippen, um das Gleichgewicht auf dem Kiefernzweig zu halten, der sich bis über den Rand der Wiese streckt, und als die Kiefer wissen Sie, dass Sie nicht am Rande der Waldwiese stehen, sondern ein Teil dessen sind, was die Wiese zu dem macht, was sie ist.

Dies ist eine kleiner Teil dessen, was Sie auf der ganzheitlichen Ebene erleben. Die Grundannahme lautet hier: ALLES IST EINS. Praktisch ausgedrückt, geht es um Ihr Identitätsempfinden. Das tiefste Erleben von Identität wird gewöhnlich als so etwas wie »kosmisches Bewusstsein« bezeichnet – ein jämmerlich unangemessener Versuch, ein Empfinden des Einsseins mit dem Universum zu beschreiben, das seinem Wesen nach unbeschreiblich ist, weil Wörter und Sprache das Erleben einfach nicht zu fassen vermögen. Ein oberflächlicheres und gewöhnlicheres Erleben ist Ihr Empfinden zu wissen, dass Sie existieren. Descartes gebrauchte einen für die dritte Ebene typischen symbolischen Ansatz, um das Empfinden der eigenen Existenz zu rechtfertigen, als er sagte: »Ich denke, also bin ich.« Ein objektive Formulierung könnte lauten: »Ich spüre, also bin ich«, der subjektive Satz: »Ich fühle, also bin ich.« Auf der vierten, ganzheitlichen Ebene jedoch können wir wahrscheinlich nichts Besseres tun als Popeye, der sagte: »Ich bin, was ich bin, und das ist alles, was ich bin.«

In der ganzheitlichen Welt gibt es keine empfundene Trennung zwischen Ihnen selbst und dem, was Sie als »gleichfalls Sie seiend« ausmachen – was auch immer es ist. In dem Maße, in dem Sie sich der Identifikation gewahr sind, befinden Sie sich und wirken Sie im Ganzheitlichen, in dem Maße, in dem Sie sich der »Andersartigkeit« gewahr sind, befinden Sie sich und wirken Sie in anderen Bereichen. Sie haben vielleicht bemerkt, dass das Empfinden von Getrenntsein – ein deutliches und primäres Merkmal in der objektiven Welt – auf unserem Weg von Welt zu Welt abnahm; es war schwächer in der subjektiven Welt (Verbundenheit = weniger getrennt) und noch weniger in der symbolischen Welt (eine Widerspiegelung setzt immer nicht etwas voraus, das reflektiert). Man kann auch ein ganzheitliches Gewahrsein dessen haben, was man als Selbst betrachtet, während man zu der gleichen Zeit ein nichtganzheitliches Gewahrsein dessen hat, was »Nicht-Selbst« ist. So kann sich ein Angehöriger eines bestimmten Stammes in Westafrika ganzheitlich mit der Gemeinschaft identifizieren – was heißt, dass er kein Empfinden von persönlicher Identität besitzt, das über die eines Angehörigen des Stammes hinausgeht –, und dabei eine gänzlich objektive und feindselige Wahrnehmung eines anderen Stammes haben.

Während die ganzheitliche Identität ein natürlicher Teil des menschlichen Erlebens ist – manche Menschen dehnen ihr Identitätsempfinden »ganz normal« auf persönlichen Besitz, Familie, Stadt oder Land aus –, erfordert es schon einiges Geschick, um in diese Welt bewusst einzutreten und in ihr zu operieren. Schauspieler und Schauspielerinnen – ihr Beruf hat sich aus einer uralten schamanischen Tradition entwickelt – sind heutzutage die bekanntesten Anwender dieser Fertigkeit. In alten Zeiten und in gewissem Maße auch in der modernen Zeit waren und sind Schamanen fähig, die Identität von Tieren, Naturgeistern und Archetypen anzunehmen, die als Götter und Göttinnen gelten. In diesem Zustand der Identifikation besitzen sie die Eigenschaften und Kräfte jener Wesenheiten. Wie ein guter Schauspieler, der von Hause aus eher zurückhaltend ist, überzeugend die Rolle eines selbstsicheren Helden spielen kann, indem er sich wirklich in die Rolle hineinversetzt, so kann ein Schamane die Stärke eines Bären oder die Weisheit eines Gottes erlangen, indem er seine Rolle so gut innerlich erarbeitet und äußerlich erfüllt – dass der Part ihn spielt. Dies beruht auf den sekundären Annahmen dieser Ebene: »Wissen bringt Sein hervor« und »Pack die Sache an, und du wirst die Kraft haben« (wie Ralph Waldo Emerson es ausdrückte).

An schamanischen Heilweisen finden wir auf dieser Ebene vor allem zwei Kategorien: zum einen das Channeling, bei dem man mehr oder weniger die Identität eines größeren Heilers annimmt oder mit einer größeren Heilungskraft eins wird und dann auf heilsame Weise an jemandem arbeitet; und das, was ich »Grocken und Leiten« nenne, wobei man sich mit der Person identifiziert oder die Person wird, die es zu heilen gilt, und dann sich selbst heilt. Es erübrigt sich zu sagen, dass es zu Letzterem einer nicht geringen Portion an Vertrauen bedarf, damit es zum Erfolg führt. Andernfalls wird man durch den Zustand der anderen Person so verstört, dass es einen aus der ganzheitlichen Ebene wirft, so dass man dort nicht effektiv wirken kann; oder man vergisst, wer man in Wirklichkeit ist, übernimmt die Symptome des anderen und ist damit außerstande, sie zu heilen. Menschen, die sehr einfühlsam sind, dürften das öfter erleben. Viele Therapeuten identifizieren sich so sehr mit den Problemen ihrer Patienten oder Klienten, dass sie all die Gebrechen und Probleme übernehmen, die sie heilen wollen. Wenn ich meine Schüler im Heilen auf der ganzheitlichen Ebene ausbilde, lege ich ihnen ans Herz, jegliche Identifikation auf maximal 99 Prozent zu begrenzen, damit »1 Prozent Schamane« immer zu der Ausgangsidentität zurückkehren kann.

ZWISCHEN DEN WELTEN WECHSELN

Das bewusste Wechseln zwischen Denkrahmen oder zwischen den Welten ist ein subtiler und komplexer Prozess. Was dabei vorgeht, können wir mit dem vergleichen, was Sie bei der Betrachtung dieser Druckseite erleben. Bei der Lektüre ist es Ihnen möglich, die Worte zu lesen und die Information aufzunehmen, darüber hinaus den Text auf Satz- und Rechtschreibfehler hin zu kontrollieren, weiter die Schriftgröße, Schriftart und Papierqualität zu registrieren und schließlich die Seite als Teil eines Buches wahrzunehmen, das Sie an einem bestimmten Ort zu einer bestimmten Zeit in Händen halten. Das Einzige, was hierbei wechselte, war Ihre Wahrnehmung, die Sie selbständig veränderten, um Ihr Erleben zu verändern. Beim Wechseln zwischen den schamanischen Welten haben wir es mit einem ganz ähnlichen Vorgang zu tun. Alles, was wir dabei tun, ist, den Gegenstand der Betrachtung zu wechseln und zugleich die Annahmen, die mit unserem Ziel verknüpft sind.

Das größte Hindernis ist dabei – und dies gilt auch für jede andere schamanische Tätigkeit – die störende Einmischung kritischer Analyse durch andere Ebenen. Es ist recht schwierig, Telepathie zu praktizieren, wenn Sie sich ständig sagen, dass »dieses ASWler-Zeug« Unsinn sei. Visualisierung wird Ihnen wenig helfen, wenn Sie sich ständig zweifelnd fragen: »Bilde ich mir das bloß ein?« Und es ist sehr schwierig, ein anständiges Einkommen zu erzielen, wenn

Sie sich als spirituell definieren, Geld jedoch als nicht-spirituell. Um sich leicht und effektiv zwischen den Welten bewegen zu können, müssen Sie üben, die Annahmen – und die sich auf sie stützende kritische Analyse – der Welt, die Sie gerade verlassen, abzulegen, bevor Sie zur nächsten Welt weitergehen. Mit viel Übung wird Ihnen dies schließlich quasi automatisch gelingen. Was Ihnen dabei enorm hilft, ist, sich selbst vorbehaltlos zu lieben und Gott in Ihnen zu vertrauen. Dies ist freilich ein guter Rat für jede Lebenslage, nicht nur für Schamanen.

KAPITEL 2
EIN KURZER RÜCKBLICK AUF DIE HUNA-PRINZIPIEN

Was ich »die sieben Prinzipien des Huna« nenne, lehre ich in der einen oder anderen Form in allen meinen Büchern … und zwar so sehr, dass manche Leute gelangweilt oder gereizt sind, weil sie denken: »Das habe ich doch alles schon einmal gehört.« Falls Sie, geneigter Leser, jetzt ebenso empfinden, dann blättern Sie weiter und überschlagen Sie dieses Kapitel. Die Prinzipien werden ohnehin in den späteren Kapiteln immer wieder auftauchen. Wenn Sie jedoch interessiert sind, bereits Bekanntes noch besser kennenzulernen und Ihren Geist ein wenig herauszufordern, so lesen Sie weiter.

Die Prinzipien sind in Grunde einfach Beobachtungen über das Leben, die in manchen Kulturen seit unzähligen Generationen mündlich weitergegeben wurden und in anderen Kulturen und unterschiedlichen Formen seit Jahrtausenden schriftlich überliefert sind. Man findet sie verstreut in den Schriften der griechischen und römischen Philosophen, im Alten und im Neuen Testament und in den Traditionen des Taoismus, des Buddhismus, des Sufismus und des Hinduismus, um nur einige zu nennen. Zu mir kamen sie als eine vollständige Sammlung von Ideen durch die hawaiianische Kultur. Das Einzigartige an der Familientradition, in der sie mir weitergereicht wurden, ist, dass ich gelehrt wurde, diese Ideensammlung als Ausrüstung oder Werkzeuge zur Veränderung der Wirklichkeit zu behandeln. Mit dieser Bestimmung im Sinne ergeben sich einige andere Aspekte und Sichtweisen.

Als eine Sammlung von Ideen wurden mir die sieben Huna-Prinzipien erstmals von meinem hawaiianischen Onkel William Wana

Kahili vermittelt, wenn auch nicht in der gleichen Form, in der ich sie heute weitergebe.

Die erste Form, in der er mich die Prinzipien lehrte, waren sieben spezifische hawaiianische Wörter: *'Ike, Kala, Makia, Manawa, Aloha, Mana, Pono.* Durch Studieren der Bedeutungen und der Wurzeln dieser sieben hawaiianischen Wörter sowie gebräuchlicher Abwandlungen lässt sich eine Reihe von Richtlinien erarbeiten, nach denen die Essenz des Huna praktische Wege zum Verändern der Wirklichkeit bietet. Das Problem für mich als Schüler sowie später als Lehrer bestand darin, dass diese Richtlinien auf einer Empfindungsebene gelehrt wurden, weil Huna traditionell so vermittelt wird. Das heißt, ich kannte die Prinzipien und konnte etwas mit ihnen anfangen, aber aufgrund meiner westlichen, intellektuellen Ausbildung hatte ich große Schwierigkeiten, sie gedanklich zu fassen und in Englisch zu formulieren. Der erste Huna-Kurs, den ich unterrichtete, ging über neun Monate, und am Ende des Unternehmens fragten die Schüler mich immer noch: »Was ist Huna eigentlich?«

Um dieses Problem zu lösen, verbrachte ich sehr viel Zeit damit, die Richtlinien in einfache Worte und Sätze zu kondensieren, die in ihrer Bedeutung brauchbar, als Wege zu tieferem Verständnis gangbar und als Formeln leicht zu erinnern sein sollten. Ich will sie hier nur kurz auflisten, weil ich im Laufe des Buches immer wieder auf sie zurückkommen werde. Sie beschreiben nicht alles, was über Huna gesagt werden könnte, aber man kann alles über Huna von ihnen ableiten, aus ihnen folgern oder durch sie hervorrufen. Wenn Sie sie bereits auswendig kennen, dann haben Sie bitte Geduld mit mir.

Meine Schlüsselwörter: Gewahrsein, Freiheit, Fokus, Präsenz, Liebe, Macht, Harmonie (dafür verwende ich auch andere Begriffe, aber diesen bevorzuge ich).

Meine kondensierten Sätze:

- Die Welt ist, wofür Sie sie halten.
- Es gibt keine Grenzen.

- Energie folgt der Aufmerksamkeit.
- Jetzt ist der Augenblick der Macht.
- Lieben heißt, glücklich zu sein mit …
- Alle Macht kommt von innen.
- Wirksamkeit ist das Maß der Wahrheit.

Damit ist es zwar viel einfacher geworden, Huna den Menschen zu vermitteln, die moderne Bildungssysteme durchlaufen haben, doch da auf diese Weise viel von dem ursprünglichen Flair verloren geht, werde ich hier einige andere Aspekte des Huna zeigen, die man mich gelehrt hat. Bitte vergeben Sie mir, wenn ich ein wenig Stoff meines Buches *Huna: Der hawaiianische Weg zu einem erfüllten Leben* wiederhole.

DIE PRINZIPIEN ALS SPRICHWÖRTER

Onkel William machte bei meiner Ausbildung von der hawaiianischen Sprache nur spärlich Gebrauch. Zu jener Zeit gab es nur etwa zweitausend Menschen auf der Welt, die sie sprachen, und er war der Ansicht, für das, was er mir vermitteln wollte, sei es nicht notwendig, Hawaiianisch fließend zu beherrschen. Andererseits gab es bestimmte Vorstellungen, die so einfacher zu begreifen waren. Die folgenden sprichwörtlichen Redensarten, die ich in meinen Roman *Dangerous Journeys* aufgenommen habe, stammen von Onkel William:

1. *Ola i ka mea nui, ola i ka mea iki* – Leben ist in großen Dingen, Leben ist in kleinen Dingen.
2. *Ana 'ole, ke ao, ka po* – Die Innenwelt und die Außenwelt sind ohne Grenzen.
3. *No'ono'o ke ali'i, ehu ka ukali* – Denken ist das Wichtige, das Handeln folgt ihm. (Er variierte diese Aussage gern.)
4. *Noho ka mana i ka manawa* – Macht liegt im gegenwärtigen Augenblick. (Grammatikalisch korrekt sollte es heißen: »I keia manawa«, doch so hat es Onkel William nicht gesagt.)

5. *Ke aloha, ke alo, ke oha, ka ha* – Liebe ist, in der Gegenwart von jemandem oder etwas zu sein, Freude zu teilen und Leben zu geben.
6. *Mai ka po mai ka mana* – Macht kommt aus der Innenwelt.
7. *Ana 'oia i ka hopena* – Wahrheit misst sich nach Ergebnissen.

Um zu zeigen, dass diese Ideen nicht auf die Familie der Kahili beschränkt waren, folgen nun sieben Sprichwörter aus dem Buch *'Olelo No'eau: Hawaiian Proverbs and Poetical Sayings* [»Hawaiische Sprichwörter und poetische Redensarten«] von Mary Kawena Pukui (Bishop Museum Press, 1986). Dies sind nur einige von den Sprichwörtern und Redensarten, die die Ideen der Prinzipien zum Ausdruck bringen, doch sie zeigen, dass sich die Hawaiianer der alten Zeit der Sieben Prinzipien in ihren eigenen Begriffen durchaus bewusst waren.

1. *'A'ohe pau ka 'ike i ka halau ho'okahi* – »Es gibt nicht eine Schule, in der alles Wissen vermittelt wird«, eine Variation der Idee, dass es viele Wissensquellen und viele Betrachtungsweisen gibt.
2. *'A'ohe pu'u ki'eki'e ke ho'a'o 'ia e pi'i* – »Kein Berg ist zu hoch, um erstiegen zu werden«, das heißt, nichts ist unmöglich und es gibt keine Grenzen.
3. *He makau hala 'ole* – »Ein Angelhaken, der immer fängt«, nennt man jemandem, der immer bekommt, was er will. Der Angelhaken war ein direktes Symbol konzentrierter Aufmerksamkeit, und ein guter Angelhaken, so glaubte man, vermochte den Fisch auch ohne Köder anzuziehen.
4. *E pane'e ka wa'a oi moe ka 'ale* – »Tu es jetzt!« Die wörtliche Übersetzung lautet: »Setzt die Kanus in Bewegung, solange die Wellen ruhig sind.«
5. *He 'olina leo ka ke aloha* – »Freude liegt in der Stimme der Liebe.« – Der Zusammenhang ist offenkundig.
6. *Aia no i ka mea e mele ana* – »Lass den Sänger das Lied auswählen« – eine poetische Anerkennung der Macht, die von innen kommt.

7. *'Ike 'ia no ka loea i ke kuahu* – »Ein Experte ist zu erkennen an dem Altar, den er baut.« Pukui formuliert es so: »Was einer tut und wie gut er es tut, zeigt, ob er ein Experte ist.« Diese gute Richtschnur hilft auf jedem Gebiet, einen Experten zu erkennen, und ist zugleich ein gutes Beispiel für das siebte Prinzip. Mein Onkel gebrauchte auch gerne das Sprichwort: *Hō a'e ka 'ike he'enalu i ka hokua o ka 'ale* – »Wie gut du zu surfen verstehst, kannst auf dem Wellenrücken zeigen.«

DIE PRINZIPIEN IN GESCHICHTEN

Ich liebe Geschichten fast jeder Art, seit mein Vater mir als Dreijährigem das Lesen beibrachte; am liebsten aber waren mir immer Sagen, Legenden und Phantasiegeschichten. Mag sein, dass mein Onkel William das spürte, vielleicht war es aber seine gewöhnliche Art zu lehren. Jedenfalls erzählte er mir viele Geschichten, die etwas mit den Huna-Prinzipien zu tun hatten. Einige davon waren altüberlieferte hawaiianische Erzählungen, die die Kunst des traditionellen Geschichtenerzählers nutzten, der die Geschichte ihrem Zweck dienlich machte; manche waren hawaiianische Versionen von Geschichten, die auch in anderen Teilen der Welt erzählt wurden und deren Ursprung nicht mehr mit Gewissheit zu benennen war. Sieben jener Geschichten werde ich hier in gekürzter Form vorstellen; jede von ihnen vermittelt einen bestimmten Aspekt des Huna-Prinzips, von dem sie handelt. Die Hauptrolle in all diesen Geschichten spielt Maui Kupua, der archetypische Held und Schamane, der im ganzen Pazifikraum berühmt ist – und weil diese Insel die Heimat meines Onkels war, spielen sie alle auf Kauai.

DU BEKOMMST (NUR), WAS DU SIEHST

An einem schönen, ruhigen Tag paddelte Maui ein Auslegerboot voller Kokosnüsse in die Große Lagune, die es damals westlich des Dorfes Waimea auf Kauai gab. Zu jener Zeit pflegte der Oberhäuptling einen *luna 'auhau*, eine Art Zollbeamten, an der Einfahrt zur

Lagune zu stationieren, der von allen, die mit Handelswaren in die Lagune einfuhren, Zölle auf die mitgeführte Ladung erhob. Als Maui heranpaddelte, wurde er angewiesen, am Ufer anzulegen, bevor er seine Fahrt fortsetzte. Mit breitem Lächeln fügte sich Maui, was den Beamten sofort argwöhnisch stimmte, denn Maui galt weit und breit als Gauner. Auf Kokosnüsse war kein Zoll festgesetzt, denn die gab es im Lande reichlich. Also ließ der Beamte – überzeugt, dass der wohl irgendetwas schmuggelte – Maui das Boot vollständig leerräumen, um das Innere zu inspizieren. Doch da war nichts zu finden. Widerwillig gestattete er Maui, seine Fahrt fortzusetzen. Im Laufe eines Jahres kam Maui etwa alle zwei Monate wieder, und das Ritual wurde wiederholt. Das Boot wurde geleert und durchsucht, von Mal zu Mal gründlicher, und Maui durfte schließlich weiterfahren. Nach jenem Jahr kam Maui nicht mehr, und seine Besuche gerieten fast in Vergessenheit. Viele Jahre später wanderte Maui auf dem High Chief's Trail von Hanalei im Norden nach Koloa im Süden der Insel, als er jemanden rufen hörte: »*Hele mai 'ai!* – Komm zum Essen!« Seitlich des Weges erblickte er einen Mann mit weißem Haar, der ihn herbeiwinkte; der Alte saß gerade vor seiner Hütte und aß seinen *poi,* einen Brei aus Tarowurzeln, aus einer Schale. Maui setzte sich zu ihm, aß mit ihm *poi,* und sie unterhielten sich höflich, bis der Mann fragte: »Maui, erinnerst du dich an mich?« Maui nickte. »Ich bin jetzt nicht mehr im Dienst des Oberhäuptlings, doch es gibt etwas, das mich all die Jahre beschäftigt hat, seit ich dich das letzte Mal gesehen habe. Ich weiß, dass du irgendetwas geschmuggelt hast, aber ich habe nie herausgefunden, was es war. Bitte verrate es mir.« Maui nahm noch einen großen Klumpen *poi,* aß ihn, leckte sich die Lippen, lächelte und antwortete: »Kanus.«

WIE HOCH KOMMST DU?

Vor langer, langer Zeit – hawaiianische Geschichtenerzähler beginnen in solchen Fällen oft mit den Worten: »Es war noch vor Captain Cook« – waren sich Himmel und Erde noch sehr nahe, deshalb mussten die Menschen auf Händen und Knien umherkriechen.

Dies war sehr unbequem, um es milde auszudrücken, und es gab eine Menge Streit und blaue Flecken, wenn sie zusammenstießen, weil ihr Blick auf die Erde gerichtet war. Eines Tages stieß Maui, der wie die anderen krabbelnd unterwegs war, mit jemandem zusammen und wurde zornig, doch eine sehr sanfte Stimme gebot ihm Einhalt: »Du bist doch Maui, nicht wahr?«, fragte sie ihn. Maui brummte zustimmend. »Nun, du sollst doch ein *kupua* sein; warum hebst du also nicht den Himmel, damit wir nicht die ganze Zeit krabbeln und zusammenstoßen müssen?« Maui wandte den Kopf, um zu sehen, wer ihn ansprach, und wie sich zeigte, war es eine sehr hübsche junge Frau. »Wenn du mir einen Schluck aus deiner Kürbisflasche gibst«, antwortete er, dann werde ich den Himmel für dich hochstoßen.« (Anmerkung: Dies ist gewöhnlich eine bildliche Redensart, die eigentlich etwas anderes bedeutet.) Die junge Frau stimmte zu, und Maui drehte sich auf den Rücken und stemmte mit den Füßen nach oben. Dann kniete er sich auf und drückte mit den Schultern empor. Dann stand er auf und schob mit den Händen nach oben. Während dies geschah, wuchsen auch die Berge, von der Last des Himmels endlich befreit, nach oben; Maui erstieg sie und drückte und stieß, bis er schließlich mit einem letzten, mächtigen Stoß den Himmel dahin hob, wo er noch heute ist – und deshalb wissen wir, dass die Geschichte wahr ist. Manche Menschen jedoch haben ihren Blick bis heute nicht vom Boden aufgehoben.

HALTE DEN BLICK AUF DAS ZIEL GERICHTET

Maui segelte viele Male zwischen den Hawaii-Inseln und gelangte zu dem Schluss, dass sie nicht zu weit voneinander entfernt waren. Also plante er, sie alle zusammenzubringen. Er ging zu Hina, seiner Mutter, um sie um Rat zu fragen, und sie antwortete ihm: Wenn es ihm gelänge, den Riesenfisch *Luehu* (das heißt »verstreut«) zu fangen, dann könnte es geschehen. Doch sei es sehr wichtig, dass jeder, der ihm helfe, den Blick auf den Fisch gerichtet halte, ganz gleich, was geschehe. Maui holte seinen magischen Angelhaken, *Manaiakalani* (die Nadel vom Himmel), überredete seine vier Brüder, ihm zu helfen, und gemeinsam paddelten sie aufs hohe Meer hinaus, um den Riesenfisch zu finden (vermutlich einen Wal). Nachdem sie *Luehu* aufgespürt hatten, fing ihn Maui mit seinem Haken. Der Wal schleppte sie in wilder Fahrt in einem großen Kreis übers Meer und zog dabei die Angelleine rund um die Inseln. Schließlich gelang es Mauis Brüdern, den Fisch zum Halten zu bringen und in Richtung Kauai zu ziehen; sie ruderten aus Leibeskräften. Als sie den großen Fisch (oder Wal) zum Kanu zerrten, wurden auch die Inseln zusammengezogen. Da trieb eine Schöpfbüchse an Mauis Kanu vorbei. Alle Brüder außer dem letzten und jüngsten ignorierten sie; dieser aber nahm sie einfach aus dem Wasser und warf sie hinter sich ins Boot für den Fall, sie könnte einmal nützlich werden. Als sie der Küste von Kauai immer näher kamen, hörten die Brüder lautes Rufen von den Menschen am Strand. Der jüngste Bruder wandte sich um und sah, dass die Büchse sich in eine schöne Frau verwandelt hatte. »Seht doch, Brüder«, rief er, und alle seine Brüder bis auf Maui wandten sich um und starrten staunend diese magische Schönheit an. In diesem Moment riss die Angelleine, der Wal entkam, und die Inseln trieben an die Plätze zurück, wo sie sich schon vorher befunden hatten.

WO BIST DU?

Stets neugierig und an allem interessiert, beschloss Maui, sich dem priesterlichen *Ku*-Orden anzuschließen, um mehr über ihn herauszufinden. Da dieser Orden sehr streng war, musste Maui viel Zeit in Vorträgen und Zusammenkünften verbringen, um alle Gesetze und Regeln zu lernen. Eines Tages wurde dem Aspiranten Maui aufgetragen, einen der älteren Priester zu einem abgelegenen Tempel zu begleiten. Als sie des Weges wanderten, hielt der alte Priester einen ständigen Monolog über die Wichtigkeit der Ordensregeln und ihrer Befolgung. Sie waren schon einige Stunden unterwegs, als sie an ein Flüsschen gelangten, das Hochwasser führte. An seinem Ufer stand eine junge Frau mit einem mächtigen Bund *tapa*-Stoff (einem Bastgewebe, das zu Kleidung und Bettzeug verarbeitet wurde); sie weinte bitterlich. Als sie die Männer erblickte, bettelte und flehte sie sie an, sie auf die andere Seite zu tragen, damit sie vor Einbruch der Dunkelheit nach Hause gelange; in dieser Gegend trieben Banditen des Nachts ihr Unwesen. Der alte Priester ignorierte sie gänzlich und Maui lächelte ihr nur freundlich zu, ohne ein Wort zu sagen. Es war eine Zeit im Monat, in der die Priester und Novizen dieses Ordens mit Frauen überhaupt nichts zu tun haben durften. Als der alte Priester bereit war, den Fluss zu durchqueren, befahl er Maui, ihn zu tragen. Maui, der sehr kräftig war, nahm den Priester auf einen Arm und das Mädchen mit seinem *tapa*-Bündel auf den anderen und stapfte quer durch den Fluss. Drüben setzte er beide ab und ging weiter. Der Priester beeilte sich, mit ihm Schritt zu halten. Er sprach kein Wort, aber sein zorniges Gesicht wurde röter und röter, bis er nach einer Meile schließlich in einer Flut von Beschimpfungen explodierte, dass und wie Maui die Regeln verletzt habe. Maui blickte ihn verwundert an und wartete, bis der wütende Schwall versiegte. Dann sagte er freundlich: »Trägst du immer noch an dieser Frau? Ich habe sie am Ufer abgesetzt.«

IM GEIST VON ALOHA

Vor langer, langer Zeit, als noch alles anders war, traf Maui seine Mutter weinend vor ihrer Hütte an. Auf seine Frage, was denn nicht stimme, antwortete sie, dass die Sonne so schnell über den Himmel ziehe, dass ihr *tapa*-Stoff nicht richtig trocknen könne. Wie jeder gute Sohn versprach Maui, dass er sich darum kümmern werde. Als Erstes brachte er seinen Brüdern bei, eine Schnur herzustellen und aus der Schnur Netze zu knüpften. Sie fertigten ein sehr großes und starkes Netz an und schafften es auf den Gipfel des Berges Haleakala (Haus der Sonne), wo die Sonne jeden Morgen aus ihrer Höhle kam, um ihre Reise über den Himmel anzutreten. Vor Anbruch des Tages spannten die Brüder das Netz über den Eingang der Höhle und legten sich auf die Lauer. Der Morgen kam, die Brüder hielten das Netz gespannt – und die Sonne brannte sich geradewegs hindurch, als wäre es aus Papier, und raste weiter. Maui erkannte, dass gewöhnliche Schnur nicht genügte, und ging zu seiner *kupua*-Schwester, die ebenfalls Hina hieß. Die bat er um etwas von ihrem Haar, um daraus ein Netz zu knüpfen. Da Hina magische Kräfte besaß, schnitt sie so viel ab, wie Maui benötigte, und ihr Haar sah danach noch genau so aus wie zuvor. Maui und seine Brüder knüpften ein neues Netz, stiegen von neuem auf den Berg, spannten das Netz wieder über den Eingang der Höhle und warteten auf den Tagesanbruch. Als die Zeit gekommen war, brach die Sonne aus der Höhle hervor, aber dieses Mal wurde sie von dem Zaubernetz gehalten. Sie konnte gerade hoch genug steigen, um auf die Ebenen zu scheinen, wo die Menschen lebten, aber trotz heftiger Gegenwehr gelangte sie nicht weiter. Etwa um die Mittagszeit wurde es sehr heiß. Maui war sowohl von seinem Erfolg begeistert als auch in Sorge, was er als Nächstes tun sollte, zumal seine Mutter kam und ihm meldete, dass es so nicht funktioniere, weil unten in den Dörfern alles Feuer gefangen habe. Schließlich schlug Mauis Großmutter, die ebenfalls Hina hieß, einen *ho'oponopono* (ein traditionelles Versöhnungsritual) mit der Sonne vor. Maui konnte die Sonne bewegen, sich mit den Menschen zusammenzusetzen, und gemeinsam äußerten sie ihre Bedenken und Lösungsvorschläge. Schließlich erklärte die Sonne sich bereit, während einer Hälfte des Jahres langsamer über den Himmel zu ziehen, und die Menschen erklärten sich damit einverstanden, dass die Sonne während der anderen Jahreshälfte rascher voranschritt. Und genau so ist es noch heute, und deshalb wissen wir, dass die Geschichte wahr ist. Wir wissen es auch, weil man zuweilen immer noch die Stücke von Mauis magischem Netz sehen kann, die von der Sonne durch die Wolken herabhängen.

DAS GEHEIMNIS DES FEUERS

Vor sehr, sehr langer Zeit mussten die Menschen all ihre Nahrung roh zu sich nehmen, weil nur die *'alae*-Vögel (Blässhühner) das Geheimnis des Feuers besaßen und es sorgfältig hüteten. Eines Tages würgte Maui an einem Stück rohen Fleisches und beschwerte sich darüber bei Hina, seiner Mutter. Sie antwortete, wenn er gekochtes Essen haben wolle, müsse er das Geheimnis des Feuers von den *'alae*-Vögeln holen. Also ging Maui zu dem sumpfigen Gebiet beim Waimea-Fluss, wo die Vögel lebten, und versuchte sich anzuschleichen, während sie um ihr Feuer versammelt waren. Aber die Vögel waren zu schnell für ihn. Sie scharrten das Feuer aus und verstreuten alle Glut, bevor er etwas davon oder ein Stück brennenden Holzes erhaschen konnte. Immer wieder versuchte es Maui, aber ohne Erfolg; schließlich ging er zurück zu seiner Mutter und bat sie um Rat. Hina schlug ihm vor, es spät in der Nacht zu versuchen, wenn die Blässhühner alle schläfrig waren, und den jüngsten Vogel zu fangen. Maui wartete bis spät, fing den jüngsten Vogel und würgte ihn, bis dieser sich bereit erklärte, das Geheimnis preiszugeben. Zuerst sagte der Vogel, das Geheimnis bestehe darin, zwei Stücke von Tarostängeln aneinanderzureiben. Maui war kein Narr, deshalb hielt er den kleinen Vogel fest, während er das probierte. Als es nicht funktionierte, weil die Tarostängel zu weich waren, würgte Maui den Vogel fester. Dieser verriet ihm nun, das Geheimnis sei, zwei Stängel der Ti-Pflanze aneinanderzureiben. Als Maui dies probierte – den Vogel hielt er dabei immer noch in festem Griff –, funktionierte es ebenfalls nicht, aus dem gleichen Grunde. Wütend quetschte Maui fast das Leben aus dem kleinen Vogel, der schließlich quäkte: »Feuer ist im Wasser.« Maui war so überrascht, dass er seinen Griff lockerte und der Vogel entkam. Maui erkannte, dass ihm ein Rätsel gestellt worden war, und da er ein großer Freund von Rätseln war, beschloss er, es zu lösen, statt zu versuchen, den Vogel abermals zu fangen. Nach vielen Tagen hatte Maui folgende Antworten ausgemacht: *Waimea,* der Name des Flusses, bedeutete »rotes Wasser«, das war auch ein volkstümlicher Spitzname für den *olomea*-Baum. Zudem verfärben sich die gelben Blüten des *hau,* einer Eibischart, die an den Ufern des Flusses wuchs, am Abend rot und fallen aufs Wasser. Schließlich erinnerte er sich, dass der Satz *wai'ula'ili ahi* (rotes Wasser mit einer Oberfläche von Feuer) auf Kauai ein poetischer Name für den Waimea ist. Alle diese Elemente fügte er zusammen und rieb ein Stück Holz vom *hau* mit einem Stück Holz vom *olomea* – und erzeugte Feuer. Bevor er die Entdeckung mit seinem Volk teilte, fing Maui das junge Blässhuhn und schlug ihm mit einem brennenden Stöckchen auf den Kopf, um ihm eine Lektion zu erteilen. Wir wissen, dass dies wahr ist, weil alle hawaiischen Blässhühner heute einen großen roten Fleck auf dem Kopf haben.

ES GIBT IMMER AUCH EINE ANDERE ART UND WEISE, ETWAS ZU TUN

'Awa (andernorts auch *kava* genannt) ist eine Pflanze, die die Hawaiianer früher zur Zubereitung eines heiligen Getränks nutzten; ihre Wurzeln wurden zerkleinert und gekocht, was einen leicht betäubenden Tee ergab. Weit zurück in alter Zeit jedoch wurde das Geheimnis der Zubereitung des *'awa*-Getränks von dem Gott *Kane* gehütet, und jedes Mal, wenn die Menschen eine Zeremonie durchführen wollten, mussten sie einen Mann zu Kanes im Meer treibender Insel schicken, der ihn um eine Zuteilung bat. Dies ging so eine lange Zeit, bis eines Tages Maui erwählt wurde, sich aufzumachen, um das *'awa*-Getränk zu holen. Als er bei *Kane* ankam, stellte der junge *kupua* mit Bestürzung fest, dass er betteln und kriechen musste, bis *Kane* bereit war, ihm den Rücken zuzukehren, das Getränk zu bereiten und sich dann wieder umzudrehen und ihm eine einzige Schale davon auszuhändigen. Maui verhielt sich sehr demütig, bedankte sich und ging, aber bevor er die Insel verließ, stolperte er über eine Baumwurzel und verschüttete das Getränk. Er ging zu *Kane* zurück und bat um mehr, bettelte und kroch in noch tieferer Demut, bis *Kane* es abermals zubereitete und ihm eine neue Schale gab. Maui schaffte es, auch diese Schüssel zu verschütten und zwei weitere, bis *Kane* in seinem Eifer, das lästige Menschenwesen loszuwerden, das *'Awa*-Getränk braute, ohne Maui den Rücken zuzukehren; Maui konnte sehen, wie es gemacht wurde. Er dankte dem Gott überschwänglich, versprach, dieses Mal äußerst vorsichtig zu sein, und ging fröhlich seines Weges. Seit damals brauchte kein Mensch mehr *Kane* um eine Schale *'awa* zu bitten.

Bevor wir tief in die Kunst und Praxis des Veränderns der Wirklichkeit eintauchen, möchte ich vorausschicken: In Laufe dieses ganzen Buches werde ich wohl Erlebnisse erwähnen oder wiedergeben, über die ich schon früher geschrieben habe. Bitte haben Sie Geduld und erkennen Sie, dass dies geschieht, um spezifische Gedanken in dem spezifischen Kontext eines spezifischen Kapitels zu illustrieren. Ich werde mein Bestes tun, die Geschichte entweder zu erweitern oder zu kürzen, wie auch immer es mir für Sie am dienlichsten dünkt.

TEIL I

VERÄNDERN DER WIRKLICHKEIT IN DER OBJEKTIVEN WELT

ERINNERE DICH

Erinnere dich, wie du lächelnd erwachtest,
Erinnere dich – es war wunderbar,
Erinnere dich, als es dir so viel leichter ging,
Als alles einfach war.

Auch hinter dunklen Wolken scheint die Sonne,
Selbst am schlimmsten Regenort,
Wenn was nicht klappt, mach einfach weiter,
wir lachen Sorgen und Schmerzen fort.

(Refrain)
Wir machen 'ne Party,
Wir haben viel Spaß;
Mit unseren Freunden, mit allen
Heilen wir dann
Auf Hawaiianische Art.
Wir machen 'ne Party,
Wir spielen zusamm'n.

Halte die Erinnerung an die Liebe lebendig,
Denk an die Zeiten mit Tanz und Gesang;
Sei hier und jetzt mit deinen Erinnerungen,
Geh einfach los und heile dann.

Serge Kahili King, 2001

KAPITEL 3
WISSEN KANN MACHT SEIN

Als ich vor vielen Jahren nach Kauai zog, um ein Zentrum zum Lehren und Heilen einzurichten, hatten meine Kollegen und ich großes Vergnügen daran, die vielen Wanderwege der Insel zu erkunden. Wir kreuzten und querten Bäche und Flüsse, wanderten lange Sandstrände ab, erstiegen Hügel und Berge und erkundeten Wälder und Sümpfe. Wir lernten die Namen einiger Bäume und Pflanzen, Wasserfälle und Berggipfel, studierten die Geschichte und Kultur Hawaiis und hielten uns für recht kenntnisreich – was wir im Vergleich zu *malihinis* (Neulingen) auch waren. Manche Gegenden bereisten wir so häufig, dass wir uns dort fast als Experten fühlten. Eines Wochenendes jedoch wurden wir auf angenehme Weise in einen ganzen neuen Zustand des Gewahrseins gestoßen.

DAS LERNEN LERNEN

Es war das Wochenende, an dem drei von uns an einem Kurs eines jungen Hawaiianers teilnahmen, der sich dem Studium und der Wiedereinführung der uralten hawaiianischen Kunst des Steinschnitzens widmete. Wir lernten, wie man verschiedene Werkzeuge herstellte, und erhielten sogar eine Aufgabe, nämlich selbst Steinschalen anzufertigen. Der erhellendste Teil des Kurses war jedoch eine Exkursion, in deren Verlauf wir lernten, wie man zerbrochene Breitbeile, Hammersteine und Feilen erkannte – nicht nur Stücke aus der Sammlung unseres Lehrers, sondern solche, die in unserem Blickfeld neben Fahrbahnen, an Stränden und in Bachbetten liegen. Er zeigte uns auch, woran man erkannte, dass größere Steine und Felsen mit Hilfe von Steinwerkzeugen bearbeitet und verändert worden waren. Das Ganze klingt vielleicht nach einem interessanten Wochenende für einen Hobby-Archäologen, doch hat das Wissen, das ich in jenen Tagen gewann, mein Erleben von Kauai und mein Erleben des Lebens insgesamt tiefgreifend verändert. Wenn ich einen Weg entlangging, konnte ich nun sagen, wann ich mich auf den Spuren der früheren Bewohner bewegte, während ich vorher einfach einem Pfad mit Steinen darauf folgte. Das Überqueren von Wasserläufen wurde zu einer Methode zu erfahren, wo die Menschen der Vorzeit arbeiteten. Auf Felsen am Strand zu sitzen, vermittelte mir, wo einst die Versammlungsplätze der Fischer und Steinarbeiter lagen. Am deutlichsten aber steigerte das Erleben meine Fähigkeit, die Umgebung umfassender und bewusster wahrzunehmen – ganz gleich, wo ich mich gerade befand – und dieses Gewahrsein auf produktive Weise zu nutzen. Manchmal empfand ich sogar so etwas wie ein wenig Verwandtschaft mit Sherlock Holmes.

DER MYTHOS VON DER MATERIE

Es gibt Menschen, die so gewohnheitsmäßig von den Annahmen der ersten Ebene ausgehen, dass es für sie zu einer Frage des persönlichen Stolzes geworden ist, Grundsätze auszusprechen wie: »Ich glaube nur, was ich sehen oder berühren kann.« Auf etwas Nachhaken oder Nachfragen würden sie ihre Aussage wahrscheinlich durch »hören oder schmecken« ergänzen. Das klingt in der Tat sehr substanziell … bis man mehr über menschliche Physiologie erfährt. In meinem Buch *Healing Relationships* gehe ich auf dieses Thema ausführlicher ein, deshalb will ich hier nur kurz darüber schreiben.

Wenn Sie etwas sehen, berühren, hören oder schmecken, dann tun Sie das in Wirklichkeit überhaupt nicht. Es ist eine physiologische Tatsache, dass alle Ihre Sinneseindrücke indirekte Erfahrungen der Wirklichkeit sind. Lichtwellen von Gegenständen werden von bestimmten Elementen in Ihren Augen sortiert und in elektrische

Impulse umgesetzt, die zu Ihrem Gehirn geleitet werden, wo sie auf unerklärliche Weise – und das heißt, dass kein einziger Wissenschaftler weiß, wie es geschieht – zur Wahrnehmung eines Objekts oder einer Farbe führen. Ähnliches gilt für Schallwellen, für Drucke auf die Hautoberfläche und die Eindrücke unserer Geschmacksknospen. Wenn Sie nur glauben, was Sie sehen oder berühren können, dann glauben Sie nur, was substanzlose elektrische Impulse Ihnen vermitteln. Wenn Sie sich darüber hinaus die wissenschaftliche Entdeckung vor Augen halten, dass feste Materie in Wirklichkeit größtenteils leerer Raum ist, dann dürfte es langsam etwas dümmlich erscheinen, sich zu brüsten, ein nüchterner Realist zu sein, weil Sie sich allein auf Ihre körperlichen Sinne stützen, um zu bestimmen, was real ist.

Doch diese Art von wissenschaftlicher Sicht der Wirklichkeit ist für den Alltag auf der ersten Ebene nicht sonderlich hilfreich, deshalb wollen wir sie fürs Erste ignorieren und weitergehen.

VERÄNDERUNG AUF DER ERSTEN EBENE

Wenn Menschen die Wirklichkeit in der objektiven Welt verändern wollen, denken sie gewöhnlich an ihre Hände oder an Werkzeuge, um damit Dinge zu bewegen, Dinge zu verändern, Dinge zusammenzusetzen oder andere Dinge zu machen oder zu erfinden, um die gewünschte Aufgabe zu erfüllen. Dazu gehört auch das Organisieren und Ausbilden von Menschen, solche Dinge zu tun. Um über das Minimum, das für Dasein und Leben erforderlich ist, hinauszugelangen, braucht man Wissen, das hilft, all jene Dinge besser zu tun. Mir fällt gerade die alte Geschichte von dem Techniker ein, der angeheuert wurde, um eine Heizung zu reparieren. Er stieg in den Keller des Hauses, dicht gefolgt von dem Eigentümer, und inspizierte die Anlage eine Zeitlang. Dann schlug er einmal mit dem Hammer auf das Gerät, und es begann wieder zu arbeiten. Als er seine Rechnung über hundert Dollar präsentierte, wurde der Eigentümer wütend. »Warum hundert Dollar? Das hätte ich selbst tun können!«, beschwerte er sich. »Ich denke, Sie schreiben besser eine neue Rechnung.« Also schrieb der Mechaniker eine neue Rechnung, auf der stand: »1 Hammerschlag auf den Ofen – 10 Dollar. Gewusst, wo – 90 Dollar.«

Natürlich muss sich jeder einiges Wissen aneignen, um etwas sachkundig machen zu können. Aber meine Erfahrung zeigt, dass die meisten Menschen nur lernen, was sie brauchen, um ihre Art von Lebensunterhalt zu verdienen. Und mit dem, was sie wissen, richten sie sich behaglich ein. Sie verschwenden keinen Gedanken daran, mehr zu lernen, solange es nicht erzwungen wird, oft gegen ihren starken Widerstand. Diese Tendenz schränkt ihre Fähigkeit beträchtlich ein, die eigene Wirklichkeit zu verändern.

Das folgende Beispiel veranschaulicht, was ich meine. Viele meiner Leser wissen, dass ich eine der ersten Ebene und objektiven Welt zugehörige Selbstheilungstechnik entwickelt habe, die »Dynamind« genannt wird. Sie nutzt einfaches, gewöhnliches Wissen über Atmung, Muskelentspannung und Anregung der Durchblutung und organisiert diese Aspekte auf eine Weise, die zu einer außergewöhnlich raschen Linderung von Schmerzen und anderen körperlichen und emotionalen Symptomen führt, darunter auch einiger, die im Allgemeinen für nicht behandelbar gehalten werden. Obwohl der Vorgang an sich gänzlich innerhalb des Bereiches konventionellen Heilwissens liegt, sind seine Anwendung und Ergebnisse so ungewöhnlich, dass viele Menschen einen starken Widerstand dagegen haben, ihr eigenes Erleben der Linderung zu akzeptieren oder zu glauben. In der Folge weigern sie sich entweder, noch einmal davon Gebrauch zu machen, oder sie versuchen verzweifelt, die Symptome wiederherzustellen, um auf eine Behandlung zurückzugreifen, die ihrer Vorstellung von dem entspricht, was geschehen »sollte«.

Erst kürzlich vermittelte ich Dynamind einer Gruppe von älteren Menschen. Eine Frau, die drei Monate zuvor ihren Zeh gebrochen hatte und immer noch unter starken Schmerzen beim Gehen litt, kam für eine Demonstration nach vorn. In weniger als zwei Minuten konnte sie normal gehen, weil der Schmerz ganz verschwunden war. Eine andere Frau war aufgrund einer Beziehung emotional sehr verletzt. Sie brauchte etwa fünf Minuten der Linderung, bis sie auf ruhige, entspannte Weise an den anderen Menschen denken konnte. Doch trotz dieser dramatischen Demonstrationen gab es Personen in der Gruppe, die es ablehnten, sich zu beteiligen, und die sogar die Anleitungen zurückgaben.

Ein Mehr an Wissen allein reicht also nicht aus zur Befähigung, die Wirklichkeit zu verändern. Sie müssen von dem Wissen auch *Gebrauch machen,* um es in schöpferische Macht zu verwandeln. Andernfalls ist es lediglich Information.

DYNAMISCHE DENDRITEN

Obwohl man lange Zeit meinte, das Gehirn sei lediglich ein Organ zum Speichern und Abrufen von Erinnerungen, deuten jüngere Forschungsergebnisse an, dass das Gehirn viel dynamischer ist und sich je nach unserem Verhalten ständig verändert und wächst.

Viele moderne Gehirnforscher konzentrieren sich auf einen bestimmten Teil des Neurons (der Nervenzelle), die man Dendrit nennt. Wenn Sie sich den Hauptteil eines Neurons wie den Stamm eines Baumes vorstellen, sind die Dendriten seine Äste. Vereinfacht ausgedrückt, verbinden sich diese Äste mit den Ästen anderer Neuronen, um Informationen miteinander zu teilen. Je mehr Äste es gibt, desto mehr Informationen werden mitgeteilt.

Man weiß, dass die Zahl der Dendriten (»Äste«) zunimmt, wenn das Umfeld einer Person reicher an Sinneseindrücken wird. Dazu gehören offensichtlich Aspekte wie Reisen zu neuen Zielen, das Erlernen von neuen Fertigkeiten und neue gedankliche Erfahrungen, die die Vorstellungskraft anregen. Man weiß auch, dass exzessiver Alkoholkonsum das Dendritenwachstum hemmt und dass Senilität (die heute gewöhnlich Demenz genannt wird) mit einem tatsächlichen Rückgang der Dendritenzahl in Verbindung steht. Einige Forscher vermuten, dass eine Verringerung der sensorischen Anregung zur Senilität beiträgt, deren typische Zeichen meist Schwierigkeiten beim Erlernen neuer Dinge und das Versagen des Kurzzeitgedächtnisses sind. Außer bestimmten Krankheiten dürften zu den weiteren Faktoren, die zu Senilität und dem Rückgang der Dendriten-Verbindungen führen, emotionale Traumata, Übermedikation, Austrocknung, Vitaminmangelzustände und exzessiver Konsum von Drogen und, wie gesagt, Alkohol gehören. Es besteht auch die Möglichkeit, dass Ihre Dendriten nicht mehr wachsen und anfangen sich zurückzubilden, wenn Sie nichts mehr lernen.

Theoretisch kann man sagen: Je mehr Dendriten Sie haben, desto kreativer werden Sie sein, desto mehr Ideen-Verknüpfungen werden Sie machen, und desto leichter werden Sie neue Fertigkeiten erlernen. Dies alles bedeutet natürlich mehr Potenzial zum Verändern Ihrer Wirklichkeit.

Ungeachtet der Theorien ist als Tatsache bekannt: Je mehr Neues Sie lernen und je mehr Sie erleben, desto größer wird Ihre Fähigkeit, Ihre Wirklichkeit zu verändern, FALLS …

… und dieses große FALLS bezieht sich auf einen weiteren Faktor. Erinnern Sie sich an den ersten Abschnitt oben. Neues Wissen an sich bedeutet nicht automatisch neue Macht. Der zusätzliche Faktor ist Motivation. Mit anderen Worten: Erst wenn Sie etwas tun, sein oder haben *wollen,* führen neues Wissen, neue Erfahrungen und neue Fertigkeiten – ganz gleich, welcher Art – zu Assoziationen und Verknüpfungen, die Ideen anregen, das zu erschaffen, was Sie wollen, sowie die gedankliche, emotionale und körperliche Energie, die Sie dazu benötigen.

DAS VERMÄCHTNIS DER SPRACHE

Die Muttersprache, mit der Sie aufgewachsen sind, birgt ein geheimes Vermächtnis von Annahmen über die Wirklichkeit, die Ihr Leben prägen. Je nach der Sprache und wie Sie diese gebrauchen, können die Annahmen Ihre Kreativität in manchen Bereichen hemmen und auf anderen Gebieten steigern. Da meine Muttersprache Englisch ist, beginnen wir mit dieser als einem Beispiel.

Englisch kann in mancher Hinsicht eine unglaublich schöpferische Sprache sein, die den Weg zur Kreativität anregt und erleichtert.

Ich glaube, dies beruht weitgehend auf ihrer im Kern erhaltenen »Pidgin«-Eigenschaft. Als Pidgin gilt allgemein eine grammatikalisch vereinfachte Sprache, wie sie sich zwischen Menschen ohne eine gemeinsame Sprache entwickelt. So entstand das hawaiianische Pidgin zwischen hawaiianischen, chinesischen, japanischen, koreanischen, anglo-amerikanischen, portugiesischen und philippinischen Arbeitern.

Das Englische entwickelte sich – was die Anglisten häufig vergessen – als eine Pidgin-Sprache zwischen Angeln, Sachsen, Franzosen und Skandinaviern. Später bewies es seine Flexibilität, indem es sich mit Leichtigkeit Wörter aus den meisten Sprachgruppen der übrigen Welt einverleibte und sie in englische Wörterbücher übernahm. Gerade habe ich ohne große Mühe fünf ursprünglich hawaiianische Wörter nachgeschlagen, die heute Bestandteil der englischen Sprache sind. Doch das Englische war nicht damit zufrieden, sich ganze Wörter für neue Begriffe auszuleihen, sondern es enthält auch viele Wörter, die aus anderen Sprachen zusammengesetzt wurden, zum Beispiel aus dem Griechischen und Lateinischen. Dann wiederum gibt es den englischen Slang, der aus gänzlich neuen Wörtern besteht oder aus alten Begriffen, denen eine neue Bedeutung übergestülpt wurde.

Im Englischen gibt es auch mehrere spezialisierte Sprachformen, deren eindrucksvollste meiner Meinung nach die Poesie ist. In der Dichtkunst kann man eine bestimmte Idee auf eine andere Weise ausdrücken und dabei die Regeln der Grammatik und des logischen Denkens hintanstellen oder gar brechen, um neuen, bildhaften Vorstellungen, Gefühlen und kreativem Potenzial Raum zu geben. Hier ist ein kleines Beispiel:

Prosa: Ich habe einen blühenden Kirschbaum, der so schön ist, dass er mich an einen Menschen erinnert, den ich liebe.

Poesie: Kirschbaum im Garten steht,
der Blüten trägt im Haar,
mit Zweigen, schlank und zart,
wie meine Liebste gar.

Zugegeben, das ist keine großartige Poesie, aber darum geht es auch nicht. Ich will damit zeigen, dass Aussagen über den gleichen Gegenstand je nach ihrer Art und Sprache ein anderes Empfinden und Erleben hervorrufen.

Nach dieser Schwärmerei über das Englische gilt es nun, auch dessen Begrenzungen zu würdigen. Englisch ist keine sehr emotional bezwingende Sprache, wenn Wörter allein gebraucht werden. Einige emotionale Erregung lässt sich auslösen, wenn bestimmte Wörter laut geschrien werden, doch das geschriebene Wort ist relativ flach, verglichen mit den Wirkungen, die andere Sprachen erzielen können. Ich las zum Beispiel *Die drei Musketiere* von Alexandre Dumas auf Englisch und meinte, die Lektüre gründlich genossen zu haben. Später las ich das Buch auf Französisch und musste dabei laut lachen und weinen.

Ein anderer Schwachpunkt unserer Sprache ist das Verb »sein«. Während es in mancher Hinsicht äußerst nützlich ist, transportiert es doch auch eine Vermutung von Existenz und Identifikation, die häufig der Kreativität im Wege steht. »Ich bin verärgert« drückt zum Beispiel nicht nur die Existenz von Ärger aus, sondern neigt auch dazu, eine Identifikation zwischen dem Sprechenden und dem Gegenstand des Gesprochenen zu schaffen. Bei meiner Heilungsarbeit hat sich schon viele Male gezeigt, dass das Hindernis für den Fortschritt eines Klienten in einer solchen Identifikation bestand, ob deren Ursprung nun beim Klienten selbst oder bei jemand anderem lag, der ihn kritisiert hatte. Auf ähnliche Weise ist eine Aussage wie »Die Situation ist hoffnungslos« mehr als die bloße Beschreibung einer Situation. Sie erzeugt eine Identifikation der Situation mit der Hoffnungslosigkeit, was nur allzu oft dazu führt, dass der Sprecher nicht einmal versucht, die Situation zu verändern. Interessanterweise gibt es eine experimentelle Form des Englischen, »E-Prime« genannt, die versucht, das Wort *to be* (sein) nicht zu gebrauchen, doch sie stößt auf viele Schwierigkeiten. Andererseits kommen Sprachen wie Russisch, Indonesisch und Hawaiianisch sehr wohl ohne das Verb »sein« aus.

Fast ebenso problematisch wie das Verb »sein« ist die Neigung in indoeuropäischen Sprachen, nicht greifbare Erlebnisse in Substantive zu fassen. Dies verleitet uns, zu denken und zu handeln, als wäre das nicht greifbare Erleben ein objektiv physisches Ding. Ein Paradebeispiel dafür ist »Schmerz«. Nun, Schmerz ist durchaus ein reales Erlebnis, aber es ist nicht ein reales Ding. Weil unser Erleben jedoch »verdinglicht« – in ein Substantiv verwandelt – wurde, reden wir davon, »Schmerz loszuwerden«, als wäre er etwas, das man aus dem Körper entfernen könnte wie einen Nagel; wir sagen »Der Schmerz wandert im Körper umher«, als wäre er eine Art von Insekt unter der Haut, das sich an einen anderen Ort begibt, wenn wir versuchen, »es loszuwerden«; und wir sagen, dass der Schmerz, nachdem er erst gelindert wurde, »zurückkomme«, als wäre er irgendein Lebewesen, das für einige Zeit in Urlaub geht, um dann zurückkehren, um uns wehzutun. Diese Art von Denken trägt mit dazu bei, dass Schmerz so schwierig zu behandeln ist. Betrachten wir Schmerz hingegen als eine Wirkung, wird es sehr einfach, ihn zu lindern, denn dann brauchen wir nichts weiter zu tun, als das Verhalten zu ändern, das die Wirkung nach sich zieht. Ein weiteres Beispiel hilft, das noch deutlicher zu machen: Wir sprechen auch über Meereswellen, als ob sie objektive Dinge wären, dabei wissen wir, dass sie nur die Auswirkung von Wind oder der Bewegung der Erde sind. Wenn der Wind aufhört zu wehen oder die Erde aufhört, sich zu drehen, dann gehen Wellen nirgendwohin – sie existieren einfach nicht mehr.

Eine weitere Einschränkung ist, dass die englische Grammatik – aber auch die der anderen indoeuropäischen Sprachen – uns zwingt, in den linearen Begriffen von Vergangenheit, Gegenwart und Zukunft zu denken. Aufgrund dieser sprachlichen Festlegung ist die Annahme, dass die Zeit von Natur aus linear sei, in allen Kulturen extrem dominierend, deren Sprache diese Art von Struktur aufweist. Wir könnten auch sagen: Vergangenheit, Gegenwart und Zukunft sind real, weil unsere Sprache sagt, sie seien es. Natürlich ist es uns gelungen, trotzdem eine beträchtliche Menge Wirklichkeit zu verändern, doch was könnten wir tun – und was erleben –, wenn wir über die Zeit anders dächten?

Die hawaiianische Sprache hingegen kennt Vergangenheit, Gegenwart und Zukunft nicht als Zeiten. Sie hat nur verbale Erkennungszeichen für abgeschlossene, andauernde und potenzielle Handlungen. Der Satz »Ich ging gestern in den Laden und kaufte Eier« ließe sich ins Hawaiianische übersetzen, doch der wirkliche Sinn des hawaiianischen Satzes lautete: »Mein In-den-Laden-Gehen gestern, um Eier zu kaufen, ist vorüber.« Das Englische drückt das Erleben eines Ereignisses in der Vergangenheit aus, während das Hawaiianische das gegenwärtige Erleben eines Ereignisses ausdrückt. Der Satz »Ich werde morgen in den Laden gehen und Eier kaufen« drückt eine Handlung in der Zukunft aus, während das hawaiianische Äquivalent lautet: »Mein In-den-Laden-Gehen morgen ist noch nicht eingetreten« und abermals das Erleben aus gegenwärtiger Sicht wiedergibt.

Und was zeigt uns das? Dass unsere Vermutung einer realen Vergangenheit und einer realen Zukunft unser Denken und Handeln automatisch in bestimmte Bahnen lenkt, während uns die Vermutung eines dominanten *Jetzt* andere Möglichkeiten des Denkens und Handelns eröffnen könnte. So könnte zum Beispiel eine Vielzahl von Menschen ihre Wirklichkeit einfach verändern, wenn sie aufhörten, an die Vergangenheit als eine Last zu denken, die sie weiter mit sich schleppen müssen, und anfingen, die Vergangenheit als Aufzeichnungen zu betrachten, die gespeichert wurden und heute als Erinnerungen existieren. Um diese Umschaltung vorzunehmen, bräuchten sie nicht Hawaiianisch zu sprechen. Allein zu wissen, dass man anders denken kann, verändert bereits vieles.

DER SeA-FAKTOR

In der objektiven Welt ist es – wie in allen anderen auch – von entscheidender Bedeutung, den SeA-Faktor zu beachten. »SeA« steht für Selbstachtung. Ich weiß, dass dieses Thema schon von vielen Leuten wieder und immer wieder behandelt worden ist, trotzdem aber muss ich betonen, dass die Fertigkeit und Kunst, Wirklichkeit zu verändern, sehr von diesem Faktor abhängt, denn aus Selbstachtung erwächst Selbstvertrauen, und auf Selbstvertrauen baut entschlossenes Handeln, um positive Veränderungen zu erschaffen.

Im Grunde ist Selbstachtung lediglich die Art und Weise, wie Sie über sich selbst denken in Bezug auf die Welt um Sie herum. Je mehr Sie denken, wie würdig, verdient, wert, kompetent und ermächtigt Sie sind, Ihrem Ziel zu folgen, desto leichter ist es, die Wirklichkeit auf der ersten Ebene zu verändern, sowohl selbständig als auch durch die Interaktion mit anderen Menschen.

Es ist gut, Ihre Selbstachtung ständig zu bekräftigen, und nicht zu glauben, Sie hätten weder Wert noch das Recht, Veränderungen vorzunehmen. Doch ich habe noch drei weitere Dinge entdeckt, die oft vernachlässigt werden, aber als unterstützende Maßnahmen immens nützlich sind: Energie, Kraft und Haltung.

Reichlich physische Energie hilft Ihnen, sich wohl zu fühlen, nicht nur in Ihrem Körper, sondern auch in Bezug auf sich selbst. In der objektiven Welt kann jeder seine physische Energie durch regelmäßige Entspannung, tieferes Atmen und gute Wasserzufuhr (genügend Wasser trinken!) mühelos steigern. Es gibt noch viele andere Methoden, die körperliche Energie zu erhöhen, aber keine sind so universell wirksam wie die gerade genannten.

In engem Zusammenhang mit der physischen Energie steht die physische Kraft. Einige Methoden, die Wirklichkeit in der objektiven Welt zu verändern, zum Beispiel Bauarbeiten und sportliche Leistungen, erfordern offensichtlich körperliche Kraft, doch hier geht es darum, dass physische Stärke auch die Selbstachtung (mit all deren Vorzügen) steigert. Ob Sie dies gerne hören oder nicht: Die einzige wirksame Methode zur Steigerung der körperlichen Kraft ist Sport. Massiver Muskelaufbau oder strapaziöse Ausdauertests sind nicht notwendig, aber wenn Sie es mögen, dann tun Sie es. Selbst etwas Einfaches, z. B. mehr zu gehen, kann eine große Hilfe sein. Außer der körperlichen Kraft ist auch die mentale Stärke zu bedenken. Daran ist nichts Geheimnisvolles. Sie müssen, um die mentale Stärke aufzubauen, sich nur entschließen, etwas zu tun – und es dann tun, ohne sich ablenken oder von Schwierigkeiten abhalten zu lassen. Und wenn der Weg, auf dem Sie es zu erreichen versuchen, nicht zum Erfolg führt, dann ändern Sie einfach Ihren Plan und schlagen Sie einen anderen Weg ein. Ob es dabei um ein riesiges globales Projekt geht oder um Ihren Frühjahrsputz, spielt keine Rolle. Jedes Mal, wenn Sie mentale Stärke gebrauchen, steigern Sie Ihre Selbstachtung und Ihre Fähigkeiten, die Wirklichkeit zu verändern.

Die Haltung beeinflusst Ihren mentalen, Ihren emotionalen und Ihren physischen Zustand unmittelbar. Die Menschen denken darüber im Allgemeinen gerade umgekehrt und glauben, dass Gedanken, Emotionen und Gesundheit sich auf ihre Haltung auswirken. Ja, das trifft zuweilen zu, aber es gilt eben auch in umgekehrter Richtung. Indem Sie zuversichtliche Haltungen in Bezug auf Ihre täglichen Aktivitäten üben, können Sie Ihren Geist befreien, Ihre Emotionen beruhigen, Ihre Gesundheit verbessern und Ihre Selbstachtung steigern.

TECHNIKEN DER OBJEKTIVEN WELT ZUM VERÄNDERN DER WIRKLICHKEIT

1. Lernen Sie mehr über das, was Sie bereits kennen. Hier ist eine Übung dazu, die viele mögliche Variationen hat:
   a) Stellen Sie sich in die Sonne und trachten Sie danach, etwas Neues darüber zu erfahren, wie das Sonnenlicht Sie oder Ihre Umgebung beeinflusst. Zum Beispiel: Wärmt es alle Teile Ihres Körpers gleichermaßen? Erzeugt es Schatten mit scharfen Rändern oder mit undeutlichen Begrenzungen?
   b) Stellen Sie sich in den Wind. Fühlt er sich überall an Ihrem Körper gleich an? Bewegt er sich wie ein steter Strom, in Wellen oder abwechselnd?
   c) Betrachten und berühren Sie die Rinde mehrerer Bäume. Wodurch unterscheiden sie sich?
   d) Probieren Sie dies auch mit anderen Dingen in der Natur, in Ihrem Zuhause, an Ihrem Arbeitsplatz. Was können Sie entdecken, das Sie vorher nicht gewusst hatten?
2. Spielen Sie eine Runde »Dies erinnert mich an mich selbst«.
   a) Nehmen Sie einen Gegenstand und beschreiben Sie einem

Partner, in welcher Hinsicht der Gegenstand Sie an sich selbst erinnert.

b) Beispiel: Ich sitze an meinem Schreibtisch, schreibe an diesem Buch und halte gerade einen Schlüssel in der Hand. Er erinnert mich an mich selbst, weil er dazu bestimmt ist, etwas zu erschließen; das tue ich mit meinen Studien und Lehren auch. Er ist rund und glatt, wo man ihn hält; das ist das glatte Äußere, das ich den Menschen zeige. Der Teil, der ins Schloss eingeführt wird, ist eher kompliziert; das entspricht eher den Mitteln und Techniken, die ich gebrauche, um Menschen zu helfen, sich zu öffnen. Er hat ein Loch für einen Schlüsselring; das erinnert mich an die Eröffnungen, die ich den Menschen anbiete, um mit mir Verbindung aufzunehmen. Der Schlüssel in meiner Hand öffnet eine Schatzkiste; das ist wie die verschiedenen Möglichkeiten, die ich den Menschen erschließe. Sehen Sie? Es ist ganz einfach, macht Spaß und ist kreativ.

3. Spielen Sie »Was wäre, wenn …?«
   a) Denken Sie an etwas, das offensichtlich wahr ist oder offensichtlich so, wie man es von ihm erwartet, und fragen Sie sich: »Was wäre, wenn es anders wäre? Was würde sich dadurch ändern?«
   b) Beispiele: Was wäre, wenn die Vergangenheit wirklich nicht existierte? Was, wenn die Türen Fenster wären, die Fenster aber Türen? Was, wenn das Automobil nie erfunden worden wäre, jedoch das Flugzeug? Was wäre, wenn alle die gleiche Sprache sprächen?
4. Um Dendriten-Verbindungen anzuregen, setzen Sie sich und denken Sie darüber nach, auf welche Weise etwas in Ihrem Leben verbessert werden könnte. Grübeln Sie nicht, sondern lassen Sie einfach Ihre Gedanken auf Wanderschaft gehen.
5. Erfüllen Sie eine Aufgabe, irgendeine Aufgabe, und beteiligen Sie dabei bewusst alle Ihre Sinne, besonders Sehen, Hören und Tastsinn. Achten Sie darauf, sich auch Ihres Körpers ganz bewusst zu sein, während Sie die Aufgabe erfüllen. Das wird Ihnen helfen, Ihr allgemeines Gewahrsein zu steigern, Ihre Fertigkeiten

zu verbessern und neue Handlungsweisen zu entdecken, die dazu führen werden, dass Sie sich besser fühlen.

6. Üben Sie, Ihre Selbstachtung zu steigern, indem Sie Ihre Energie steigern, Ihren Körper und Geist stärken und Ihre Haltung bewusst verändern.

TEIL II

VERÄNDERN DER WIRKLICHKEIT IN DER SUBJEKTIVEN WELT

ICH BIN GELIEBT

Die Vögel und die Bienen lieben mich,
Die Bäume lieben mich,
Und all die Fische im Meer,
Selbst sie lieben mich sehr;
Ich weiß, dass
Die ganze Natur mich liebt.

Ja, auch der Mond liebt mich,
Die Sonne, die scheint, liebt mich,
Und die aufgehenden Sterne,
Auch sie lieben mich;
Froh bin ich
Weil das Universum mich liebt.

Es lieben mich die Geister von Feuer, Wind und Stein,
Und der Geist des Wassers ebenso;
Meine pelzigen, fedrigen Freunde, die mit Schuppen
und die ohne Fell,
Sie alle lieben mich,
Und mir unbekannte Leute, die ja sowieso.

Hoffentlich liebst du mich,
Sag mir: Ich liebe dich,
Sag mir laut und deutlich,
Dass du mich wirklich liebst,
Und ich sage dir:
Auch ich habe dich lieb.

Serge Kahili King, 1987

KAPITEL 4
ASW – OHNE SIE KÖNNEN SIE NICHT LEBEN

Wenn wir uns mit Ideen befassen, die mit der subjektiven Welt zu tun haben, stoßen wir früher oder später auf die Abkürzung ASW, die häufig im Zusammenhang mit Fähigkeiten gebraucht wird, die man mit dem subjektiven Erleben assoziiert. ASW steht für »außersinnliche Wahrnehmung«, und diese Bezeichnung beruht auf einer Annahme aus Sicht der objektiven Welt, dass die zum Einsatz gelangenden Fähigkeiten wie Telepathie, Hellsehen und Psychokinese irgendwie jenseits oder außerhalb unserer sogenannten physischen Sinne seien. Dem widerspreche ich entschieden. Deshalb ziehe ich es vor, ASW als »erweiterte Sinneswahrnehmung / Projektion« zu deuten. Als Bezeichnung für die Menschen, die ihre Sinne bewusst auf solche Weise einsetzen, werde ich die naheliegende Wortschöpfung ASWler verwenden.

Falls Sie glauben, dass ASWler einzigartige Individuen sind, die mit einer »speziellen« Begabung geboren wurden oder sie später irgendwie empfangen haben (und sich dadurch von anderen Menschen unterscheiden), oder dass ASW-Fähigkeiten eine Art von Belohnung für moralische Reinheit sind (was auch immer man darunter verstehen mag) oder dass Jahre intensiven und zähen Bemühens und Übens notwendig sind, bevor sie überhaupt erscheinen … dann sind Sie (und Millionen Ihresgleichen) einem der größten Schwindel zum Opfer gefallen, die sich die Menschheit jemals hat aufbinden lassen.

Tatsächlich ist jeder Mann, jede Frau und jedes Kind auf diesem Planeten ein ASWler in dem Sinne, dass wir alle die Fähigkeit haben, all die Dinge zu vollbringen, die mit metaphysischen Talenten assoziiert werden. Es sind nicht einmal Fähigkeiten des primitiven Menschen, die im Laufe der zunehmenden Zivilisierung (was auch immer dies bedeuten mag) in Vergessenheit geraten oder verkümmert sind. Sie sind lebendig und strampeln gerade in Ihrem Inneren.

Die einzigen Unterschiede zwischen Ihnen und einem bewussten ASWler sind diese: Der ASWler achtet aufmerksamer auf Gefühle und Wahrnehmungen, die Sie ignorieren; er hat gelernt – durch Versuch und Irrtum oder durch Training –, wie solche Gefühle und Wahrnehmungen zu stimulieren sind und wie zwischen ihnen zu unterscheiden ist; er vertraut diesen Gefühlen und Wahrnehmungen und glaubt an die Tatsächlichkeit dessen, was er tut – und er praktiziert es.

Ich weiß, wovon ich spreche, aufgrund zweier Tatsachen: Erstens wurde ich von meinem Vater und anderen ausgebildet und trainiert und übte mich auch selbst darin, fast jede Form von ASW-Fähigkeiten zu zeigen; zweitens habe ich Tausende von anderen trainiert, das Gleiche zu tun. Diejenigen, die ich ausgebildet habe, waren ebenso gewöhnliche Menschen wie Sie und zu Beginn in vernünftigem Rahmen skeptisch. Doch in allen meinen ASW-Kursen zeigte jeder einzelne meiner Schüler die vermittelten ASW-Fähigkeiten in gewissem Maße. Im Widerspruch zu einer schrecklichen Menge weit verbreiteter Denkgewohnheiten kann man die meisten dieser Fähigkeiten bereits nach nur einer halben Stunde oder noch weniger Übung selbst erleben. Es braucht sogar mehr Zeit, jemanden davon zu überzeugen, dass es möglich ist, als ihm beizubringen, wie es möglich ist. Und natürlich braucht es Zeit auf Seiten des Schülers, um seine Fertigkeiten zu entwickeln. Sie können in wenigen Minuten lernen, wie man einen Golfschläger hält und einen Ball trifft, aber es bedarf der Übung, um ein guter Golfer zu werden. Und … da ist noch etwas: Gerade so, wie Sie das Golfspielen von einem Golf-Experten lernen können, ohne dass es dazu eines speziellen, geheimen Rituals bedarf, um Ihr »Golf-Zentrum« zu öffnen, können Sie auch ASW-Fähigkeiten von einem ASW-Experten lernen, ohne dass geheime Rituale notwendig sind.

Das größte Problem, auf das Menschen stoßen, die ihre natürlichen ASW-Talente entwickeln wollen, ist, dass sie nicht wissen, wie »es« sich anfühlen soll. In unserer Kultur gelten ASW-Kräfte allgemein als so außerhalb der normalen Art, Dinge zu tun, dass viele Menschen dazu neigen, Wahrnehmungen zu erwarten, die völlig verschieden sind von dem, was sie gewohnt sind und kennen. In Wirklichkeit aber sind die meisten Wahrnehmungen dem normalen Erleben so ähnlich oder gleich, dass es schwerfallen kann zu akzeptieren, dass sich das, was man bereits tut, nur geringfügig von dem unterscheidet, was die erfahrenen ASWler tun.

Haben Sie immer noch Zweifel, ob Sie ein ASWler sein könnten? Lassen Sie uns sehen, ob irgendeines Ihrer Erlebnisse in die folgenden Kategorien offensichtlicher und nicht so offensichtlicher ASW-Erlebnisse passt. Haben Sie jemals …

1. einen Verdacht gehabt, der sich als richtig erwies?
2. ein intuitives Gefühl gehabt, das sich als akkurat erwies?
3. einen Traum gehabt, der wahr wurde, wenigstens zum Teil?
4. an eine Person gedacht und kurz darauf einen Telefonanruf von ihr erhalten?
5. jemanden angerufen, der Ihnen sagte, er habe gerade an Sie gedacht?
6. den Telefonhörer aufgenommen, um jemanden anzurufen, und festgestellt, dass dieser bereits in der Leitung war [und es bei Ihnen noch gar nicht geklingelt hatte]?
7. an jemanden gedacht und innerhalb weniger Tage eine Brief von ihm erhalten?
8. den gleichen Traum mit jemanden gemeinsam gehabt?
9. eine Vision oder Erscheinung von einem nahen Freund oder Verwandten gesehen, der in Schwierigkeiten war, dem Tode nah oder bereits gestorben war?
10. einen Tagtraum gehabt, der wahr wurde?
11. ein Déjà-vu-Erlebnis gehabt, also das Gefühl, an einem Ort schon einmal gewesen zu sein oder eine Situation schon einmal erlebt zu haben?

12. zur gleichen Zeit das Gleiche gesagt wie jemand anders?
13. sehnlich gewünscht, dass jemand etwas Bestimmtes tun würde, der es dann tat?
14. jemanden bewusst oder unbewusst angestarrt, so dass die andere Person sich umdrehte und Ihren Blick erwiderte?
15. einem solchen Blick empfangen und sich daraufhin umgedreht?
16. eine Reise oder Fahrt vermieden oder abgesagt, bei der es dann zu einem Unfall kam?
17. eine Autofahrt gemacht und sind dabei mit Ihren Gedanken ganz woanders gewesen, so dass Sie sich hinterher nicht erinnern konnten, die ganze Strecke gefahren zu sein?
18. ein plötzliches Gefühl oder Angst um ein Kind gehabt, das in Not war und Sie brauchte?
19. sich an einem bestimmten Ort ohne erkennbaren Grund unbehaglich gefühlt?
20. einen Gang übers Feuer gewagt, ohne sich dabei zu verbrennen?

Diese Liste könnten wir noch beträchtlich verlängern, doch wenn Sie jemals irgendetwas erlebt haben, was dem Genannten gleich oder ähnlich ist, besitzen Sie definitiv ASW-Begabung. Selbst wenn Sie nichts von dem oben Aufgeführten erlebt haben, bleibe ich bei meiner Behauptung, dass Sie von Geburt an ein ASWler sind – ganz einfach, weil Sie ein Mensch sind. Doch dies werden Sie sich selbst beweisen müssen, indem Sie die Erfahrungen ausprobieren, die im weiteren Verlauf von Teil zwei dieses Buches gezeigt werden.

DER UNSINN VOM 6. SINN

Forscher, die einen »sechsten« oder noch höheren »Übersinn« suchen, um ASW-Phänomene zu erklären, vergeuden ihre Zeit. »Außersinnliche Wahrnehmung« ist ein falscher Begriff und eine höchst irreführende Bezeichnung. ASW-Fähigkeiten sind lediglich »Erweiterungen« Ihrer gewöhnlichen menschlichen Sinne. Deshalb verwende ich die Bezeichnung »erweiterte Sinneswahrnehmung / Projektion«. Ob erkannt oder nicht, ein geschickter ASWler ist lediglich jemand, der seine normale Sinneswahrnehmung so weit verfeinert hat, dass er registriert, was anderen entgeht, und der darüber hinaus gelernt hat, das von seinen Sinnen Vermittelte korrekt zu deuten.

Kurioserweise gibt es viele angesehene Berufe, in denen Fähigkeiten dieser Art zur Anwendung kommen, nur nennen wir sie nicht »außersinnlich«. Stellen wir uns zum Beispiel vor, jemand bietet Ihnen ein Glas guten Weines an. Höchstwahrscheinlich nehmen Sie davon einen kleinen Schluck und finden den Wein gut oder schlecht. Wenn Sie sich für einen Weinkenner halten, schnuppern Sie zuerst daran und machen eine Aussage über das Bouquet des Weines oder bewegen ein Schlückchen im Munde und bezeichnen es als »lieblich«, »trocken« oder »jung«. Das ist alles. Ein professioneller Weintester hingegen kann Ihnen nach Schnuppern, Betrachten, Schmecken und Schlucken mitteilen, ob es ein Verschnitt ist oder nicht, um welche Rebsorte es sich handelt, möglicherweise von welcher Lage und aus welchem Jahrgang, auf welchem Boden die Trauben wuchsen und vielleicht sogar, wie viel Regen sie erhielten und wie der Wein in fünf, zehn oder zwanzig Jahren schmecken wird. Damit hat der Weintester die ASW-Fähigkeiten Psychometrie, Hellsehen und Prophetie demonstriert. Aber solange er nicht noch das Weinregal in Ihrem Keller beschreibt und Ihnen sagt, ob Sie Wein kaufen werden oder nicht, würden wir ihn gewöhnlich nicht als einen ASWler bezeichnen. Doch der Unterschied ist nur der Bereich, auf den er seine Fähigkeiten richtet.

LEIBSINN UND ZIELSINN

Um Ihnen zu helfen, Ihre ASW-Fähigkeiten maximal zu entwickeln, stelle ich Ihnen nun ein Konzept aus dem Huna vor. Ob es »wissenschaftlich« akzeptabel ist oder nicht, spielt keine Rolle. Es geht darum, dass es funktioniert.

Nach dieser Idee unterscheiden wir zwei Aspekte: zum einen den

Leibsinn, der für alle unwillkürlichen Vorgänge in Ihrem Körper zuständig ist, also auch für das Empfangen und Speichern aller Informationen, die durch Ihre Sinneswahrnehmung hereinkommen. In gewisser Hinsicht können Sie diese Instanz mit dem Unterbewusstsein oder der rechten Gehirnhälfte vergleichen, doch in Wirklichkeit ist sie mehr als jedes von beiden. Merken Sie sich also einfach den Begriff Leibsinn. Den anderen Aspekt wollen wir Zielsinn nennen. Er ist »Sie«, nämlich der Teil von Ihnen, der sich seiner Bewusstheit bewusst ist. Ich nenne ihn den Zielsinn, weil er sich gezielt auf nur einen Teil dessen konzentriert, was die Wahrnehmungssinne ihm jeweils mitteilen; seinen Blickwinkel kann er dabei erweitern oder verengen. Wenn Sie zum Beispiel ins Kino gehen, könnte Ihre Aufmerksamkeit auf den Film und auf nichts anderes gerichtet sein. Aber Sie können Ihre Aufmerksamkeit auch weiten und ausdehnen auf den Geschmack des Popcorns in Ihrem Mund, auf die Wärme der Hand Ihres Gefährten in der Ihren, auf das schwere Atmen Ihres Sitznachbarn auf der anderen Seite. Wenn Sie Ihre Aufmerksamkeit noch weiter ausdehnen und auch die Menschen in den Reihen vor sich wahrnehmen, die Vorhänge seitlich der Leinwand, die verschiedenen Stimmen, Hust- und Niesgeräusche im Publikum sowie die unbequemen Einzelheiten des Klappsitzes, werden Sie sich nicht mehr auf den Film konzentrieren können. Und Sie würden vermutlich überhaupt keine Aufmerksamkeit für all die Wahrnehmungen haben, die der Leibsinn Ihnen durch seine Sinne aus der näheren und weiteren Umgebung vermittelt: Eindrücke von der Kleidung auf Ihrer Haut, der Temperatur und dem Geruch der Luft im Raum und wohl tausend andere Dinge.

Es ist bequem und hilfreich, wenn Sie sich bei der Entwicklung Ihrer ASW-Fähigkeiten den Leibsinn als einen Angestellten vorstellen, der direkt für Ihren materiellen Körper, Ihre Sinnesorgane und Ihren Energiepegel verantwortlich ist. Als Zielsinn sind Sie der Leiter der ganzen Operation. Manche Menschen geben ihrem Leibsinn gerne einen Spitznamen, um leichter in einen engeren Kontakt mit ihm zu treten. Was die ASW-Fähigkeiten betrifft, werden wir uns vor allem mit den Wahrnehmungssinnen beschäftigen. Wir können uns das ganze System unserer Sinne als eine Art Rundfunk- oder Fernsehsender und -empfänger vorstellen, der dem Leibsinn unterstellt ist. Gewöhnliche Signale unserer Sinne Sehen, Hören, Schmecken, Tasten und Riechen, die deutlich eine physische Quelle haben, können wir mit den UKW-Sendern des Rundfunks oder den UHF-Kanälen des Fernsehens vergleichen. In Wirklichkeit sind die Unterschiede nicht so deutlich, aber für den Anfang wird Ihnen dieses Modell dienlich sein.

KAPITEL 5
DIE TELEPATHISCHE VERBINDUNG

Das Wort Telepathie bedeutet »Fernfühlen«, und in seinem weitesten Sinne deckt es alle Formen außersinnlicher Wahrnehmung ab. Telepathie ist ein grundlegender Aspekt des Menschen, ich bezweifele, dass wir ohne sie überleben könnten – selbst in der heutigen Zeit. Sie hilft uns nicht nur in Gefahr, sondern bietet uns die Verbindung für Gruppen- und Gemeinschaftsunternehmungen und spielt eine wichtige Rolle bei der Bewahrung und Weitergabe kulturellen Wissens. Keine streng mechanistische Lerntheorie vermag zu erklären, wie ein Kind alles lernt, was es braucht, um zu überleben und sich selbst zu erhalten als Angehöriger seiner jeweiligen Kultur. Die telepathische Übertragung von Wissen ist eine Tatsache und eine Notwendigkeit.

Im Rahmen der Entwicklung und Entfaltung Ihrer telepathischen Fähigkeiten werden wir den Begriff Telepathie jedoch im viel engeren Sinne als »direkte, innere Kommunikation« verwenden. Andernfalls werden wir in die Bereiche Hellsehen, Psychometrie, Astralreisen und andere Formen von ASW geraten. Im Grunde sind sie alle Formen der Telepathie, aber sie sind einfacher zu vermitteln und zu lernen, wenn wir sie separat behandeln. Wir wollen immer im Sinne behalten, dass wir hier mit der Huna-Vorstellung arbeiten, dass alles ein »Bewusstsein« hat und kommuniziert.

Da Sie dieses Buch lesen, nehme ich an, dass Sie auf diese Frage bereits eine Antwort haben, aber lassen Sie uns auf jeden Fall die praktische Seite betrachten.

Außer der potenziellen Befriedigung, ein Publikum staunen machen zu können, wird die bewusst ausgeübte Telepathie Ihnen ermöglichen, viel mehr von Ihrer Umgebung und den Menschen in ihr wahrzunehmen, und diese Informationen können Ihnen helfen, in allen Bereichen des Lebens effizienter zu sein. Wenn Sie Telepathie besser verstehen, sind Sie weniger anfällig für die vorherrschenden Stimmungen und Emotionen in Ihrer Umgebung, und Sie können bessere Stimmungen zu anderen Menschen aussenden. Haustiere können Sie herbeirufen, wenn Sie wollen, auch wenn sie gerade außer Sicht oder auf Wanderschaft sind. Vielleicht noch nützlicher wird die Fähigkeit sein, Ihren Partner oder Ihre Kinder zum Essen zu rufen, ohne dass Sie sich selbst vom Platz rühren oder die Stimme erheben müssen. Wollen Sie jemanden auf einem Flughafen oder in einem großen Vergnügungspark treffen, können Sie dies mit einem Minimum an Aufwand und Sorge tun. Wenn Sie geschäftliche Verhandlungen mit jemandem haben, können Sie auf telepathischem Wege etwas über seine Absichten erfahren. Und wenn Sie Menschen, Tieren oder Ihrer Umwelt helfen wollen, dann bietet die Telepathie sehr effektive Möglichkeiten. Mit ein wenig Phantasie werden Ihnen noch viele weitere Nutzanwendungen einfallen. Die hier erwähnten sind nicht nur angenehme Phantasien. Sie werden heute mit Erfolg von Menschen praktiziert, die selbst anfangs dachten, keinerlei telepathische Fähigkeiten zu besitzen. Schließlich – ob Sie sich das als praktikabel vorstellen oder nicht –, ist die Steigerung Ihrer telepathischen Fähigkeit ein größerer Schritt auf dem Weg der Erweiterung Ihrer ganzen Wahrnehmung, Ihres Bewusstseins und Ihrer Leistungsfähigkeit in jedem Bereich des Lebens – und, nicht minder wichtig, zur Veränderung der Wirklichkeit.

Zu dem Huna-Weg, den ich oben erwähnte, gehört auch die Idee, dass die Wirksamkeit von ASW-Fähigkeiten weitgehend abhängig ist von der Energiemenge, die zur Verfügung steht. Diese bestimmte Art von Energie trägt viele Namen, etwa »Lebenskraft«, »Prana«, »Chi«, »Ki« und zahlreiche andere. (Das hawaiianische Wort *mana* bedeutet etwas anderes.) Einfach ausgedrückt, ist es die Energie, die Sie am Leben hält. Es ist auch die Energie, die Ihr Sinnessystem belebt. Je stärker ein Radio- oder Fernsehsender und -empfänger ist, desto fernere Signale kann er aufnehmen und desto weiter kann er selbst senden. Ihr Organismus arbeitet weitgehend auf die gleiche Weise.

Wenn Sie müde, niedergeschlagen oder angespannt sind, ist Ihre ASW-Energie begrenzt oder blockiert. Es ist, als versuchten Sie, ein Radio oder einen Fernseher zu benutzen, wenn die Batterien schwach sind oder der Strom ausgefallen ist. Wenn Sie jedoch entspannt und in guter Stimmung sind, fließt die Kraft leicht und Ihre Fähigkeiten sind geschärft. Dies ist einer der Gründe, warum es in ASW-Testlabors bei längeren Testreihen zu immer schwächeren Ergebnissen kommt; die armen Versuchspersonen ermüden einfach. Zum Glück gibt es Möglichkeiten, Ihre ASW-Energie aufzubauen, auch über das Maß hinaus, das Ihnen zur Verfügung steht, wenn Sie sich wohl fühlen. Mit größerer ASW-Energie können Sie mit allen Formen von ASW noch bessere Ergebnisse erzielen.

Ich möchte Ihnen nun eine sehr einfache Methode empfehlen, Ihren ASW-Energiestrom zu verstärken, eine Methode, die für jedermann praktikabel und geeignet ist. Huna-Schülern und den Lesern meiner anderen Bücher ist sie bereits vertraut, doch möchte ich sie hier für alle anderen präsentieren, die sie nützlich finden könnten. Eine fortgeschrittenere Form wird im Teil »Techniken« folgen:

1. Atmen Sie ein und sammeln Sie Ihre Aufmerksamkeit dabei auf dem höchsten Punkt Ihres Kopfes.

2. Atmen Sie aus und sammeln Sie Ihre Aufmerksamkeit dabei auf Ihrem Nabel.
3. Tun Sie das mindestens eine Minute lang.

Nachdem Sie diese Übung mit geschlossenen Augen durchgeführt haben, stellen Sie als einigermaßen normaler Mensch fest, dass Ihr Körper entspannter ist, Ihr Sehvermögen klarer, dass Farben leuchtender scheinen und Ihr Gehör geschärft ist. Stellen Sie sich vor, was dies für Ihre UKW- oder Fernseh-Sinne bedeutet. Darüber hinaus wird diese Übung auch den Sauerstoffgehalt Ihres Blutes steigern und noch etwas anderes aus der Atmosphäre hereinbringen. (Und ich rede hier nicht von Smog!)

Stellen Sie sich an einem klaren Tag oder zumindest, wenn der Himmel blau aussieht, mit dem Rücken zur Sonne und richten Sie Ihren Blick auf einen Punkt am Himmel, etwa drei bis sechs Meter vor Ihnen. Wenn Sie dabei haar- oder zellähnliche Objekte in ihrem Blickfeld schweben sehen, achten Sie nicht weiter darauf; sie befinden sich in Ihrem Augapfel. Blicken Sie einfach weiter nach vorn, und schon bald werden Sie eine Vielzahl von sich drehenden, wirbelnden, hüpfenden Dingen sehen, die wie weißliche Kommas, Punkte und Gedankenstriche aussehen. Ich wette, dass man Ihnen so etwas auf dem Gymnasium nie gezeigt hat – auch nicht auf der Hochschule. Diese seltsamen Objekte heißen Energiekügelchen oder Orgonbläschen. Ich nenne sie »Vril-Tropfen«, sie sind in der Luft, nicht in Ihren Augen. Das ist die Energie, die Sie Ihrem Organismus zuführen, wenn Sie tief atmen.

Viele weitere Techniken und Methoden zur Steigerung der ASW-Energie finden Sie in meinem Buch *Erd-Energien**. Im weiteren Verlauf der vorliegenden Arbeit setze ich voraus, dass Sie sich selbst mit ASW-Energie aufladen, bevor Sie eine der ASW-Übungen praktizieren, die ich beschreiben werde.

* Erd-Energien: die Suche nach der verborgenen Kraft des Planeten, Freiburg: Lüchow 1995

FORMEN DER TELEPATHIE

Die Telepathie ist leichter zu verstehen und zu erlernen, wenn wir verschiedene Formen unterscheiden. Die zwei Hauptkategorien sind Empfangen und Senden. Jede hat ihre eigene Technik und spezielle Probleme. Beide Kategorien können wir weiter gliedern in passive (unwillkürliche) und aktive (willkürliche) Formen. Und – Sie haben es vielleicht bereits erraten – jede von diesen kann weiter unterteilt werden. Wir beginnen nun mit der empfangenden Telepathie.

PASSIVES TELEPATHISCHES EMPFANGEN

In diesem Abschnitt werde ich die empathische (oder emotionale) Telepathie behandeln, die intellektuelle Telepathie und das wichtige Thema der telepathischen Neutralität.

A. Empathische Telepathie wird auf einer emotionalen oder Gefühlsebene empfangen. Viele Menschen praktizieren diese Art der Telepathie unbewusst in der Kommunikation mit Tieren und kleinen Kindern. Sie verstehen »instinktiv« die Bedürfnisse und Wünsche von Tieren und/oder Kindern und können präzise darauf reagieren und sie erfüllen, ohne dass ein Wort gesprochen wird. Natürlich spielen hier auch vertraute Gesten und Körpersprache eine Rolle, aber eben auch echte Telepathie. Wenn Sie jemals eine Person kennengelernt haben, die Sie sofort und ohne Grund mochten – oder nicht mochten –, dann beruhte dies auf Telepathie, ob Sie sich dessen bewusst waren oder nicht. Kinder, deren feines Empfinden im Allgemeinen weniger blockiert ist als das der Erwachsenen, erweisen sich aufgrund ihrer telepathischen Fähigkeit oft als glänzende Menschenkenner; sie nehmen die wahren Intentionen eines Menschen auf, selbst wenn ihm alle Erwachsenen in ihrem Umfeld auf den Leim gegangen sind.

Doch Erwachsene haben das nicht gänzlich verloren. Telepathie ist jedes Mal im Spiel, wenn Sie die Stimmung einer anderen Person aufnehmen, sei es eine leichte, aufgeräumte oder eine eher bedrückte, niedergeschlagene Stimmung. Wenn eine Gruppe von Menschen im Allgemeinen ungefähr ähnlich denkt, kann sich dieses Denken auf emotionaler Ebene rasch mitteilen. Deshalb machen manche Partys viel Spaß, während andere einen anöden, selbst wenn bei beiden Gelegenheiten womöglich dieselben Personen teilnehmen. Die telepathische Verbreitung und Übernahme von Gedanken und Stimmungen ist der Grund, warum sich eine Menschenmenge in einen Mob verwandeln und harmlose Augenzeugen mit sich reißen kann, ohne dass diese wissen, wie ihnen geschieht.

Ich möchte dies durch ein eigenes Erlebnis illustrieren. Als ich jünger und etwas weniger wach war, stattete ich der University of Michigan während einer Wahlkampfrede von Richard Nixon einen Besuch ab. Ich war politisch neutral, doch ich wollte sehen, was er zu sagen hatte. Also folgte ich am Rande einer massiven Menschenmenge, die die Straßen entlangzog, um ihn zu begrüßen. Schließlich befand ich mich nur wenige Meter vor seiner Rednertribüne. Zehntausende seiner Anhänger, berichteten die Zeitungen später, waren gekommen. Gegen Ende der Ansprache fühlte ich mich immer noch angenehm neutral, als Nixon seine berühmte Siegesgeste zeigte. Die Menge schrie ihm begeistert entgegen, und ich vernahm einen lauten Schrei ganz in meiner Nähe. Ich sage Ihnen, wie nahe: Der Schrei war mein eigener. In einem lichten Moment ertappte ich mich selbst mit erhobenen Armen wild begeistert winken und rufen. Es war, als stünde ich buchstäblich neben mir selbst. Als ich landete, gebrauchte ich rasch eine Neutralisierungs-Technik – die ich Ihnen bald zeigen werde –, und gewann damit meine Neutralität zurück. Aber ich kann Ihnen sagen, dass mich dieses Erlebnis wachrüttelte und von der Macht der Masse nachhaltig überzeugte.

B. Intellektuelle Telepathie findet im Kopf statt; Emotionen sind daran nicht beteiligt außer als Ihre eigenen, persönlichen Reaktionen auf den jeweiligen Inhalt der telepathischen Botschaft. Es gibt drei Formen dieser Art von Telepathie:

a) Visuelle Telepathie: Ein Bild kommt Ihnen in den Sinn, spontan und ohne erkennbaren Grund. Es kann einige Sekunden anhalten oder sich in einen spontanen Tagtraum verwandeln. Meistens schüttelt man solche Bilder ab oder ignoriert sie ganz, wenn sie nicht besonders lebhaft erscheinen und ihnen ein Ereignis folgt, das ihnen einen Sinn verleiht. Nehmen wir zum Beispiel an, Sie empfingen morgens beim Erwachen plötzlich das Bild einer Rose, und am Nachmittag »überraschte« Sie dann jemand, der Ihnen eine Rose schenkte. Das wäre diese Art von Telepathie. Oder Sie schauen plötzlich das Bild eines Freundes, von dem Sie später erfahren, dass er just in jenem Augenblick an Sie dachte oder über Sie sprach. Allerdings können Sie auch ein plötzliches Bild empfangen und nie erfahren, worum es ging. So, wie man ein gezielt ausgesandtes telepathisches Bild empfangen kann, fängt man auch »herrenlose« Bilder auf, die gar nicht für einen bestimmt sind. Woran Sie den Unterschied erkennen? Wenn Sie ein Bild nicht gezielt suchen oder erwarten, ist das nicht möglich. Tut mir leid.

b) Verbale Telepathie: Sie vernehmen deutlich eine Stimme, aber es ist niemand in Ihrer Nähe, der gerade spricht. Manchmal können Sie eine Person im Nachbarraum Ihren Namen rufen hören, und wenn Sie hinübergehen, stellen Sie fest, dass man Sie nicht gerufen hat. Gewöhnlich wird die Person zugeben, an Sie gedacht und vielleicht gewünscht zu haben, Sie wären da, um Ihnen etwas mitzuteilen. Vielleicht war dieser Gedanke nur vage und nicht als Telepathie geplant, aber Sie haben ihn als einen deutlichen Ruf empfangen. Telepathie nimmt oft die Gestalt klarer Worte oder Sätze an, mit oder ohne Sinn. Vielleicht werden Sie nie erfahren, warum Sie den Gedanken gehört haben.

Neulich wurde ich eines Morgens von der sanften Stimme eines Mannes geweckt, die »Bitte …« sagte. Ich habe bis heute keine Ahnung, wer es war und warum er es gesagt hat. Die Botschaft – falls es denn eine Botschaft war –, war vielleicht nicht einmal für mich bestimmt. Manchmal können wir Gespräche in der subjektiven Welt ebenso mithören wie in der objektiven Welt.

Mit einer weiteren Erscheinungsform verbaler Telepathie habe wir es zu tun, wenn Sie gleichzeitig das Gleiche sagen wie eine andere Person. Als Teenager hatte ich einen guten Freund, mit dem diese Art von Telepathie gelegentlich passierte. Im Allgemeinen lachten wir darüber. Doch es gab eine Gelegenheit, die wir nicht mehr lustig fanden. Als wir mit einem Auto unterwegs waren, fingen wir gleichzeitig an zu sprechen, sagten das Gleiche, lachten, und versuchten es erneut. Es geschah ein zweites Mal, dann ein drittes und ein viertes Mal. Inzwischen ärgerten wir uns darüber, und so schwiegen wir etwa zehn Minuten lang, während wir uns, jeder für sich, angestrengt bemühten, etwas so Abwegiges zu sagen, dass der andere unmöglich auch daran denken könnte. Plötzlich drehten wir uns einander zu und sprachen im selben Augenblick das gleiche, völlig Abwegige aus! Es bedurfte einer weiteren halben Stunde der Stille, bis diese außergewöhnliche Übereinstimmung sich verlief.

c) Auditive, Geruchs- und andere Telepathie: Manchmal empfangen wir deutlich Töne, Gerüche, das Gefühl, berührt zu werden, und andere Sinneseindrücke, die keine Quelle in der objektiven Welt haben. Dies kann jederzeit geschehen und uns gelegentlich sogar aufwecken, weil es von außen zu kommen scheint. Der tatsächliche Ursprung kann schwer zu identifizieren sein, weil ein lautes Klopfen an einer Tür sich auf ein Bedürfnis in Ihrer äußeren Umgebung beziehen kann – wie bei der Gelegenheit, als meine Katze mitten in der Nacht hereingelassen werden wollte –, und dann wieder weckt Sie genau das gleiche Geräusch aus dem Schlaf, und Sie finden nichts, womit Sie es in Verbindung bringen könnten. Vor nicht allzu langer Zeit hörten meine Frau und ich – beide – den Klang sanften Glockenspiels, als wir gerade kurz vor dem Einschlafen waren, und es gab weder etwas in unserer Umgebung, worauf wir dieses Phänomen zurückführen konnten, noch ist etwas in unserem täglichen Leben aufgetaucht, das mit Glockenspiel zu tun hat. Telepathisch empfangene Geräusche *können* eine Bedeutung haben, aber sie *müssen* nicht unbedingt eine Bedeutung haben.

d) Die Ideen-Telepathie kommt ohne Wörter oder Bilder aus, es werden lediglich Ideen empfangen. Der plötzliche Impuls, jemanden anzurufen oder etwas Bestimmtes zu tun, ist häufig das Ergebnis dieser Art von Telepathie. Wissenschaftler, die die gleichen Entdeckungen machen, Erfinder, die die gleichen Erfindungen entwickeln, und Schriftsteller, die über die gleichen Motive schreiben, erleben diese Art von Telepathie ebenfalls. Als ich einen Roman schrieb, kam mir plötzlich eine Rolle, an die ich niemals gedacht hatte, mit einer vollständigen Geschichte in den Sinn und »bestand darauf«, in das Manuskript aufgenommen zu werden.

Alle Formen intellektueller Telepathie brechen am leichtesten in den Augenblicken kurz nach dem Aufwachen und kurz vor dem Einschlafen in Ihr Gewahrsein. Versuchen Sie in diesen Zeiten mehr auf das zu achten, was in Ihrem Inneren vorgeht – und vielleicht werden Sie staunen, wie viel Sie telepathisch aufnehmen.

AKTIVES TELEPATHISCHES EMPFANGEN

Nun können wir mehr Spaß haben, weil es jetzt um die bewusste Entwicklung der telepathischen Empfangsfähigkeit gehen soll. Hier gibt es drei Formen zu betrachten: Scannen, Einstimmen und Mitschwingen.

Scannen ist, wie wenn man den Einstellknopf eines Radioempfängers oder Fernsehers von Station zu Station oder Kanal zu Kanal dreht, um zu hören oder sehen, was gerade im Äther liegt. Sie verfolgen dabei die Absicht, festzustellen, welche Art von Telepathie Sie auf natürliche Weise »hereinbekommen«. Die Auswahl, die Ihr Leibsinn Ihnen bietet, wird Ihnen viel über sich selbst und über die Art Ihrer Überzeugungen verraten.

Um das Scannen zu praktizieren, brauchen Sie nichts weiter zu tun, als etwa drei extra lange Atemzüge zu nehmen, um Ihren Empfänger aufzutanken, still zu sitzen und achtzugeben. Ich empfehle Ihnen, auch die Augen zu schließen. Nun betrachten Sie einfach jedes Bild, lauschen Sie jedem Klang oder Geräusch und fühlen Sie jede Wahrnehmung, die Ihnen mental oder körperlich begegnet.

Geräusche aus der äußeren, physischen Umgebung zählen nicht, eine Konversation innerhalb Ihres Kopfes jedoch zählt. Versuchen Sie nicht, zu lenken oder die Gedanken in ein bestimmtes Muster zu zwingen. Lassen Sie zu, dass sie sich auf natürliche Weise bilden und entfalten.

Das Scannen wird Ihnen Praxis und Erfahrung vermitteln, auf subtile Wahrnehmungen zu achten. Es ist eine Art von Aufwärm-Übung für jede Art von ASW-Ausbildung. Fünf Minuten »am Stück« reichen aus, denn Sie sollten Ihre Übungsergebnisse in einem speziellen Notizbuch aufschreiben, um Ihre Fortschritte verfolgen zu können. Wenn Sie sich noch niemals zuvor auf diese Weise innerlich geöffnet haben, können zwei Dinge eintreten. Entweder werden Sie von Bildern und Tönen »überwältigt« – oder Sie ziehen eine Niete. Im ersten Fall gibt es nichts Beunruhigendes. Es ist, als hätten Sie den Deckel von einem Drucktopf geöffnet und den ersten Schwall ausströmenden Dampfes abbekommen. Dies mag sich bei einigen Ihrer ersten Scan-Übungen wiederholen, doch mit der Zeit werden die Ergebnisse vernünftiger erscheinen. Achten Sie gleichwohl auf jene plötzlich hervordrängenden Gedanken und Gefühle und tragen Sie sie in Ihr Notizbuch ein. Sie werden voller Einsichten sein, die Ihr Leibsinn Ihnen aus verschiedenen Quellen zu präsentieren versucht hat.

Im zweiten Fall – wenn Sie eine Niete gezogen haben – gibt es auch keinen Grund zur Beunruhigung. Sie haben vermutlich gelernt, den Deckel so gut, dicht und fest auf dem Drucktopf zu halten, dass er nicht einfach zu öffnen ist. Nach mehreren Sitzungen mit dem aufrichtigen Verlangen nach Öffnung wird sich der Deckel endlich heben lassen, danach werden Sie wahrscheinlich für einige Zeit »überwältigt«. Die Befreiung dieser gestauten Wahrnehmungen ist wichtig; wenn Sie sie weiter blockieren, werden Sie auch andere Eindrücke blockieren.

Das **Einstimmen** ist wie das Einstellen Ihres Empfangsgerätes auf einen bestimmten Sender oder Kanal. Im Hinblick auf Ihren Zielsinn bedeutet es nichts weiter als »ausgerichtete Aufmerksamkeit«. Mit anderen Worten, um sich auf etwas einzustimmen, brauchen Sie nichts weiter zu tun, als Ihre Aufmerksamkeit darauf zu richten. Um sich auf die Gedanken einer anderen Person einzustimmen, denken Sie einfach an die andere Person und achten Sie auf die Bilder und sonstigen Wahrnehmungen, die Ihr Leibsinn Ihnen liefert.

Das klingt allzu einfach? Nun, aus genau diesem Grunde war es allzu lange ein Geheimnis. Weil Telepathie in unserer Gesellschaft für eine seltsame Angelegenheit gehalten wird, fällt es den Menschen schwer zu glauben, dass es keiner besonderen Begabungen und komplizierten Ausbildungen bedarf. Wenn man sich von dieser Meinung einmal verabschiedet hat, stellt man fest, wie einfach es zu bewerkstelligen ist.

Das Einstimmen ist also überhaupt nicht schwierig. Der schwierigste Teil besteht darin, sich genügend zu entspannen, um wirklich auf das zu achten, was »hereinkommt«, und die Ergebnisse zu deuten. Entspannung ist der Schlüssel zur Steigerung Ihrer ASW-Empfänglichkeit. Wenn Sie besorgt oder beunruhigt oder auf irgendeine Weise gestört sind, wird Ihre Empfangsfähigkeit vermindert. Wenn ich von Entspannung spreche, meine ich übrigens die Entspannung Ihrer Körpermuskulatur. Es wäre ein vergebliches Bemühen, Ihren Geist zu entspannen, solange Ihr Körper nicht entspannt ist. Es mag Ihnen gelingen, Ihre Gedanken zu unterdrücken, aber das ist nicht Entspannung. Wenn Sie beunruhigt sind, verspannen sich verschiedene Muskeln. Das behindert den Fluss Ihrer Energie und schwächt Ihre Fähigkeit, subtile Eindrücke nach Wahl zu empfangen. Die oben beschriebene Energieübung wird Ihnen sehr helfen, sich körperlich zu entspannen.

Die Deutung der Eindrücke ist eine andere Sache. Sie ist, was den ASWler von der Durchschnittsperson eigentlich unterscheidet. Der ASWler hat gelernt zu interpretieren, was er empfängt. Ein festes Regelwerk für die Interpretation kann ich Ihnen leider nicht geben; das kann auch sonst niemand. Ihr Leibsinn spricht zu Ihnen in einer Sprache, die Ihnen eigen und einzigartig ist, da sie auf Ihren eigenen Überzeugungen und Erfahrungen basiert. Die Kultur, die Sie mit anderen teilen, bietet einen Teil der gemeinsamen Basis für die Interpretation; vor allem jedoch werden Sie Ihre eigene, innere Sprache zu lernen haben. Der eine ASWler empfängt vielleicht das Bild einer Rose und deutet es korrekt als »Liebe«; ein anderer ASWler nimmt das gleiche Bild auf und deutet es korrekt als »Traurigkeit«. Die Deutung kommt nicht aus der Rose, sondern liegt in dem, was die Rose für den ASWler bedeutet. Aus diesem Grunde protokollieren Sie Ihre Eindrücke aus ASW-Übungen stets. Durch Überprüfen Ihrer Ergebnisse, wann immer es Ihnen möglich ist, werden Sie schließlich Ihr eigenes, sehr akkurates Deutungssystem aufbauen.

Hier sind nun einige Übungen, die Ihnen helfen, Ihre Einstimmungsfähigkeit zu entwickeln:

Übung 1: Setzen Sie sich still hin und denken Sie an eine Person, die Sie kennen. Denken Sie an jemanden, der gerade in Urlaub ist; das ist besser, weil Ihnen Ihre Kenntnisse über die gewohnte Routine des Freundes nicht so leicht in die Quere kommen kann. Stellen Sie den Kontakt her, indem Sie ein gedankliches Bild der Person aufbauen, oder tun Sie das mit Hilfe einer Fotografie. Dann lassen Sie einfach Ihren Zielsinn wahrnehmen und registrieren, was der Leibsinn ihm mitteilt. Vielleicht erhalten Sie unzusammenhängende Dinge, eine Tagtraum-ähnliche Folge, Gesprächsfetzen, Musikfragmente, Körperempfindungen oder etwas anderes. Achten Sie aufmerksam auf alles und schreiben Sie alles auf, notieren Sie auch die Zeit. Manchen Menschen fällt dies leichter mit geschlossenen Augen, anderen mit offenen Augen. Entscheiden Sie für sich selbst. Lassen Sie nicht mehr als fünf Minuten vergehen, ohne den Kontakt zu erneuern, indem Sie sich die Person wieder vorstellen oder ihr Bild betrachten. Wenn Sie aufhören möchten, bitten Sie Ihren Leibsinn, den Kontakt abzubrechen, indem Sie »Stopp«, »Aus und vorbei«, »Ende« oder etwas Entsprechendes sagen. Manche finden es einfacher, ihre Eindrücke niederzuschreiben, während sie sie empfangen, andere warten lieber, bis die Sitzung beendet ist. Sobald es Ihnen möglich ist, setzen Sie sich mit der Person in Verbindung, auf die Sie sich eingestimmt haben, und stellen Sie fest, ob irgendetwas, das sie an jenem Tag zu jener Zeit gerade getan hat, dem entsprach, was Sie aufgenommen haben. Wenn nichts zu passen scheint, lassen Sie nicht den Mut sinken. Es ist vielleicht einfach eine Frage der Interpretation. Zudem sollten Sie den weiter unten folgenden Abschnitt über Fehlersuche zu Rate ziehen, um zu sehen, ob Sie dort eine Antwort finden.

Übung 2: Für diese Übung brauchen Sie eine Person, die die Rolle des Senders übernimmt (und die, wie wir annehmen wollen, den betreffenden Abschnitt weiter unten bereits studiert hat). Sie können das mit einem einzigen Gegenüber praktizieren, aber Sie werden mehr über die Variationen in der Telepathie lernen, wenn Sie mit einem Sender und mehreren Empfängern üben. Wie auch immer, Sie sollten mit dem Sender vereinbaren, dass er für eine festgelegte Zeitdauer – sagen wir: höchstens zwei oder drei Minuten lang – ein gedankliches Bild ausschickt. Der Sender sollte den Augenblick ansagen, wenn er oder sie bereit ist, mit dem Senden zu beginnen. In diesem Moment konzentrieren Sie Ihre Aufmerksamkeit kurz auf den Sender, und dann achten Sie auf jegliches Bild und jede Wahrnehmung, die Ihr Leibsinn Ihnen gibt, bis die Übung vorüber ist, ganz gleich wie töricht oder unbedeutend das Empfangene zunächst erscheinen mag. Anschließend vergleichen Sie Ihre Ergebnisse mit dem Sender und wenden sich an den Abschnitt »Fehlersuche«. Eine vollständige Übungssitzung sollte nicht mehr als zehn Sendungen in Abständen von fünf Minuten umfassen. Wenn Sie dieses Maß überschreiten, könnten Sie feststellen, dass Ihr Energiepegel zu niedrig ist, um gute Resultate zu gewährleisten. Denken Sie auch daran, dass Konzentration über längere Zeit dazu führen kann, dass der Leibsinn sich Ihrem Wollen widersetzt und sich verspannt.

Übung 3, eine interessante Variante von Übung 2: Alles bleibt gleich, doch der Sender verwendet dieses Mal ein physisches Bild (etwa aus einem Buch oder einer Zeitschrift), das er übermittelt. Der Sender arbeitet übrigens deshalb mit Bildern, weil der Leibsinn besser auf sie anspricht, auch wenn Sie die Deutung dann in Worten empfangen.

Unter **Mitschwingen** verstehen wir eine Technik, die weise Menschen in der alten Zeit nutzten, um Wissen über etwas zu erlangen. In gewissem Sinne handelt es sich um eine Erweiterung des Einstimmens, geht aber bis an den Punkt, wo Sie feststellen, dass Sie etwas allem Anschein nach von innen heraus beobachten, statt Eindrücke aus einer Distanz aufzunehmen. Dieser Vorgang ist sehr eng verwandt mit Empathie. Um zum Beispiel das Wesen und die Funktion einer Pflanze zu begreifen, durchdrangen weise Menschen in der alten Zeit die Pflanze geistig und zeichneten später ihre Eindrücke auf. Dies erklärt weitgehend, wie sie viel von dem Wissen zu erlangen vermochten, das sie auch ohne die Segnungen der modernen Technik offenbar besaßen und nutzten. Auf hier gilt: Die eigentliche Technik ist sehr einfach. Es ist hauptsächlich eine Frage des Vertrauens in Ihre Eindrücke. Sie können das auch tun, und die nächste Übung soll Ihnen zeigen, wie es geht.

Mitschwing-Übung: Sie können sie allein für sich praktizieren, aber es macht mehr Spaß, in einer Gruppe zu üben und die Erfahrungen auszutauschen. Wählen Sie zuerst eine kleine Zimmerpflanze aus. Setzten Sie sich in ihre Nähe und betrachten Sie sie eine Weile. Wenn Sie das Gefühl haben, nun beginnen zu können, schließen Sie die Augen und stellen Sie sich vor, sich dem Stamm oder Stiel der Pflanze zu nähern und dabei immer kleiner und kleiner zu werden, bis Sie die Pflanze erreichen und geradewegs in den Stamm hineinschlüpfen. Stellen Sie sich vor, wie Sie im Inneren der Pflanze sind, gerade klein genug, um sich darin frei zu bewegen, und beobachten Sie die Tätigkeit von Saft und Zellen. Begeben Sie sich für einige Momente in die Wurzeln hinunter, dann langsam den Stamm hinauf in einen Zweig und weiter in ein Blatt. Erkunden Sie das Blatt genau und treten Sie hinaus ins Freie, und wenn Sie fertig sind, wieder zurück zu sich selbst. Beeilen Sie sich nicht, diese Übung sollte mindestens fünf Minuten dauern. Achten Sie während der ganzen Zeit so aufmerksam auf alles, wie Sie können –

auf Aussehen, Töne, Farben, Gefühle etc. Für eine andere, sehr interessante Übung bietet sich der Besuch in einem Kristall an.

Ich kann bereits hören, wie viele von Ihnen fragen: »Aber war das nicht nur Einbildung?« Natürlich war es eingebildet, aber dies bedeutet nicht, dass es kein reales Erlebnis war. Das Einbildungsvermögen ist die Kraft, mit der Sie Bilder in Ihrem Kopf erzeugen. Eine wichtige Tätigkeit der ASWler ist, jene Bilder als bedeutungstragend zu behandeln, zu lernen, ihren Sinn zu deuten, und – wenn sie gut sind – ihre Gültigkeit (Wirksamkeit) zu testen. So können Sie zum Beispiel mit der Pflanzenübung oben Ihren Wahrnehmungsbereich ausdehnen und bestimmen, ob die Pflanze irgendwelche Mängel hat, die einer Korrektur bedürfen. Auf Ihrer Reise durch die Pflanze könnten Sie sich beispielsweise sehr durstig fühlen, was möglicherweise bedeutet, dass die Pflanze Wasser braucht; oder Sie »wissen« plötzlich, dass sie mehr Eisen braucht. Es mag für Sie den Anschein haben, als spreche die Pflanze in Worten zu Ihnen. Die Probe der Validität kommt später, wenn Sie die Pflanze mehr gießen, ihr Eisen geben oder was auch immer und feststellen, wie das ihr Wachstum oder Aussehen verändert. Falls sich nichts verändert oder der Zustand der Pflanze sich verschlechtert, dann haben Sie zuerst die Interpretation Ihrer Eindrücke zu prüfen, nicht die Wirklichkeit des Erlebten. Da Sie es erlebt haben, muss es real sein. Das ist eine schlichte Tatsache, über die Sie viel nachdenken könnten. Das Einzige, was Sie vernünftigerweise in Frage stellen können, ist die Bedeutung. Wenn die Pflanze sich bessert, war Ihre Deutung brauchbar.

Einige von Ihnen werden nun bestimmt protestieren: »Zufall!« Falls Sie damit ein zufälliges, zusammenhangloses Geschehen meinen, dann haben Sie Schwierigkeiten, was Ihre Entwicklung als ASWler anbelangt.

Für die Entfaltung Ihrer ASW-Fähigkeiten ist es wesentlich, dass Sie die Vorstellung akzeptieren, dass Ihr äußeres und inneres Erleben zusammenhängen. Andernfalls werden Sie Ihren eigenen Wahrnehmungen niemals vertrauen und einem arbeitslosen Weintester gleichen, der seinen Geschmacksknospen nicht mehr traut.

»Zufall« ist ein Vorwand für den Ängstlichen. Und um Ihre Denkfabrik noch etwas mehr zu kitzeln, erinnere ich Sie daran, dass die Idee »Zufall« nur eine andere Art der Interpretation ist. Aber ist sie brauchbar (wirksam)?

MENTALE STRUKTUREN FÜR DEN TELEPATHISCHEN EMPFANG

Unter den zahlreichen Schilderungen von Techniken zum Erlernen des telepathischen Empfangs werden Sie häufig auf die Anweisung stoßen, sich eine leere Kinoleinwand vorzustellen und die telepathischen Informationen auf der leeren Fläche erscheinen zu lassen. Das bezeichne ich als eine »ASWler-Struktur« – ein mentales Mittel, den Vorgang zu vereinfachen. Ich rate Ihnen: Wenn es hilft, machen Sie davon Gebrauch. Aber eine leere Kinoleinwand funktioniert nicht bei jedermann, schränken Sie also Ihre Kreativität nicht ein. Ich persönlich finde, dass eine Filmleinwand meinem Stil wirklich Gewalt antut. Heutzutage verwende ich höchst selten irgendeine Struktur, aber das ist wiederum nicht zwangsläufig eine »bessere« Methode; es ist einfach meine Art. Für diejenigen unter Ihnen, die es vielleicht hilfreich finden, folgt hier eine Liste von Anregungen für ASWler-Strukturen, die Sie beliebig anpassen oder verändern können. Denken Sie daran, Ihre eigene Phantasie einzusetzen, um die Strukturen zu erschaffen:

1. Ein menschlicher oder menschenähnlicher Helfer, der loseilt und Ihnen die Information in Worten und Bildern bringt (Elfen und Feen sind am beliebtesten).
2. Tiere, die das Gleiche tun – ein unter Schamanen sehr beliebter Weg. Jemand aus meinem Freundeskreis bedient sich dabei der Vorstellung eines Einhorns.
3. Ein Bildtelephon (technisch moderner als eine Kinoleinwand), ein Funksatellit, ein Bild von einem einfachen runden Kreis, in dem die Informationen erscheinen, als Text oder Bilder.

Jede Kultur auf unserem Planeten hat irgendein physisches Werkzeug zum Empfang bei der telepathischen Kommunikation entwickelt. Der Vorgang wird gewöhnlich »Weissagen« genannt, was leider nur allzu oft definiert wird als das »Trachten nach dem Empfang von Informationen über die Zukunft oder das Unbekannte mit übernatürlichen Mitteln«. Diese eindrucksvolle Beschreibung verrät uns lediglich, dass die Verfasser der Wörterbücher nichts von der Sache verstehen. Zumindest ein gutes Wörterbuch bietet die Definition »wahrnehmen durch Intuition oder Einsicht«.

Ich bin im Begriff, Ihnen jetzt ein großes Geheimnis zu offenbaren, also merken Sie auf: Der einzige Nutzen der Tausenden von Weissagungs-Werkzeugen, die die Menschen im Laufe der Jahrhunderte entwickelt haben, besteht darin, Ihnen bei der Einstimmung zu helfen (siehe oben). Alles andere, was man ihnen nachsagt oder zuschreibt, ist nur Reklame. Anderseits kann etwas, das Ihnen hilft, sich auf jemanden oder etwas besser einzustimmen, eine wirklich, wirklich gute und nützliche Sache sein. Und so, wie wir unterschiedliche Mittel und Wege genutzt haben, Wissen in der objektiven Welt zu erwerben – Bücher, Zeitschriften, Zeitungen, Webseiten etc., je nachdem, was wir wissen wollen –, können wir auch in der subjektiven Welt unterschiedliche Mittel nutzen und Wege beschreiten, die Art von Wissen zu gewinnen, die wir hier anstreben.

Wie ich sagte, gibt es Tausende unterschiedlicher Weissagungswerkzeuge, die heute bekanntesten sind die Tarotkarten (und ihre zahlreichen modernen Varianten) sowie das chinesische I Ging. Andere, weniger bekannte behandle ich in meinen Büchern *Der Stadt-Schamane* und *Erd-Energien.* Sie finden eine stattliche Auswahl dieser Artikel in den meisten gut sortierten Buchhandlungen und in Esoterik-Läden, deshalb werde ich mich hier nicht damit aufhalten, etwas von jenen Methoden oder Mitteln zu beschreiben. Ich empfehle Ihnen jedoch, ihren Gebrauch als Mittel zur Übung und Entfaltung Ihrer eigenen Einstimmungsfähigkeit in Betracht ziehen.

Ein weiteres Instrument zum Einstimmen ist – wohlbekannt aber weithin missverstanden – die Kristallkugel. In einer frühen Phase meiner Forschungen stieß ich auf eine Beschreibung des englischen Metaphysikers John Donne, der im 17. Jahrhundert mit Hilfe einer Kristallkugel nach Informationen fragte. Er betonte die Notwendigkeit eines perfekten Kristalls und den Einsatz eines jungfräulichen Knaben für das eigentliche Schauen sowie eines gewissen Maßes an Zeremoniell. Man glaubte seinerzeit – und glaubt es bis heute –, dass in der Kristallkugel ein Bild erscheine. Nach Jahren eingehender Forschung und Praxis entdeckte ich, dass unser Geist nach einiger Zeit unverwandten Starrens auf den Kristall eine Art von Bildschirm über oder vor dem Kristall erzeugt, auf dem Bilder aus unserem Inneren erscheinen können.

Dies erklärt, warum von verschiedenen Kulturen rund um die Welt so viele Varianten dieser Praxis entwickelt worden sind. Im alten Ägypten betrachteten die Seher einen klaren Teich. In der Mongolei gebrauchen die Schamanen für diesen Zweck eine polierte Messingscheibe. In meiner Hawaiiana-Sammlung habe ich einen »Zauberspiegel« aus poliertem Basalt, der in eine Steinschale gelegt und mit Wasser bedeckt wurde, um den gleichen Effekt hervorzubringen. Im Rahmen meiner Forschungen entsann ich mich einer fast vergessenen Erfahrung mit meiner italienischen Großmutter, die mir beigebracht hatte, mit Hilfe eines Fleckens Sonnenlicht auf einem Resopaltisch in ihrer Küche zu »sehen«.

Interessierten Schülern empfehle ich heute entweder einen Kreis, auf ein weißes Blatt Papier gezeichnet oder gedruckt, oder einen Reifen aus beliebigem Material (wie jene, die zum Sticken oder Weben verwendet werden). Eine Größe von 10 bis 15 Zentimeter scheint am besten geeignet. Beginnen Sie mit Entspannen und tiefem Atmen oder machen Sie die oben beschriebene Energie-Übung. Dann blicken Sie einfach auf den Raum innerhalb des Kreises, ohne einen bestimmten Punkt zu fixieren, mit oder ohne eine Absicht. Typische Ergebnisse sind zum Beispiel ein Gefühl zunehmender Energie und vielleicht ein visueller Eindruck von Bewegung innerhalb des Kreises, ein Effekt wie eine Schale, die sich in dem Kreis bildet, oder umgekehrt: eine Wölbung, die über dem Kreis Gestalt annimmt. Mit einiger Übung werden auch Bilder wie kurze Tagträume erscheinen. Erinnern Sie sich, dass manche Menschen besser mit einer physischen Struktur arbeiten können und andere lieber ohne eine äußere Struktur vorgehen.

Als Nächstes möchte ich in diesem Abschnitt eine vereinfachte Version einer eher ungewöhnlichen physischen Struktur besprechen, die für den telepathischen Empfang genutzt und im Allgemeinen als Radionik- oder Psychotronik-Gerät bezeichnet wird. Im vorliegenden Buch werde ich sie TEG (Telepathisches Empfangsgerät) nennen. In *Erd-Energien* habe ich solche Apparaturen einigermaßen detailliert beschrieben und die Pläne für ein einfaches Gerät gezeigt; was ich nun beschreiben werde, ist eine weitere Vereinfachung, sie funktioniert aber ebenfalls.

Zuerst ein klein wenig unverzichtbare Hintergrundinformation: Ein TEG hilft Ihnen, Ihre Konzentration fein abzustimmen (oder Ihre Einstimmung fein zu konzentrieren, wie Sie es drehen und wenden wollen). Die Grundform eines solchen Geräts besteht aus einer Eingabe-Komponente – einfach irgendeinem physischen Zugang, um die Information auszudrücken, die Sie empfangen –, einem Verstärker irgendeiner Art, um den Effekt zu vergrößern, sowie einer Ausgabe-Komponente für das telepathische Senden. Wir werden uns in diesem Abschnitt nur mit der Eingabe befassen. Wenn Sie das Bedürfnis nach einer Verstärkung haben, praktizieren Sie die oben beschriebene Atemübung.

Bei den meisten TEGs ist die Eingabe-Komponente ein Pendel oder eine Fläche irgendeiner Art, auf der Sie mit den Fingern reiben. Ich beschreibe kurz, wie sie funktionieren; machen Sie sich bitte nichts daraus, dass viele Menschen damit nicht einverstanden sein werden. Ein Pendel – das ist irgendein Gegenstand, der an einem Faden oder einer Kette hängt und frei schwingen kann – funktioniert, indem er auf winzige Muskelbewegungen Ihrer Finger antwortet, die selbst wiederum auf eine gezielte Frage ansprechen, die Sie stellen. Die Fläche, die Sie reiben, funktioniert ähnlich, nur antwortet sie nicht; hier kommt alles Ansprechen von Ihren Fingern, die auf ihr reiben. Als Reaktion auf Ihre Frage gleiten sie entweder glatt über die Fläche oder sie scheinen irgendwie zu »haften«. Letzteres beruht auf winzigen Veränderungen des Druckes und/oder der Hautreibung.

Um optimale Ergebnisse zu erreichen, sollten Sie Ihrem Leibsinn Anweisungen geben (telepathisch oder ausgesprochen), wie er auf Ihre Fragen anzusprechen hat (telepathisch oder laut). Das Pendel verfügt über das größte Spektrum an Antwortmöglichkeiten; Sie können entscheiden, welche Bedeutung Sie den folgenden Reaktionen zuordnen werden: kreisförmiges Schwingen im Uhrzeigersinn, kreisförmiges Schwingen im Gegenuhrzeigersinn, Vor- und Zurück-Schwingen, Schwingen von Seite zu Seite. Die Reibung der Finger ist auf die Optionen Gleiten und Haften beschränkt, doch mit etwas Übung und Aufmerksamkeit können Sie graduelle Unterschiede zwischen einem mehr oder weniger starken Gleiten und Haften wahrnehmen und deuten, die Ihnen zusätzliche Informationen vermitteln.

Was Sie fragen können, wird allein durch das Maß Ihrer Vorstellungskraft und Kreativität begrenzt. Die Antworten können Ja oder Nein lauten, eine Auswahl aus zwei oder mehr Möglichkeiten treffen oder Ihnen, auf die rechte Weise erfragt und verstanden, Informationen ohne Grenzen liefern. Es folgt eine Liste einiger Anwendungsmöglichkeiten, bei denen Sie mit den Antworten Ja/positiv bzw. Nein/negativ, mit einer Stillstand-Reaktion des Pendels und einem »halben Haften« der Finger (bei »Ungewissheit«) arbeiten. Einige Befragungen führt man am besten mit Hilfe möglicher Optionen durch.

AUSWAHL

1. Auswahl der besten Lebensmittel, Nahrungsergänzungen, Medikamente, Heilmittel
2. Auswahl von Job, Laufbahn, Angestellten, Schule, Kurs, Lehrer, Wohngegend oder Urlaubsziel
3. Entscheidung zwischen zwei oder mehr Möglichkeiten

ANALYSE

1. Analyse des Inhalt von Lebensmittel- oder Mineralproben
2. Analyse der körperlichen Verfassung oder eines beliebigen Gegenstandes
3. Analyse der Struktur von Komplexen und Überzeugungssystemen

MESSUNG

Ermitteln alles Messbaren wie Zeit, Raum, Volumen, Entfernung, Druck, Tiefe, Reichweite, Dichte, Intensität und Frequenzen

ANZEIGEN

Anzeigen von Richtung, Ort und Grenzen

KOMMUNIKATION

Kommunikation mit dem Unterbewussten oder telepathisch mit jedermann oder jedem Ding.

Material oder Form des Pendels spielen keine Rolle, solange es Ihnen gefällt. Manche Menschen mögen es lang, manche mögen es kurz; manche mögen natürliche Materialien, andere künstlich hergestellte. Ich habe etwa ein Dutzend Gegenstände zum Pendeln, die mir gefallen, am liebsten ist mir ein silbernes Schlüsselketten-Messer-Nagelfeilen-Seejungfrauen-Medaillon, das ich in Afrika geschenkt bekam. Was die Reibefläche betrifft, so ist Tragbarkeit das wichtigste Kriterium, die Glätte der Oberfläche ist entscheidend. Ich verwende gerne ein flaches, poliertes Stück Labradorit, das auf meinem Schreibtisch liegt, aber eine alte Kreditkarte oder Mitgliedskarte aus Plastik leistet ebenso gute Dienste. Wenn ich nichts Geeignetes zur Hand habe, reibe ich einfach mit dem Daumen gegen Zeige- und Mittelfingerkuppe.

Da die Grundannahme der Wirklichkeit der zweiten Ebene besagt, dass alles miteinander verbunden ist, leuchtet es ein, dass das, was Sie mit dem Pendel prüfen wollen, nicht unmittelbar vor Ihnen liegen muss. Auf die Gefahr, Ihnen ein Erlebnis zu erzählen, das Sie bereits aus meinem Buch *Erd-Energien* kennen, möchte ich die Möglichkeit des Fern-Mutens erwähnen.

Wie man das anstellt, habe ich erstmals von einem alten Franzosen in Paris gelernt, wo ich von meiner Tätigkeit in Afrika Urlaub machte. Er brachte mir bei, wie man mit Hilfe eines Pendels anhand einer Fotografie die körperliche Verfassung einer Person bestimmte. Wenig später fand ich auf dem gleichen Wege heraus, ob ein Freund bei einer Party eine Krawatte trug und ob eine Freundin in England mit einen Jungen oder einem Mädchen schwanger war. Mein dramatischstes Erlebnis war, als mein mittlerer Sohn im Alter von sieben Jahren von zu Hause ausbüchste und ich ihn mit Hilfe des Pendels auf dem Stadtplan von Los Angeles fand.

Mit einer Warnung möchte ich diesen Abschnitt beenden: Bitte vergessen Sie nicht, dass die Antworten durch den Filter Ihres eigenen Leibsinnes kommen, und bitte denken Sie daran, dass die Antworten aus einer Reihe von Gründen (zu viel Anspannung, Veränderung der Umstände, kein neutraler Bezugsrahmen etc.) vielleicht nicht immer akkurat sind. Wenn es um ein wichtiges Thema geht, beschreiten Sie stets auch zusätzliche Wege, um Ihr Resultat zu prüfen. Schließlich ist es nur Information.

EINIGE WORTE ÜBER DAS DRITTE AUGE

Wie viel Unfug wurde schon über das »dritte Auge« geschrieben, eine Art spirituelles Zentrum in der Stirnmitte, das »geöffnet« werden müsse, bevor ASW-Talente aktiviert werden könnten. Unter all dem Unsinn, den es da zu lesen gibt, stand das Allerdümmste in einem Buch, das in den siebziger Jahren herauskam und von einem tibetischen Mönch handelte. Der hatte sich angeblich einer Operation unterzogen, bei der man ihm ein Loch in die Stirn schnitt, das mit Hilfe irgendwelcher Nadeln offen gehalten wurde, so dass Licht eindringen und sein drittes Auge anschalten konnte. In anderen Quellen heißt es, dass die Zirbeldrüse hinter der Stirn im Gehirn liege und ASW-Fähigkeiten aktiviert würden, wenn man sich in der Meditation auf diesen Bereich konzentriere. Das ist barer Unsinn, denn der Sitz der Zirbeldrüse ist tief im Inneren des Gehirns, fast direkt hinter unserer Nasenspitze.

Das Erste, was wir über das »dritte Auge« wissen müssen, ist, dass es keinen physischen Ort einnimmt. Hinter all jenem Gerede steht die simple Tatsache, dass das »dritte Auge« das »Auge« Ihrer Imagination ist, und die Vorstellungskraft ist ein wichtiger Aspekt aller ASW-Fähigkeiten.

Als Zweites müssen wir wissen, dass das »Auge« einfach eine Metapher für alle sensorischen Begabungen Ihrer Imagination ist. Zugegeben, wenn wir über Imagination sprechen, meinen wir oft den visuellen Aspekt, aber die anderen Sinnesaspekte sind ebenfalls wichtig.

Als Drittes müssen wir wissen, dass es trotz aller Dummheiten über das »dritte Auge« auch einige brauchbare Informationen gibt.

Zum einen liegen unmittelbar hinter Ihrer Stirn die Stirnlappen Ihres Gehirns. Diese beiden Lappen haben direkt etwas mit Ihrem Vorstellungsvermögen zu tun, welches wiederum unmittelbar mit Ihrer Fähigkeit zusammenhängt, Emotionen zu fühlen. Aus diesem Grunde wurde seit 1890 bis weit in die achtziger Jahre des 20. Jahrhunderts bei Zehntausenden von Menschen, vor allem in den Vereinigten Staaten, eine psychochirurgische Operation namens Lobotomie (später: Leukotomie) durchgeführt. Sie galt als Behandlungsmaßnahme bei mentalen und emotionalen Störungen, angefangen von einfacher Launenhaftigkeit bis hin zu antisozialem, gewalttätigem Verhalten. In einem berühmten Fall wurde ein junges Mädchen lobotomiert, nur weil sich ihr Vater daran störte, dass sie ein Interesse für junge Männer zeigte, und in der Folge hatte das Mädchen für den Rest ihres Lebens unter einer schweren mentalen Entwicklungshemmung zu leiden. Bei der Lobotomie drang man mit einem chirurgischen Instrument in das Gehirn ein und entfernte oder isolierte Abschnitte der Stirnlappen, um die Verbindung zum übrigen Gehirn zu trennen. Dies reduziert oder vernichtet das Vorstellungsvermögen des Betroffenen und reduziert oder zerstört damit emotionale Reaktionen. Da die Imagination auch eine wichtige Rolle in unserer Kreativität und Lernfähigkeit spielt, kann die geistige Funktion überhaupt reduziert oder zerstört werden. In Westafrika erzielt man die gleiche Wirkung mit Hilfe von Kräutern, um Menschen in Zombies zu verwandeln; in der modernen, zivilisierteren Welt wird es mit Hilfe von Drogen erreicht.

Zum anderen regt das Konzentrieren Ihrer Aufmerksamkeit auf die Stirn tatsächlich Ihre Stirnlappen an und steigert Ihre imaginativen Fähigkeiten einschließlich Ihres inneren Sehvermögens. Durch Konzentration auf Ihr »drittes Auge« – oder auf die Stelle, an der sich Ihr drittes Auge befände, wenn Sie ein physisches drittes Auge besäßen –, können Sie Ihre ASW-Fähigkeiten verbessern. Der Vorgang ist einfach:

1. Finden Sie eine bequeme Position an einen ruhigen Platz, schließen Sie die Augen und richten Sie die Aufmerksamkeit auf Ihre Stirn.
2. Um Ihre Aufmerksamkeit aufrechtzuerhalten und die Wirkung zu verstärken, atmen Sie bewusst sanft ein und aus, während Sie ihre Aufmerksamkeit gesammelt halten. Für den Anfang sind Minuten gut genug.
3. Möglicherweise erleben Sie seltsame Wahrnehmungen oder überhaupt keine. Zu den seltsamen Wahrnehmungen gehört etwa ein Gefühl der Enge in Ihrer Stirn, ein Kitzeln, das nach außen strahlt oder nicht, die Lösung von Spannungen in anderen Teilen Ihres Körpers oder Visionen von Farben oder Szenen. Wenn die Sinneswahrnehmungen zu unangenehm werden, reiben Sie entweder mit den Finger über die Stirn, um sie zu lindern, oder hören Sie einfach auf.

TELEPATHISCHER EMPFANG – FEHLERSUCHE

Die Telepathie ist eine sehr subtile Wahrnehmungsart und einer Vielzahl von Störungen verschiedener Arten ausgesetzt. Ein mangelndes Verständnis für diese Störungen hat schon so manches Laborexperiment zum Scheitern verurteilt und viele Skeptiker davon überzeugt, dass Telepathie Unfug sei. In diesem Abschnitt werde ich die wichtigsten Gründe für Fehler beim Empfang auflisten; einige von ihnen sind anscheinend meine eigene Entdeckung, weil ich nirgendwo anders von ihnen gehört oder gelesen habe.

1. Störprogramme: Dieser Begriff bezieht sich auf Überzeugungen wie die, dass Telepathie nicht existiere oder dass man, falls sie existiert, selbst nicht diese Fähigkeit besitze. Es erübrigt sich zu sagen, dass eine solche »Programmierung« den bewussten telepathischen Empfang wirksam blockiert.
2. Symbolischer Empfang: Manchmal empfangen Sie »direkt«, das heißt mit Wahrnehmungen, die die physische Welt duplizieren, bei anderen Gelegenheiten hingegen »symbolisch«. Sie erhalten beispielsweise das Bild eines gespannten Gummibandes, das Ihnen vermittelt, dass jemand unter Anspannung ist. Hier kann es zweierlei Probleme geben:
   a) Nicht-Deutung, das heißt einfach, dass Sie nicht wissen, was das Symbol bedeutet. Sie finden keine Assoziation, das Bild ist für Sie sinnlos.
   b) Fehldeutung, das heißt, Sie haben dem Symbol einfach eine andere Interpretation gegeben als diejenige, die gemeint war. Das Symbol eines Autos, das außer Kontrolle gerät, bedeutet eine Person, die das Gefühl hat, ihr Leben nicht unter Kontrolle zu haben, kann aber auch fehlgedeutet werden als eine Person, die sich physisch in einem solchen Auto befindet.
3. Atmosphärische Störung: Immer wenn andere Gefühle oder Gedanken den Empfang stören, sprechen wir von einer atmosphärischen Störung, wie beim Radioempfang. Die Kategorien sind:
   a) Emotionale Störung: Falls Sie in emotionalen Schwierigkeiten stecken, werden Sie keinen klaren Empfang bekommen können – falls überhaupt.
   b) Eine intellektuelle Störung liegt vor, wenn Sie sich so stark auf etwas konzentrieren, dass kein telepathischer Eindruck in Ihr Bewusstsein gelangen kann. Mit etwa fünfzehn Jahren half ich meinem Vater bei der Arbeit im Maisfeld. In der An-

nahme günstiger Empfangsbedingungen versuchte mein Vater, mir telepathisch etwas zu senden. Als ich überhaupt nicht darauf ansprach, stellte er meine Offenheit für den telepathischen Empfang in Frage. Er wusste jedoch nicht, dass ich alles andere als klar und frei war, sondern mich gedanklich intensiv mit einem Phantasie-Abenteuer beschäftigte, das alles andere buchstäblich ausschloss.

4. Verfremdung: In diesem Fall hat der Empfang stattgefunden, doch der Inhalt der Botschaft ist bis zur Unkenntlichkeit entstellt worden. Wir können zwei Typen unterscheiden:
   a) Emotionale Verfremdung: Eine Frau im Besitz einer guten Nachricht nahm aufgeregt telepathischen Kontakt zu ihrer Mutter auf, um diese zu einem Telefonanruf zu bewegen. Die Mutter empfing die Botschaft, entstellte jedoch die übermittelte Erregung und registrierte sie als Gefahr, die ihrer Tochter drohe, und war schon sehr enerviert, als sie sie anrief. Emotionen lassen sich telepathisch übermitteln, aber das ist eine heikle Angelegenheit.
   b) Symbolische Verfremdung: Jemand sendet Ihnen ein Bild von einem Fußgängerüberweg über die Delaware Street in Washington mit der Botschaft, sich dort mit dem Absender zu treffen. Sie erhalten jedoch ein Bild George Washingtons, der den Delaware-Fluss überquert. Oder Ihre Frau schickt Ihnen den Auftrag, einen Kopf Salat mitzubringen, und Sie kommen mit einem Kohlkopf nach Hause.
5. Teilübermittlung und Übertreibung: Diese Phänomene kommen offenbar recht häufig vor, wenn ein Bild zu einer Gruppe von Menschen gesendet wird. Der Leibsinn hat anscheinend eine Neigung, sich nur auf einen Teil des übermittelten Bildes zu konzentrieren und diesen im Verhältnis zum Rest des Bildes überproportional zu vergrößern. Wenn zum Beispiel das Bild einer ländlichen Szene gesendet wird, das in der einen Ecke einen Teich mit einigen Enten zeigt, kommt beim Empfänger vielleicht nur ein großes Bild von einer Ente an. Eine andere Person erhält womöglich einen der Bäume zu sehen und sonst nichts.

Wieder andere empfangen das Gefühl pastoralen Friedens ohne Bilder. Aufgrund unbewusster Bevorzugung, die auf Erfahrungen und Erinnerungen beruht, kommen Teilübermittlung und Übertreibung mehr oder weniger bei jedem telepathischen Empfang vor. Solche Präferenzen wirken dann als Abschirmung oder Filter, durch die die Botschaft gelangen muss. In der Tat sind nicht wenige der Schwierigkeiten, denen man beim telepathischen Empfangen begegnet, auf persönliche Präferenzen zurückzuführen, die das hereinkommende Material blockieren.
Durch Üben und Protokollieren der Ergebnisse und Ihres Erlebens können Sie herausfinden, welches Ihre unbewussten Präferenzen sind und – wenn und falls Sie dies wollen – die Barriere durch Selbstsuggestion aus dem Weg räumen.

6. Durchscheinen: Ein kurioses Phänomen entdeckte ich in meinen Gruppen, wann immer ich ein Bild aus einem Buch telepathisch übermittelte. Häufig empfingen Teilnehmer ein klares Bild, das jedoch nichts mit dem zu tun hatte, das ich gesendet hatte. Eine Zeitlang hielt ich dies für einen Fall von Vermeidung (siehe unten), doch dann sah ich eines Tages zufällig ein Bild auf der Rückseite dessen, das ich übermittelt hatte, und erkannte, dass mehrere Leute in der Klasse jenes rückseitige Bild aufgenommen hatten statt des gemeinten. Inzwischen ist dies so oft passiert, dass ich nun weiß, dass es ein fester Bestandteil der Telepathie ist. Die Menschen empfangen nicht nur das Bild auf der Rückseite des gesendeten, manche haben sich schon auf Bilder eingestimmt, die im Buch bis zu drei Seiten von derjenigen entfernt waren, die ich übermittelte. Die unbeantwortete Frage ist nun, ob meine Sinne das Buch durchdrungen und mehr gesendet haben, als mir bewusst ist, oder ob die Sinne der Empfänger sich nach außen projizieren, um das Buch selbständig zu durchdringen. Ich vermute, Ersteres ist der Falle, doch dies könnte ein interessantes Forschungsthema sein. Ein ähnliches Phänomen kann eintreten, wenn mehrere Bilder auf eine Seite gedruckt sind. Obwohl der Sender sich nur auf eines von ihnen konzentriert, nehmen die Empfänger häufig etwas von

dem auf, was an der Peripherie des eigentlichen Sendeobjektes zu sehen ist.

7. Überkreuzung liegt vor, wenn Sie versuchen, sich auf eine Person einzustimmen, und Ihr Leibsinn Ihnen Informationen über eine andere anwesende Person vermittelt. Dies hat mit jenen persönlichen Präferenzen zu tun, die ich bereits erwähnte. Es ist, als finde Ihr Leibsinn die Gedanken der anderen Person interessanter. Dies geschieht häufig in einer Unterrichtssituation, und einige von Ihnen, die schon einmal gemeinsam mit einem Freund einen Wahrsager aufgesucht haben, stellten vielleicht fest, dass die Botschaft für Ihren Begleiter bestimmt war statt für Sie selbst.
8. Verzögerter Empfang: Aus vielen möglichen Gründen (Voreingenommenheit, Anspannung, emotionelle Aufregung etc.) kommt es vielleicht nicht zu einem bewussten, gleichzeitigen Empfang der telepathischen Übermittlung, sondern sie taucht später im Laufe des Tages oder vielleicht erst in Ihren Träumen auf. Es scheint, als habe Ihr Leibsinn die Botschaft in eine »Warteschleife« abgelegt, bis Ihr Geist frei genug ist, sie aufzunehmen.
9. Vermeidung: Dies ist ein Angstsyndrom. Obwohl eine Person vielleicht an Telepathie glaubt und bewusst den Wunsch äußert, sie zu entwickeln, kann aus irgendeinem Grunde eine tiefere Angst im Wege stehen. Dies führt gewöhnlich zu einem von drei Dingen, was den telepathischen Empfangen angelangt: Ein Bild wird vom Leibsinn durch ein nicht verwandtes ersetzt; Wahrnehmungen bleiben völlig aus; oder der Empfänger wird während des Übermittlungsversuchs sehr schläfrig. Je entschlossener man fortfährt, mit Telepathie zu arbeiten, und erkennt, dass sie ein natürlicher Aspekt des menschlichen Lebens ist, desto eher werden solche Ängste sich in Wohlgefallen auflösen.

TYPISCHE TELEPATHIE-EXPERIMENTE

Um Ihnen eine Vorstellung von dem zu vermitteln, was in einer Telepathie-Übungssitzung geschehen kann, will ich nun die Ergebnisse von drei Experimenten in der Übungsgruppe beschreiben.

Die Schüler waren in diesem Fall alle Erwachsene im Alter von 18 bis über 60 Jahren. Es waren vierzehn Personen, aber nicht jeder empfing bei jedem Experiment etwas; die »Verluste« werde ich nicht auflisten. Keiner der Teilnehmer hatte jemals vorher bewusst versucht, telepathisch etwas zu empfangen.

Experiment 1: Ich sendete etwa eine Minute lang ein starkes gedankliches Bild von einem ausbrechenden Vulkan. Folgendes kam in der Gruppe an:

- eine Kamera (scheinbar unzusammenhängend, aber das Bild könnte eine Assoziation mit Tourismus und ein damit verwandtes Symbol ausgelöst oder eine Ähnlichkeit mit dem Objektiv der Kamera gehabt haben);
- ein Kreis (ein Fall von symbolischer Verfremdung, ähnliche Form des Kraterrandes);
- zwei Personen sahen einen Berg (Teilübermittlung);
- eine Schultafel (ich vermute: Vermeidung);
- eine Pyramide mit einem Regenbogen darüber (interessante symbolische Verfremdung);
- etwas Mechanisches (könnte entweder Vermeidung oder Überkreuzung sein);
- eine leuchtend rote Orange und ein Apfel (symbolischer Empfang);
- eine Lampe (symbolischer Empfang);
- ein Pelikan (wahrscheinlich Vermeidung);
- ein orangefarbener Mond (eine Kombination von Teilübermittlung, Übertreibung und Symbolik).

Experiment 2: Ein gedankliches Bild einer tropischen Szene mit Palmen, einem Bach, Bergen etc. Ich muss erwähnen, dass ich während dieser Gruppenarbeit einen Anhänger trug, der symbolisch für dieses hawaiianische Wissen ist, sowie eine *kukui*-Nuss-Blütenkette.

- drei Personen empfingen meinen Anhänger (symbolischer Empfang);

- vier Personen sahen einfach mich (kurioser symbolischer Empfang); oder
- das Lei (Blütenkette), das ich gerade trug (symbolischer Empfang);
- einen Vogel (Teilübermittlung);
- Telefonleitungen (möglicherweise ein Teil und verfremdeter Empfang des Baches oder des Akts der Telepathie selbst);
- Berge und Hawaii (guter, direkter Empfang);
- einen Druck im Kopf (wahrscheinlich Vermeidung);
- ein Tier, ein Baum und Wasser (Teilübermittlung).

Experiment 3: Dieses Mal übermittelte ich ein Bild aus einem Buch. Das gesendete Bild war eine einfache, weiße, zellähnliche Struktur. Auf der gleichen Seite waren eine Unterwasser-Szene und ein Streifenmuster abgebildet. Beachten Sie, wie der Leibsinn in einigen Fällen mehr Einzelheiten hinzufügte, um das Material interessanter zu machen. Folgendes kam in der Gruppe an:

- eine Großstadt (mögliche symbolische Verzerrung aufgrund der blockähnlichen Anordnung der Zellen);
- welliger Schnee und Schnee auf einem Berg (symbolische Verfremdung);
- Schwarz und Weiß (Teilübermittlung);
- heller Himmel (Teilübermittlung und symbolische Verfremdung);
- Meeresküste mit einem kleinen Boot (Durchscheinen und Verfremdung);
- Felsschichten (symbolische Verfremdung und Durchscheinen);
- lebendige »schießende« Koralle (direktes Durchscheinen);
- Unterwasser (direktes Durchscheinen);
- Sonne mit diagonalen Linien und Schatten (Verfremdung und möglicherweise Durchscheinen);
- ein tropisches Meer (symbolische Verfremdung und Durchscheinen).

Die Häufigkeit des Durchscheinens bei diesem Experiment beruhte zweifellos auf der recht uninteressanten Art des gesendeten Bildes. Keiner der Schüler war irgendwie geübt, abgesehen von etwa einer Stunde Erklärung vor Beginn des Experiments.

DIE NEUTRALISIERUNGS-TECHNIK

Nein, ich habe es nicht vergessen. Es gibt mehr als eine Methode, den – beabsichtigten oder unbewussten – telepathischen Einfluss von anderen Menschen zu neutralisieren; allen gemeinsam ist eine Technik, Ihren Zielsinn so auszurichten, dass dieser Einfluss entkräftet wird. Die folgende Methode ist mir am liebsten, weil sie so einfach und effektiv ist. Sie heißt der »Ein-Zoll-Glaube«. Sie wurde inspiriert von dem Kampfsportkünstler Bruce Lee, der eine Kampftechnik entwickelte, die der »Ein-Zoll-Hieb« genannt wird. Darüber werde ich in einem späteren Kapitel noch mehr zu sagen haben.

Jedenfalls war ich vor nicht allzu langer Zeit auf der Suche nach einer Möglichkeit, Menschen zu helfen, sich sehr rasch zu zentrieren, wenn sie emotional aufgeregt oder mental verwirrt waren. Nach einigem Experimentieren stellte ich fest, dass die effizienteste Lösung darin besteht, dass man sich auf eine sehr kurze Aussage über etwas konzentriert, an das man glaubt und das ohne jeden Zweifel wahr ist. Die Ergebnisse waren dramatisch. Emotionale Aufregung und mentale Verwirrung machten binnen Augenblicken Platz für Klarheit und Entspannung, es bedurfte nur weniger Wiederholungen des Glaubenssatzes.

Es war die Kürze der Aussage, die mich dazu führte, es den »Ein-Zoll-Glauben« zu nennen. »Ich bin hier«, »Gott liebt mich«, »Wasser ist nass« – alle diese Sätze haben verschiedenen Menschen glänzende Resultate geliefert. Obwohl diese Technik ursprünglich eine therapeutische Methode war, erwies sie sich später als gleichermaßen gut geeignet zur inneren Sammlung und zur Neutralisierung unerwünschter Telepathie.

WIRKLICHKEIT VERÄNDERN MIT TELEPATHISCHEM EMPFANGEN

Mit diesem Aspekt der Telepathie verändert sich die Wirklichkeit, weil Sie aufgrund der empfangenen Information Ihre Einstellungen und/oder Ihr Verhalten verändert haben. Im nächsten Kapitel finden Sie Methoden zur direkteren Einflussnahme.

KAPITEL 6
TELEPATHISCHE PROJEKTION

Es kann keinen telepathischen Empfang geben ohne telepathische Projektion. Jeder projiziert telepathisch, jederzeit, doch nicht jeder lauscht auf das Gesendete. Bemühen wir einen Vergleich aus der modernen Technik, können wir sagen, dass manche Menschen über Satellit projizieren, andere durch Kabelverbindung und wieder andere auf den Wegen des regulären Fernsehens. Es gibt manche gemeinsame Kanäle, andere sind ausschließlich dem jeweiligen Verbreitungssystem vorbehalten. Hunaworks, der von mir geleitete gemeinnützige Verlag, produziert zum Beispiel Videos, die in einem lokalen öffentlichen Kabelkanal gezeigt werden. Doch ich selbst kann sie nicht sehen, weil ich mein Fernsehen zu Hause über eine Satellitenschüssel beziehe, die jenen Kabelkanal nicht empfangen kann. Andererseits habe ich Zugang zu Musikkanälen, die weder das Kabelsystem noch das reguläre Fernsehen bieten, deshalb können Kunden dieser Systeme jene Musik nicht hören.

Auch das telepathisch Gesendete wird nicht von jedem empfangen, den Sie vielleicht erreichen wollen. Aus diesem Grunde zeigen massive, weltweites Gebets- oder Meditations-Aktionen für den Frieden so wenig Wirkung. Natürlich haben sie *einige* Wirkung, aber man sieht eben unmittelbar nach diesen Aktionen nicht wirklich Menschen, die eben noch gekämpft haben, nun die Waffen niederlegen und einander in die Arme fallen. Wenn Sie also nicht den richtigen Kanal und das richtige Sende- oder Verbreitungssystem benutzen, werden Sie einfach nicht durchkommen.

Bleiben wir bei unserem Bild: Völlig fremde Menschen außerhalb Ihres unmittelbaren Umfeldes verhalten sich im Allgemeinen so, als wären sie auf ein anderes System eingestellt. Menschen, die Sie kennen, verhalten sich so wie Kunden des gleichen Systems, ganz gleich, wo sie sind, und obwohl sie vielleicht gar nicht auf den gleichen Kanal eingestimmt sind, während Sie senden. Fremde in Ihrer unmittelbaren Umgebung verhalten sich so, als wären sie auf das gleiche System eingestellt, aber nicht unbedingt auf den gleichen Kanal. Es gibt aus verschiedenen Gründen Ausnahmen; schließlich ist das nur ein Vergleich. Doch er ist oft genug gültig, um als allgemeine Regel zu taugen.

DAS MÄRCHEN VON DER GEDANKENKONTROLLE

Eines der größten Hindernisse beim Erlernen von ASW-Fertigkeiten ist die völlig falsche Vorstellung, dass eine Person das Denken einer anderen kontrollieren könne. Ich habe mich mit ASW-Fähigkeiten und -Techniken befasst und sie praktiziert, seit ich vierzehn Jahre alt war; ich habe die ASW-Methoden vieler Länder und Kulturen erforscht und eigene Erfahrungen bei Voodoo-Meistern in Westafrika gesammelt; ich habe zehn Jahre lang eine professionelle Hypnotherapie-Praxis geleitet … und ich kann Ihnen aufrichtig sagen: Ganz gleich, was behauptet oder geglaubet wird, niemand – wo und auf welche Weise auch immer – hat die Macht, das Denken eines anderen Menschen zu beherrschen. Tatsächlich unterscheidet sich die ASW-Kommunikation gar nicht so sehr von der Kommunikation von Angesicht zu Angesicht. Wenn Sie unethische Neigungen haben und über das Know-how verfügen, können Sie eine andere Person telepathisch dazu bringen, das zu tun, was Sie wollen, sei es durch Einschüchterung, Drohung oder Erpressung. In keinem Fall aber ist es möglich, das Denken anderer Menschen so zu kontrollieren, dass sie tun, was Sie wollen, einfach weil Sie es wollen. Anderseits sind Überredungs-Fertigkeiten in der ASW-Kommunikation ebenso ethisch und effektiv wie in der gewöhnlichen Kommunikation; wir werden das im nächsten Abschnitt behandeln.

WIE SIE ALS ASW-LER FREUNDE GEWINNEN UND MENSCHEN BEEINFLUSSEN

In Wirtschaftskreisen ist es eine wohlbekannte Tatsache: Die beste Methode, Menschen dazu zu bringen, Ihr Produkt zu kaufen, besteht darin, ihnen die Vorteile Ihres Produkts zu verkaufen. Dies ist bei weitem effektiver als der Versuch, sie dazu zu bringen, Ihr Produkt zu kaufen, weil Sie eine so wunderbare Person oder Firma sind, oder indem Sie all die wundervollen Eigenschaften Ihres Produktes auflisten. Einige übersetzen diese Eigenschaften natürlich in Vorteile, aber die meisten Menschen werden es nicht tun, wenn Sie das Übersetzen nicht selbst in die Hand nehmen.

Ich will mir zum Beispiel gerade eine Kettensäge zulegen, um Guavenbäume in meinem Wald herunterzuschneiden. Ein Händler bewarb ein Modell mit der Information, dass es über einen »33-Kubikzentimeter-Motor« verfüge. Nun, es ist nett, das zu erfahren – aber was bedeutet es? Ich weiß genug über Motoren, um zu erkennen, dass es etwas mit dem Hubraum zu tun hat – na und? Was ist der Vorteil für mich? Ich könnte der Sache nachgehen und es herausfinden, aber wie die meisten Käufer werde ich mir diese Mühe nicht machen. Ich werde einfach eine andere Säge kaufen, deren Vorteile klarer herausgestellt sind.

Was bedeutet das im Hinblick auf unsere Sendeaktivität? Je klarer Ihre Sendung einen Vorteil für den Empfänger vermittelt, desto wahrscheinlicher wird dieser positiv darauf ansprechen. Wenn Sie beispielsweise mit Hilfe von ASW einen Freund oder Gefährten anziehen möchten, dann übermitteln Sie auch Informationen darüber, was Sie selbst so attraktiv macht. Auf die kürzeste Formel gebracht: Es ist Motivation, was die Leute motiviert! Als Nächstes werden wir verschiedene Typen des telepathischen Sendens behandeln.

RUNDFUNK

Wie Sie sehen, müssen wir auf technische Begriffe zurückgreifen, um diesen Vorgang zu beschreiben; unsere modernen Sprachen kennen keine spezifischen Fachwörter, die sich auf Telepathie beziehen. »Rundfunk« bedeutet in diesem Zusammenhang einen Typ des telepathischen Sendens, der mehr als einer Person gilt – wie eine Radio- oder Fernsehaussendung, die alle Empfänger in einem bestimmten Gebiet oder Umkreis erreicht. Es gibt zwei Formen des telepathischen Rundfunks:

Unbewusster Rundfunk: Dies ist die »aktive« Seite des empathischen Empfangens. Mit anderen Worten, es ist die Projektion von Stimmungen, Gefühlen und Gedanken. Je stärker die Emotion ist, die Sie gerade erleben, desto einfacher können sie die Menschen in Ihrem Umfeld fühlen. Sosehr Sie sich auch bemühen, Sie können Ihre Emotionen nicht für sich behalten. Es ist der natürliche Lauf der Dinge, dass sie nach außen projiziert werden, zu Freunden und Fremden gleichermaßen. Menschen, die völlig sicher in sich ruhen oder die zur gleichen Zeit eine andere, mindestens ebenso starke Emotion erleben, werden von der Ihren nicht erreicht. Doch bei anderen rufen Ihre Angst, Unsicherheit, Furchtsamkeit, Niedergeschlagenheit oder was auch immer leicht die gleichen Gefühle wach; dazu brauchen jene Sie nicht einmal anzublicken.

Auf der Haben-Seite zeitigen Ihre positiveren Emotionen die gleiche Wirkung. Ihr Zustand des Glückes, der Begeisterung oder Zuversicht wird ebenfalls zu anderen übertragen, und wenn Ihre Gefühle stark genug sind, können sie sogar die schlechte Stimmung der anderen Person aufhellen.

Bei der einen oder anderen Gelegenheit waren Sie gewiss schon in der Gesellschaft eines Menschen, dessen bloße Anwesenheit bewirkte, dass Sie sich wohl fühlten. Aller Wahrscheinlichkeit nach hat diese Person ihre guten Gefühle unbewusst zu Ihnen »gesendet«.

Manchmal senden wir unbewusst eine Art von »Abwehrbotschaft« aus, die signalisiert: »Bleib fort, ich will in Ruhe gelassen werden.« Wenn die Menschen in unserem Umfeld dann nicht ihre eigenen Gründe haben, unsere Botschaft zu ignorieren, sprechen sie meistens darauf an und lassen uns in Frieden. Der springende Punkt ist, dass die Menschen je nach dem, was wir aussenden, auf uns reagieren. Ganz gleich, welche Miene Sie aufsetzen und welche

Worte Sie gebrauchen – Ihr Umfeld wird in erster Linie auf das reagieren, was Sie unbewusst aussenden.

Bewusster Rundfunk: Nun kommen wir zu der bewussten Ausstrahlung dessen, was Sie bereits von Natur aus tun: Der bewusste Rundfunk ist das willentliche Aussenden von Wellen programmierter Energie, um Menschen in Ihrer Umgebung zu beeinflussen. Damit können Sie Ihre eigene Art von »Charisma« erschaffen, das von ungeheurem Wert sein kann: in Ihrer Familie, an Ihrem Arbeitsplatz und bei jeder Begegnung, bei der Sie Eindruck machen oder jemandem helfen wollen, der »Aufbauhilfe« benötigt. Sie wählen den Gemütszustand, den Sie projizieren möchten, selbst.

Wichtig ist dabei, dass Sie in sich selbst die Art von Emotion oder Gefühl aufbauen, die Sie aussenden wollen. Die Atemübungen aus dem vorigen Kapitel geben Ihnen mit einer Steigerung Ihrer Energie eine Starthilfe, zu der Sie jedoch noch eine starke emotionale Ladung aufbringen müssen. Nicht wenige Experimente haben gezeigt, dass Begeisterung die einfachste positive Emotion ist, die man »aus dem Stand« hervorbringen kann. Dazu denken Sie intensiv an das, was Sie bewirken wollen, lassen zu, dass Sie sich dafür begeistern, und feuern sich immer weiter an, um sozusagen die Säfte Ihres Enthusiasmus in Wallung zu bringen. An diesem Punkt machen Sie von Ihrer Vorstellungskraft Gebrauch, um der Energie, die Sie aufgebaut haben, ein Muster aufzuprägen. Sie erschaffen somit ein gedankliches Bild von dem Zustand, den sie aussenden wollen, und wünschen dabei, dass er ausgesendet wird. Der Leibsinn erledigt den Rest. Das mentale Bild wirkt wie ein Plan, dem der Leibsinn folgt, und der starke Wunsch ist wie ein Befehl: »Schau her, Leibsinn, das ist es, was ich von dir will, also geh und tue es!« Ihre Intention und Energie mit Hilfe von Worten konzentriert und ausgerichtet zu halten, ist tatsächlich eine glänzende Idee. Seien Sie sich darüber im klaren, dass diese Worte in erster Linie für Sie von Vorteil sind; der Empfänger wird kaum spezifische Worte »hören«. Er, sie oder es wird von Ihrer Energie und Intention viel mehr beeinflusst.

Denken Sie daran, dass Ihr Leibsinn nicht nur für das Empfangen sensorischer Information, sondern auch für ihre Aussendung zuständig ist. Sie brauchen sich darüber nicht den Kopf zu zerbrechen; er weiß, wie er seine Aufgabe zu erledigen hat. Alles, was er von Ihnen braucht, sind klare und einfache Anweisungen. Ihre Vorstellungskraft liefert den Plan und Ihr Wunsch gibt den Befehl.

Die drei Stufen oder Elemente des bewussten Rundfunkens sind:

a) Energetisieren (Atmen Sie tief und bauen Sie eine positive Emotion auf.)
b) Visualisieren (Stellen Sie sich den erfolgreichen Ausgang bildlich vor.)
c) Aussenden der energiebeladenen Idee. (Denken Sie daran, dass Ihre »Sendung« von dem Verlangen projiziert wird, dass sie hinausstrahlt, und von Ihrer Vorstellung, dass dies geschieht.)

RICHTFUNK

Den Begriff Richtfunk oder Beaming gebrauchen wir für die telepathische Sendung, die auf eine einzelne Person oder eine genau definierte Gruppe von Personen oder auf Teile von Personen oder sogar Dinge projiziert wird. Denken wir beim Rundfunk an Wellen, die sich von einem Radio- oder Fernsehsender in alle Richtungen ausbreiten, dann ist Richtfunk die Kommunikation mittels eines gebündelten Funkstrahls oder auf einer definierten Funkstrecke von Station zu Station.

Unbewusster Richtfunk kommt jedes Mal zustande, wenn Sie an jemanden denken; je mehr Emotion dabei mitspielt, desto größer ist der Effekt. Die Folge ist leider, dass alle Gedanken des Hasses oder der Wut, die Sie gegenüber einer Person hegen, nicht innerhalb Ihres Schädels bleiben. Sie gehen geradewegs zu der Person hinaus und zeitigen unangenehme Wirkungen oder nicht. Ein selbstsicherer, fest in sich ruhender Mensch wird nur wenig oder nichts davon aufnehmen, andere aber können mit Schmerz oder Krankheit reagieren.

An dieser Stelle werden manche sagen: »Gut, das geschieht ihnen recht!« Doch Sie können keine Gedanken aussenden, ohne dass diese auch Ihren eigenen Organismus beeinflussen. Wenn also jemand ständig lebhafte hasserfüllte Gedanken an andere Menschen aussendet, begeht er langsam Selbstmord. Selbst wenn wir die Frage der Moral außer Acht ließen, sollten wir vor der Stimme unserer Selbsterhaltung nicht die Ohren verschließen. Zum Glück bewirken wir Wohltuendes und Heilsames, wann immer wir einen Gedanken der Liebe, der Ermutigung oder des Mitgefühls zu jemandem senden. Wir beeinflussen uns damit auch selbst, und das Gute kommt zu uns zurück. Es ist äußerst selten, dass ein wirklich liebevoller Mensch ernstlich krank wird.

Unbewusster Richtfunk spielt auch bei neutraleren Ereignissen eine Rolle, wenn Sie zum Beispiel einen Anruf oder Brief von jemandem erhalten, an den Sie gerade gedacht haben. Bewusst haben Sie vielleicht gar nicht registriert, dass viel Emotion daran beteiligt war, doch ein starkes inneres Verlangen lieferte die Energie für die Antwort, die Sie erhalten.

Bewusster Richtfunk: Wenn Sie jemals jemandem in den Rücken gestarrt haben, weil sie ihn veranlassen wollten, sich umzudrehen, dann haben Sie bewussten telepathischen Richtfunk praktiziert. Wenn Sie jemals den starken Wunsch hegten, dass eine bestimmte Person etwas Bestimmtes tue, dann haben Sie ebenfalls bewussten Richtfunk eingesetzt. Wie Sie jetzt wissen, ist der Unterschied zwischen Rundfunk und Richtfunk, dass Sie bei Letzterem den Abstrahlwinkel Ihrer Aussendung auf eine Person (oder eine begrenzte Gruppe von zwei oder drei Personen) verengen. Ansonsten ist der Vorgang weitgehend der gleiche, außer dass Sie beim Rundfunk einen allgemeinen Zustand visualisieren und sich beim Richtfunk auf eine bildliche Vorstellung Ihrer Zielperson konzentrieren, die sich in der Verfassung oder bei der Aktivität befindet, die Sie wünschen.

Das bewusste und gezielte Senden wird von Millionen von Menschen praktiziert, die sich niemals einen Gedanken darüber machen, aufgrund welcher Annahmen sie das tun. Telepathische Botschaften der Ermutigung und Anfeuerung, die von zahllosen Zuschauern »durch« den Fernsehbildschirm als Brennpunkt ihrer Aufmerksamkeit zu ihren Sportlern in der Ferne gesendet werden, sind eine sehr populäre Form des bewussten Richtfunks, aber auch Richtungsweisungen an einen Golfball, der im nächsten Loch landen soll, oder mentale Befehle an Würfel, die die gewünschte Augenzahl zeigen sollen, wie überhaupt jeder starke Wunsch an jemanden oder etwas, das zu tun, was Sie wollen oder erwarten. Die Menschen wissen, dass es nicht immer funktioniert – die Gründe haben wir bereits besprochen –, aber sie bleiben dabei und tun es weiter, weil es manchmal zum Erfolg führt, ebenfalls aus bereits besprochenen Gründen.

In einem neutraleren Zusammenhang kommt uns das bewusste, zielgerichtete Senden sehr gelegen, wenn wir zum Beispiel jemanden anrufen oder kontaktieren wollen. Im ersten Kapitel erwähnte ich kurz, wie man mittels Telepathie die Kinder nach Hause oder zum Essen rufen kann. Dies war in unserem Haushalt, als die Kinder noch bei uns wohnten, eine so selbstverständliche Sache, dass meine Frau, wenn sie mich bat, die Kinder zu rufen, tatsächlich erwartete, dass ich mich an den Tisch setzte und die Augen schloss. Dann dachte ich liebevoll an die Kinder und sendete ihnen dabei ein verlockendes Bild von einer köstlichen Mahlzeit. Wenn sie sich irgendwo in der Nachbarschaft aufhielten, kehrten sie ausnahmslos binnen fünf Minuten nach Hause zurück, selbst wenn sie an unterschiedlichen Orten gewesen waren. Und ebenso ausnahmslos sagten sie stets, dass sie selbst gerade das Gefühl gehabt hätten, sie wollten jetzt nach Hause gehen. Niemals sagten sie, dass sie »meine Botschaft erhalten« hätten.

Es gibt mehrere wichtige Einsichten, die wir daraus gewinnen können.

1) Um sich auf jemanden einzustimmen, brauchen Sie lediglich an diese Person zu denken. Das ist schon alles. Betrachten Sie es als die telepathische Entsprechung des Wählvorgangs beim Telefonieren.

2) Fühlen Sie nach, warum Sie die andere Person mögen – falls Sie sie kennen –, oder machen Sie ihr gedanklich irgendein Kompliment, falls Sie sie nicht so gut kennen. Das wird die Aufmerksamkeit ihres Unterbewusstseins anziehen. Je besser Sie jemanden kennen, desto gleichzeitiger sind diese beiden Schritte.
3) Werfen Sie den Köder aus, das heißt, senden Sie ein gedankliches Bild von etwas, das die andere Person als einen Vorteil empfindet.
4) Schließlich senden Sie Ihre eigentliche Botschaft, die vermittelt, was Sie wirklich wollen. Die andere Person wird Ihrer Suggestion folgen oder nicht folgen, das ist von einer Reihe von Faktoren abhängig. Doch je attraktiver ihr der Vorteil erscheint, desto wahrscheinlicher wird sie der Suggestion folgen.

Das klingt nicht so sehr nach Gedankenkontrolle, oder? Beim zweiten Schritt Ihrer telepathischen Aktivität haben Sie sogar noch weniger Möglichkeit zur Gedankenkontrolle als bei der Kommunikation von Angesicht zu Angesicht, denn physische Kraft scheidet als Option aus.

AUF KAUM BESCHRITTENEN PFADEN

Nun ist es an der Zeit, Ihr Vorstellungsvermögen etwas herauszufordern. Bis hierher haben wir uns auf die telepathische Kommunikation mit Menschen konzentriert. Doch Sie erinnern sich gewiss an eine der logischen Folgen jener Idee, dass es keine Grenzen gibt: Wir können davon ausgehen, dass *alles* lebendig und bewusst ist und auf Sie reagieren kann. Also können wir erfolgreiches telepathisches Senden auch zu nicht-menschlichen Wesenheiten und sogar nicht-organischen Gegenständen praktizieren.

Die oben beschriebenen Schritte bewähren sich hier gleichermaßen. Bevor wir weitergehen, wollen wir sie in der richtigen Folge rekapitulieren:

1. Denken Sie an das, mit dem Sie kommunizieren wollen, oder richten Sie Ihre Aufmerksamkeit darauf.
2. Bauen Sie ein liebevolles oder freundliches Gefühl auf, oder machen Sie wenigstens in Gedanken ein Kompliment.
3. Senden Sie eine Suggestion oder Bitte um das, was Sie wollen.
4. Senden Sie einen Gedanken aus, der vermittelt, welchen Vorteil es bedeuten kann, das zu tun, was Sie wollen.

Als Wichtigstes gilt es zu verstehen: Je mehr Sie über den »Empfänger« Ihrer Kommunikation wissen, desto einfacher und effektiver wird die Übermittlung sein. Ihr Wissen kann sowohl auf persönlicher Erfahrung als auch auf Erlerntem beruhen. Gleiches gilt natürlich für Menschen: Je besser Sie eine Person kennen und je mehr Sie von der menschlichen Psychologie verstehen, desto effektiver wird Ihr telepathisches Senden sein – vorausgesetzt natürlich, dass Sie aufgeschlossen genug sind, es zu versuchen. Das ist das Allerwichtigste, was Sie verstehen müssen, ganz gleich, mit welcher Ebene der Wirklichkeit Sie es zu tun haben.

KOMMUNIKATION MIT TIEREN

In vielen Büchern wird darüber geschrieben, aber nur sehr selten findet man irgendwelche klar umrissenen Anweisungen dafür, wie die Kommunikation mit Tieren zu bewerkstelligen ist. Ich will versuchen, Ihnen diese jetzt zu geben.

Die Verständigung mit Haustieren ist am einfachsten, weil Sie so vertraut mit ihnen sind. Wenn Sie selbst ein Haustier halten, haben Sie wahrscheinlich schon wiederholt beobachtet, dass es genau zu wissen schien, was Sie wollten, oder Ihnen mitzuteilen vermochte, was sein Bedürfnis war. Mit Hilfe dessen, was ich Ihnen vermittle, dürfte es Ihnen möglich werden, eine direktere und spezifische telepathische Kommunikation zu unterhalten.

Andere Tiere sprechen wohl nicht so bereitwillig auf Sie an wie Ihr Haustier, doch Sie können immer noch sehr gute Resultate erzielen, soweit Sie sich einiges Wissen über ihr normales Verhalten aneignen. Hier folgen einige meiner Erlebnisse mit dem Einsatz der oben stehenden Anleitung.

Der verängstigte Vogel: Ein kleiner Vogel von etwa Finkengröße flog durch die Haustür herein, durch die Diele und in ein Wohnzimmer mit hoher Decke. Dort flatterte er panisch umher. So leise wie möglich betrat ich den Raum und setze mich. Ich ging in die Stille und sendete beruhigende Gedanken von schönen Wiesen und ruhigen, entspannten Vögeln aus. Es dauerte fünf bis zehn Minuten, bis der Vogel sich ebenfalls beruhigte. Doch er wusste immer noch nicht, wie er hinausgelangen sollte. Nun visualisierte ich eine Bahn aus goldenem Licht, die aus dem Wohnraum durch die Diele und zur Haustür hinaus ins Freie führte. Zusammen mit diesem Bild sendete ich eine Suggestion, der Vogel möge dem Licht folgen. Weniger als eine Minute später tat der geflügelte Besucher genau dies.

Die frustrierte Wespe: In einer fast identischen Situation flog eine dicke Wespe in den großen einzelnen Raum eines kleinen Gebäudes. Zu beiden Seiten der Tür waren großflächige Fenster. Die Wespe fand nicht mehr hinaus und prallte immer wieder gegen die Scheiben. Ich ging zu dem Fenster in die Nähe der Wespe und visualisierte ihr eine Bahn aus goldenem Licht, die ihr den Weg nach draußen wies. Nur Sekunden später folgte die Wespe genau dem Weg des Lichts, obwohl dieser einen Bogen um ein Postament machte, und flog ins Freie hinaus. Mir schien es, als fühle sie sich froh, aber das war vielleicht nur mein persönlicher Eindruck.

Die bellenden Hunde: Dies hat viele Male funktioniert, in unterschiedlichen Varianten. Es funktioniert ganz gut, blaues Licht um die bellenden Hunde zu projizieren; doch um die optimale Wirkung zu erzielen, bedarf es wohl mehrerer Wiederholungen. Bei einer Reihe von Gelegenheiten habe ich mit Erfolg eine telepathische Form der Dynamind-Technik (siehe mein Buch *Die Dynamind-Technik)* eingesetzt. In jüngerer Zeit habe ich Wissen genutzt, das mir Cesar Millan vermittelt hat, ein berühmter »Hundeflüsterer«. Er beherrscht die Kommunikation mit Hunden auf erstaunliche Weise und vermag diese scheinbar mühelos von vielen Verhaltensproblemen zu heilen. Im zweiten Kapitel seines Buches *Cesar's Way** schreibt er (Ich habe einen Satz verschoben):

> Die »wahrlich universelle Sprache zwischen den Arten ist Energie. Es ist eine Sprache, die alle Tiere sprechen, ohne es gar zu wissen – auch das Tier Mensch. Zudem sind alle Tiere mit der instinktiven Kenntnis dieser Sprache geboren. Selbst Menschen ist diese universelle Sprache von Geburt an geläufig, doch wir neigen dazu, sie zu vergessen, weil wir von Kindheit an trainiert werden zu glauben, dass Wörter das einzige Medium der Kommunikation seien. Aber obwohl wir meinen, die Sprache nicht mehr zu kennen, gebrauchen wir sie in Wirklichkeit ständig. Ohne es zu wissen, senden wir in dieser Sprache rund um die Uhr! Andere Tierarten können uns immer noch verstehen, während wir keine Ahnung haben, wie wir sie verstehen könnten. Sie verstehen uns laut und deutlich, auch wenn wir uns gar nicht bewusst sind, dass wir mit ihnen kommunizieren!

Diese Kommunikationsenergie nach Millans Vorstellung dürfte als emotionale Energie besser zu verstehen sein. Millan unterstützt einen »ruhig-bestätigenden« Zustand, der Botschaften von Vertrauen und Führung projiziert, die von Tieren sehr wohl verstanden werden. In meiner derzeitigen Nachbarschaft gibt es mehrere Gruppen von Hunden, die wild bellen, wann immer jemand an ihrem Revier vorübergeht. Solange es mir gelingt, jenen ruhig-bestätigenden Zustand aufrechtzuerhalten und ein Gedankenbild von mir selbst als einem freundlichen, aber überlegenen Rudelführer zu projizieren, stellen die Hunde ihr Gebell augenblicklich ein und beruhigen sich.

Diese wenigen Beispiele mögen Ihnen etwas Starthilfe geben. Nehmen Sie sie als Anregungen für eigene Versuche der Kommunikation mit Tieren Ihrer Wahl.

* dt. Ausgabe: *Tipps vom Hundeflüsterer*, München: Goldmann 2007

Jemand fragte mich einmal: »Wie sprichst du mit dem Wind?« Ich antwortete, dass ich gewöhnlich sage: »Hallo, Wind.«

Millans Idee, dass alle Tiere durch Energie als eine universelle Sprache kommunizieren, lässt sich auf alles übertragen, wenn wir von der Annahme ausgehen, dass alles lebendig und gewahr ist und auf uns reagiert. So wenig dies dem gewöhnlichen Denken entspricht: Es ist wichtig, dass es funktioniert.

Um das Wetter am effektivsten zu beeinflussen, müssen Sie sich mit ihm anfreunden. Praktisch bedeutet das, dass Sie so viel über das Wetter lernen, wie Sie können, und ihm Interesse und ein Gefühl der Wertschätzung entgegenbringen. Dann senden Sie ihm Ihre Suggestion zu und erwarten das Beste.

Denken Sie daran: Es geht nicht darum, das Wetter zu beherrschen. Wann immer es kann, wird das Wetter mit Ihren Vorschlägen kooperieren. Temperaturen können steigen und fallen, Wind kann wehen oder ruhen, Regen kann kommen oder gehen, Wolken können ziehen, wohin Sie es wünschen, Hurrikane und Tornados können die Richtung ändern und so weiter und so weiter. Es wird nicht jedes Mal funktionieren, wenn Sie es wollen, denn manchmal hat das Wetter seine eigenen Pläne. Doch es wird oft genug funktionieren, dass Sie zu der Überzeugung gelangen, dass es nicht bloßer Zufall ist.

Ich arbeite zum Beispiel viel mit dem Wetter, und wir haben eine nette, freundschaftliche »Beziehung«, so dass es viel häufiger mit mir kooperiert, als es das nicht tut. Zu Beginn stimme ich mich auf das Wetter ein, um zu erspüren, ob es sich ändern will, und wenn ich fühle, dass eine Möglichkeit zur Veränderung besteht, sende ich meine Anweisungen aus. Erst kürzlich hatten wir hier in Hawaii eine Phase der Trockenheit. Da unser Boden sehr porös ist, können bereits fünf Tage ohne Regen Dürre bedeuten. In der Zeit, von der ich spreche (Juni 2007), hatten wir fast zwei Wochen klares, trockenes Wetter. Viele Menschen in unserer Gegend, auch wir selbst, sind zu ihrer Wasserversorgung auf das Auffangen und Sammeln von Regenwasser angewiesen. Nun waren einige Familien gezwungen, Wasser für ihre alltäglichen Bedürfnisse im Handel zu kaufen. An diesem Punkt beschloss ich, etwas zu unternehmen. Obwohl die Vorhersage uns eine weitere trockene Woche verhieß, wandte ich mich an den Regen und den Wind und bat sie um Hilfe. Am nächsten Tag hatten wir leichten Nieselregen, und am folgenden Tag einige längere Phasen mit schönem, starkem Regen.

Meine Organisation, Aloha International, pflegt auf Kauai alljährlich ein Fest auszurichten, und zwar im November, einem Monat, in dem es sehr viel regnet. In den zwanzig Jahren, seit wir dieses Fest veranstalten, zu dem auch viele Aktivitäten im Freien gehören, mussten wir es nur zweimal wegen des Regens nach drinnen verlegen.

Und ein letztes Beispiel: Im Rahmen einiger der Kurse, die wir auf Kauai gaben, nahmen wir eine Gruppe mit zum höchsten Punkt der Insel, der die berühmte Kalalau-Aussicht bietet, ein atemberaubendes Panorama smaragdgrüner Berge, die wie Vorhänge in ein azurblaues Meer gleiten … vorausgesetzt, das Tal ist nicht randvoll mit Wolken, was häufig der Fall ist, zur großen Enttäuschung zahlreicher Touristen. Doch wenn wir mit einer Gruppe hinaufkamen und das Tal unter seiner Wolkenfüllung unsichtbar war, nahmen wir gemeinsam mit den Teilnehmern telepathisch Verbindung mit den Wolken auf, hin und wieder unterstützt von einem Lied – und die Wolken rissen *jedes Mal* auf. Meistens wurde es ganz klar, hin und wieder öffnete sich uns nur ein Guckloch, aber die Wolken haben sich immer für uns geteilt.

Das Einzige, was ich zum Thema Arbeit mit dem Wetter noch zu sagen habe, ist: »Probieren Sie es aus!«

TELEPATHISCHE KOMMUNIKATION MIT GEGENSTÄNDEN

Denken Sie daran, dass wir hier auf dem Boden der subjektiven Weltsicht arbeiten, die besagt, dass wir mit buchstäblich allem kommunizieren können, in beide Richtungen. Wenn Sie versuchen, diesen Abschnitt mit der objektiven Weltsicht zu verstehen, ist er sinnlos, weil Gegenstände in der objektiven Weltsicht allem Anschein nach nicht sprechen können. Nur wenn wir uns die Freiheit gestatten – und sei es auch nur vorübergehend –, von den Annahmen der subjektiven Weltsicht auszugehen, können wir die Kommunikation mit den Objekten in unserer Umgebung praktizieren.

Bei genauerer Betrachtung wechseln viele Menschen nicht selten in eine subjektive Weltsicht, ohne sich ganz im Klaren darüber zu sein, was da geschieht. Sie sprechen nicht nur zu Tieren und Pflanzen, als ob diese menschliches Verständnis besäßen; viele Menschen sprechen auch mit Golfbällen und Fußbällen, Fahrzeugen und Motoren, Computern, Büromaschinen und anderen Dingen. Manchmal ist diese Konversation ermutigend (»Komm schon, du schaffst es, mach weiter!«), ein anderes Mal tadelnd (»Du verflixter, nichtsnutziger Versager!«).

Im Laufe von Jahren des Experimentierens mit Versuch und Irrtum habe ich festgestellt, dass Gegenstände viel besser auf Ermutigung und Lob ansprechen. Die positiven Auswirkungen gingen weit über die Zufallswahrscheinlichkeit hinaus. Hier sind nur einige wenige von buchstäblich Tausenden von Erfahrungen:

Der glückliche Bus: Vor Jahren nahm ich als Lehrer an einer Schamanen-Konferenz auf der mexikanischen Halbinsel Yucatan teil. Ein Programmteil war ein Besuch verschiedener Maya-Stätten, um dort Rituale durchzuführen. Einmal fuhren etwa zwanzig oder dreißig von uns in einem gecharterten Bus nach Uxmal im Nordteil der Halbinsel; nach einem erfüllten Tag fuhren wir nach Süden in Richtung der ein paar hundert Kilometer entfernten Playa del Carmen zurück. Nach etwa vierzig Kilometern Fahrt begannen wir ein lautes, stoßendes Geräusch zu hören, und der Bus wurde in regelmäßigen Abständen erschüttert. Der Fahrer brachte ihn zum Stehen und wir stiegen alle aus und entdeckten, dass aus einem Riss in der Seitenwand eines Reifens der Schlauch hervorquoll. (Erinnern Sie sich noch an Autoreifen mit Schlauch?) Es gab keinen Ersatz und auch keine Stadt in der Nähe, und so hieß uns der Fahrer, in den Bus zurückzusteigen, und setzte sehr langsam die Fahrt nach

Süden fort. Einige Passagiere aus New York wunderten sich, warum wir nicht einfach unsere Mobiltelefone benutzten, um einen Pannendienst aus einer nahegelegenen Werkstatt zu rufen. Die mit diesem Teil Mexikos vertraut waren, mussten ihnen erklären, dass keiner irgendeine Nummer für irgendein Telefon in Reichweite kannte, dass es keine nahegelegene Werkstatt gab und auch keine patrouillierende Pannenhilfe.

Nach einiger Zeit erinnerte uns jemand daran, dass wir schließlich eine Gruppe von Leuten mit ASW-Fähigkeiten waren; warum versuchten wir also nicht, den Reifen mit der Kraft unserer Gedanken zu reparieren? Andere schlugen vor, dem Bus Energie und Zuspruch zu schicken, auf dass er sich selbst repariere. Schließlich einigten wir uns darauf, dem Bus Liebeslieder zu singen. Dies ging lange Zeit gut, bis es draußen stockdunkel geworden war und wir alle uns so high fühlten, dass wir den Reifen und unseren zunehmenden Hunger fast vergaßen. Dann – peng! – platzte die Schlauchblase, und der Bus kam holpernd zum Stillstand. Die erste Reaktion war bei allen große Enttäuschung, dass unsere Liebeslieder nicht geholfen hatten. Dann blickten wir nach draußen. Der Bus war exakt neben der einzigen Werkstatt an der Fernstraße zum Stehen gekommen, und neben der Werkstatt war das einzige Restaurant weit und breit, und in dem Restaurant gab es Pizza. Der Schlauch war geplatzt, daran konnten wir nichts mehr ändern. Aber aus der zweiten Weltsicht betrachtet, war der Bus von unseren Liebesliedern so bewegt, dass er sich weiter und vorwärts kämpfte, bis der Schlauch schließlich am günstigsten Punkt der ganzen Strecke platzen durfte.

Der kooperative Ventilator: Meine zweite Hypnotherapie-Praxis in Santa Monica (Kalifornien) war in einem gemeinsam genutzten Büroraum im zweiten Stockwerk eines älteren Gebäudes. In die Mitte der Decke war ein alter Ventilator eingelassener, der die ganze Zeit lief, um frische Luft von außen hereinzuziehen. Darüber hinaus erzeugte er leider auch ein regelmäßig wiederkehrendes Quietschgeräusch, das sehr ablenkte und bald zunehmend irritierend wirkte. Als ich eines Tages nach der Arbeit allein im Büro war, nahm ich mir die Zeit, dem Ventilator für seine Arbeit zu danken, und bat ihn, mit dem Quietschen aufzuhören. Dann schickte ich ihm eine Gabe liebevoller Energie. Augenblicklich hörte er auf zu quietschen und quietschte nie mehr, solange wir unsere Praxis dort hatten. Am nächsten Morgen bemerkten andere, die im Büro arbeiteten, dass der Ventilator nicht mehr quietschte, und fragten sich, wer ihn repariert haben mochte. Die Situation war nicht geeignet, sie mit der subjektiven Weltsicht bekannt zu machen.

Öffnen und Heben: Mit am nützlichsten erweist sich die subjektive Weltsicht in dem scheinbar unwichtigen Bereich des Öffnens und Hebens von Dingen. Glauben Sie mir, es gibt Gelegenheiten, bei denen das sehr wichtig sein kann. Das Heben und Öffnen kann man sich auf vielerlei Weisen erleichtern; mir gefällt die Methode mit Komplimenten und Bitten. Es geschieht zum Beispiel nicht selten, dass meine Frau mich bittet, ein Gefäß mit einem fest sitzenden Deckel zu öffnen, was mir scheinbar mühelos gelingt. Anfang war sie erstaunt und später irritiert, weil ich es konnte und sie nicht. Als ich ihr schließlich zeigte, wie ich es bewerkstelligte, war sie wieder erstaunt, aber auch entzückt. Doch gewöhnlich überlässt sie diese Aufgabe weiterhin mir, denn wenn ich in der Nähe bin, ist das »Männersache«. Der Vorgang selbst ist höchst einfach. Wenn sie mir ein Gefäß mit einem fest sitzenden Deckel gibt, nehme ich es mit Respekt in den Hände, lobe alles an ihm und bitte es freundlich, den Deckel für mich zu lockern. Das ist alles. Es funktioniert jedes Mal, wenn ich das so mache – sofern ich selbst nicht allzu sehr gestresst bin. Es funktioniert ebenso gut beim Öffnen fest verschlossener Behälter.

Zum Heben wenden Sie einfach die gleiche Methode an. Machen Sie sich gleich an die Arbeit und probieren Sie es mit einem einigermaßen schwerem Objekt wie einem Stuhl oder einem Stein. Nehmen wir an, Sie haben sich für einen Stuhl entschieden. Nun tun Sie einfach Folgendes:

1. Heben Sie den Stuhl auf normale Weise. Setzen sie ihn wieder ab.

2. Loben Sie den Stuhl, zum Beispiel für seine bequeme Form oder Polsterung oder seine Farbe, und danken Sie ihm, dass er als Sitzgelegenheit zur Verfügung steht.
3. Bitten Sie ihn freundlich, leichter zu werden, so dass Sie ihn mit Leichtigkeit heben können.
4. Heben Sie ihn … und spüren Sie den Unterschied.

KAPITEL 7
LASSEN SIE IHRE AURA ARBEITEN

DIE AURA – GIBT ES SIE WIRKLICH?

Im Jahre 1975 wurde ich gebeten, auf einer Art von »ASWler«-Messe in einem großen Einkaufszentrum im Norden Hollywoods so etwas wie einen Verkaufstisch aufzustellen. Neben anderen Dingen hatte ich ein Gerät namens »Aurabrett« – ich werde Ihnen später beschreiben, wie man so etwas herstellt –, das dazu diente, die Aura des Menschen sichtbar zu machen, also das Energiefeld, das den Körper umgibt. Die meisten Besucher des Einkaufszentrums waren gewöhnliche Kunden, die allenfalls aus Neugierde an den Tischen stehen blieben.

Jeder Einzelne von den mehr als hundert Passanten, die es ausprobierten, war binnen dreißig Sekunden oder noch schneller im Stande, die Aura um seine Hände herum zu sehen. Der ergreifendste Moment war, als ich eine junge Frau bemerkte, die neben dem Tisch stehen geblieben war, während etwa ein Dutzend Leute das Aurabrett ausprobierten. Als ich zu ihr blickte, sagte sie mit sehr trauriger Stimme: »Wissen Sie, ich musste für drei Jahre in eine Nervenheilanstalt, weil ich sah, was diese Leute hier jetzt sehen können.«

Dies ist nur eine der traurigen Folgen der Ignoranz und Angst in einer Gesellschaft, die unterdrückt, was sie nicht verstehen kann. Es gibt ein Energiefeld um den Körper, das leicht zu sehen ist, wie Sie schon bald selbst erleben werden. Aber weil unsere Schulbücher nichts davon wissen und weil uns generell beigebracht wird, unseren eigenen Wahrnehmungen nicht zu trauen, können selbst professionellen Psychologen und Psychiatern schwerwiegende Fehler unterlaufen, wenn es zu bestimmen gilt, ob jemand unter »Geistesstörungen« leidet.

Viele praktizierende ASWler können von ähnlichen Erfahrungen berichten, wenn sie schon in jungen Jahren die Aura um Menschen herum sahen und verwundert feststellten, dass nicht jedermann sie wahrnehmen konnte – und schließlich lernen mussten, dass man die Aura nicht sehen »sollte«, um nicht in Schwierigkeiten zu geraten. Die meisten Menschen, die schon früh solche Fähigkeiten an sich entdecken, unterdrücken sie und vergessen sie schließlich, um in ihrem Umfeld nicht aufzufallen; oder sie hören einfach auf, darüber zu sprechen. Und doch ist ihr Talent so natürlich, dass es bei jedem binnen weniger Sekunden geweckt werden kann!

DIE AURA FÜHLEN

Webster's New World Dictionary definiert eine Aura als: 1. eine unsichtbare Ausströmung / Emanation, 2. eine bestimmte Atmosphäre oder Qualität, die von einer Person oder Sache auszugehen scheint und sie umgibt. Im allgemeinen Sprachgebrauch scheint die Existenz der Aura nicht als etwas Besonderes zu gelten. Wie oft hört man jemanden sagen: »Dieser Mensch hat aber eine angenehme Ausstrahlung!« Ohne es vielleicht bewusst zu erkennen, reagieren wir dabei auf das Energiefeld der Person, und unsere Worte sind wahr. Natürlich trägt auch Telepathie dazu bei, aber wäre es bloß Telepathie, spielte es keine Rolle, wie nahe wir der Person sind. Tatsächlich empfinden wir es als geradezu unangenehm, uns in der Nähe von bestimmten Zeitgenossen aufzuhalten; bei anderen wiederum fühlen wir uns »je näher, desto wohler« – damit meine ich auch den physischen Kontakt. Solche Gefühle kommen von unserer Wahrnehmung der »unsichtbaren Ausströmung« der Person – der Aura.

Eine häufige Frage ist: »Angenommen, es gibt eine Aura, wie weit reicht sie?« Soweit man das wissen kann, reicht sie so weit wie die Schwerkraft oder das Licht. Sinnvoller ist jedoch – auch bei diesen Formen von Energie – die Frage: »Wie weit hinaus wirkt sie?« Das wiederum ist abhängig von dem Individuum und seinem jeweiligen geistigen und körperlichen Gesundheitszustand sowie seiner Konzentration. Manche Menschen strahlen von Natur aus viel Energie aus, andere weniger. Später werden Sie lernen, wie Sie Ihre Ausstrahlung steigern können, doch nun denken Sie einfach an einige Partys, auf denen Sie waren. Da gab es meist einige wenige Menschen, die sich »von der Masse abhoben«, nicht unbedingt aufgrund ihrer Kleidung oder ihres Verhaltens oder Aussehens, sondern weil Ihr Blick und Ihre Aufmerksamkeit wie automatisch von ihnen angezogen wurden. Die anziehende Kraft war – zumindest zum Teil – ihre Ausstrahlung.

Viele Entertainer, manche Sportler und wenige Politiker haben gewaltige Auren im Vergleich zum Rest der Bevölkerung; das hat etwas mit dem sogenannten Charisma zu tun. Andererseits sind Sie zweifellos auch schon Menschen begegnet, deren Existenz man kaum wahrnimmt. Sie sind nur schwache »Strahler«. Wichtig ist für uns: Während es Menschen gibt, die mit einer natürlichen Fähigkeit, viel Energie auszustrahlen, mehr oder weniger geboren sind, kann doch jedermann lernen, viel mehr auszustrahlen, als er oder sie es bisher getan hat. Mit anderen Worten:

AUCH SIE KÖNNEN EINE AURA HABEN,
DIE AUFMERKSAMKEIT AUF SICH ZIEHT.

DIE AURA IN DER GESCHICHTE

Vor langer Zeit schienen die Menschen in vielen Teilen der Welt nicht so viele Probleme und Vorbehalte gehabt zu haben wie wir heute, wenn es um das Sehen der Aura ging. Natürlich nahmen sie wahr, dass manche Zeitgenossen viel mehr Energie ausstrahlten als andere, und sie begannen diese Tatsache mit den Werken ihrer Kunst abzubilden. Schließlich wurde es zu einer künstlerischen Technik, eine Aura um Götter, Heilige und heiligmäßige Menschen und Helden zu malen, wenn der Künstler deren außerordentliche

Kräfte darstellen wollte. Reste davon finden wir heute noch in Gestalt des albernen goldenen Kreises, den man zuweilen um die Köpfe von Zeichentrick-Figuren hängen sieht. Wir nennen es Heiligenschein, doch es ist eine Aura. In den ältesten Darstellungen begegnet sie uns als ein kreisrunder Hintergrund für den Kopf der abgebildeten Persönlichkeit – in seltenen Fällen wurde die Aura um den ganzen Körper herum gezeigt –, auf diese Art wird sie Ihnen tatsächlich erscheinen, wenn Sie die Aura zu sehen lernen. Erst später, als die Kultur der Unterdrückung dieser Wahrnehmung Platz griff, begannen die Künstler, die nicht mehr verstanden, was gemeint war, einen frei schwebenden Ring über den Köpfen zu zeichnen.

Für den Fall, dass Sie dieser Sache weiter nachgehen möchten, nennen ich Ihnen einige Beispiele, wo Künstler die Aura in fast genau der gleichen Form gezeigt haben. Folgende und viele andere Beispiele finden Sie in einer Reihe von Büchern über die Mythologie der Welt:

Christliche Kunst: Mittelfeld des Deckenmosaiks aus dem 5. Jahrhundert im sogenannten Baptisterium (Taufkapelle) der Orthodoxen in der Kathedrale von Ravenna (Italien), Aura um Jesus und Johannes den Täufer.

Antike römische Kunst (jetzt im Louvre): Mosaik, das den Meeresgott und seine Untertanen zeigt. Aura um Poseidon, seine Gefährtin Amphitrite und zum Teil um ein Cherub-ähnliches Wesen (möglicherweise Eros?).

Taoismus: Schriftrolle unbekannten Alters mit einem Bild von Lao Tse.

Chinesischer Buddhismus: ein Gemälde auf einer Schriftrolle aus dem 17. Jahrhundert zeigt fünf Buddhas, alle mit Aura.

Hinduismus: Eine Steinskulptur aus dem 8. Jahrhundert zeigt Indrani, Indras Gemahlin.

Indischer Buddhismus: Eine Steinschnitzerei aus dem 12. Jahrhundert zeigt Buddha unter dem Bo-Baum.

Die Tatsache, dass in zeitlich, räumlich und kuturell so weit voneinander entfernten Werken das Gleiche abgebildet wurde, belegt, dass es sich bei dem Dargestellten um eine allen Quellen gemeinsame Erfahrung handelt. Oder sollte man es als bloße künstlerische Phantasie abtun? Im nächsten Abschnitt werden wir einige weitere, moderne Erfahrungen betrachten.

AURA UND WISSENSCHAFT

Den frühesten wissenschaftlichen Beweis für die Existenz der Aura präsentierte der Londoner Arzt Walter J. Kilner 1908. Er erfand eine Art Schirm, der eine spezielle Farbe enthielt* und durch den man die Aura eines anderen Menschen sehen konnte. Die Farbe bewirkte vermutlich eine Ausdehnung des Sehvermögens auf höhere Strahlungsfrequenzen. Jedenfalls setzte Kilner dieses Verfahren mit Erfolg zur medizinischen Diagnose ein und bestimmte den Gesundheitszustand seiner Patienten anhand der Erscheinung ihrer Aura. In den zwanziger Jahren nutzte bereits eine Reihe namhafter Mediziner seine Entdeckung, doch für die Mehrheit war Kilners Erfindung zu radikal, und damit war sie für seinen Berufsstand gestorben.

Kilners Kollegen reagierten auf sein Werk erst mit Aufmerksamkeit, dann mit Ablehnung. Ein anderer Wissenschaftler, Dr. Harold Saxton Burr, erforschte in den Vereinigten Staaten mit seinen Kollegen ein kurioses Phänomen, das er später als »L-Feld« bezeichnete. Dieses war ein elektro-dynamisches Energiefeld um Pflanzen, Tiere und Menschen, das Dr. Burr mit einem hochempfindlichen Spannungsmessgerät zu erfassen vermochte. Diese Messungen gelangen auch ohne physischen Kontakt, was zeigte, dass tatsächlich ein Energiefeld registriert wurde. 1935 veröffentlichte Burr »Die Elektro-dynamische Theorie des Lebens«. Wie Kilner stellte er fest, dass dieses Feld zur medizinischen Diagnose genutzt werden konnte, weil es sich je nach Gesundheitszustand in Intensität und Aktivität veränderte. Noch wichtiger aber: Im Energiefeld konnten Veränderungen noch vor der körperlichen Erkrankung einer Person bemerkt werden. Trotz mehr als dreißig Jahren der Forschung

* in Alkohol gelöstes Dizyanin-Blau (Anm. d. Ü.)

und Veröffentlichung der Ergebnisse harrt Harold S. Burrs Werk noch heute seiner Akzeptanz in wissenschaftlichen Kreisen.

Etwa um die gleiche Zeit, als Burr sich in seine Forschungen vertiefte – nämlich 1939 –, versuchte ein Russe namens Kirlian einen elektrischen Funken zu fotografieren und machte dabei eine Entdeckung, die Biologen und Physiker gleichermaßen bis heute beunruhigt. Ich nehme an, dass inzwischen fast jeder von der Kirlian-Fotografie gehört hat; falls Sie noch nichts darüber wissen, beschreibe ich sie hier kurz:

Kirlian entwickelte eine Technik zum Fotografieren eines Phänomens, das wie ein Energiefeld erscheint, das lebendige und unbelebte Objekte umgibt. Um lebende Objekte herum zeigt sich ein wunderschön funkelndes, farbiges, veränderliches Muster. Ein frisches Blatt hat ein herrliches Muster, doch wenn das Blatt welkt und stirbt, schwindet auch sein Energiefeld. Es ist sicher kein Zufall, dass auch die »Kirlian-Aura« sich je nach dem Gesundheitszustand der Person auf bestimmte Weise verändert. Auch sie kann gedeutet werden, um Krankheit im »Energiekörper« festzustellen, bevor sie im Physischen in Erscheinung tritt. Nach fünfundzwanzig Jahren begann die Sowjetunion diese Forschung schließlich ernst zu nehmen, zu unterstützen und zu finanzieren. In den Vereinigten Staaten wurde sie erst in den siebziger Jahren bekannt, doch trotz einer Vielzahl guter, unabhängiger Erfolge wird sie von den meisten westlichen Wissenschaftlern bis heute verspottet.

Der wissenschaftliche Beweis für ein Energiefeld um den menschlichen Körper liegt vor, auch wenn er noch nicht ganz akzeptiert wurde. Nun ist es an der Zeit zu hören, was die ASWler darüber zu sagen haben.

WAS SEHEN DIE ASWLER?

Es gibt viele unterschiedliche Wahrnehmungen und Erfahrungen, die mit dem Aurasehen assoziiert werden, vermutlich weil es viele verschiedene Menschen gibt, die sie erleben und davon berichten. Ich werde diese Erlebnisse im Folgenden nach Stufen sortieren, bitte

Sie aber zu bedenken, dass die Entwicklung der Aurasichtigkeit nicht immer auf eine hübsche, saubere, geordnete Weise vonstatten geht.

STUFE 1 – DER HEILIGENSCHEIN

Das, was Künstler um die Köpfe von Göttern und Heiligen malen, ist höchstwahrscheinlich das Erste, was auch Sie sehen werden, sobald Sie lernen, einen Blick dafür zu entwickeln.

Für die meisten Anfänger wirkt es wie ein milchig-verschwommenes Licht, das sich einige Zentimeter bis eine Handbreit um den Kopf herum ausdehnt und von dessen Umriss durch eine dünne, dunkle Linie getrennt ist. Ich beschreibe deshalb die Erscheinung um den Kopf, weil dieser Teil des Körpers offenbar das stärkste Feld hervorbringt. Der Heiligenschein ist auch um den übrigen Körper herum zu sehen, aber nicht so deutlich und leicht. Ausdehnung und Helligkeit des Heiligenscheins sind abhängig von Umständen wie Gesundheit und Gemütszustand sowie von dem, was wir als Energiereserve bezeichnen. Deshalb ist er um manche Menschen leichter zu sehen als um andere.

Der Entwicklungsstand dieser Stufe bedeutet, mehr von dem Heiligenschein sehen und Helligkeitsunterschiede wahrnehmen zu können. Möglicherweise nehmen Sie den Heiligenschein in einer bestimmten Farbe wahr, die aber auf dieser Stufe praktisch noch keine Aussagekraft hat. Wollte man der Farbe eine Bedeutung zusprechen, käme dies dem Versuch gleich, einen Wein nach der Farbe zu beurteilen, ohne jemals welchen getrunken zu haben.

STUFE 2 – KALTE FLAMME

In Wirklichkeit ist sie nicht »kalt«. Sie weist einfach keine bestimmte Hitze auf, obwohl sie Wärmewellen sehr ähnlich ist. Die »kalte Flamme« ist gewöhnlich im Dunkeln oder Halbdunkel zu sehen, wenn die Sinne weit offen sind. Anfangs sieht man sie leichter um sich selbst, doch mit zunehmender Übung kann man sie auch um andere Menschen und Gegenstände wahrnehmen. Abgesehen davon, dass sie um einen Gegenstand oder eine Person sichtbar wird, strömt die kalte Flamme auch von den Fingerspitzen und vom höchsten Punkt des Kopfes beziehungsweise von dem Ende, einer Spitze oder Ecke eines Gegenstandes aus. Sie erscheint allgemein blaugrau, aber auch eine goldene und rötlich-gelbe Färbung sind nicht ungewöhnlich. Auch auf dieser Entwicklungsstufe ist die wahrgenommene Farbe ohne viel Belang. Das Auffallendste an der kalten Flamme ist ihre Bewegung, die gewöhnlich als Zittern und Aufsteigen beschrieben wird.

STUFE 3 – BLITZE UND LICHTSTREIFEN

Wie die Wörter andeuten, gleicht dieses Phänomen Lichtblitzen und/oder -streifen, die von jedem Teil des Körpers ausgehen können. Die Blitze kommen und gehen schnell, deshalb fragt man sich oft, ob man sie wirklich gesehen hat. Die Lichtstreifen erscheinen entweder recht statisch oder sie bewegen sich. Wenn sie sich bewegen, gleichen sie einem Lichtstrahl, der losschießt und verschwindet. Es ist durchaus wahrscheinlich, dass die Blitze bewegte Streifen sind, die wir frontal zu sehen bekommen. Statische Streifen sieht man am häufigsten von den Fingerspitzen ausgehen, doch sie können auch anderswo auftauchen. Manchmal können zwei breite Streifen gesehen werden, die von den Schulterblättern ausgehen. Dieses Phänomen lässt uns spekulieren, ob die Menschen früher Lichtstreifen gesehen und vielleicht als Flügel fehlgedeutet haben.

STUFE 4 – RUNDHERUM UND VOLLSTÄNDIG

Auf dieser Stufe ist man im Stande, den Heiligenschein oder die kalte Flamme wahrzunehmen, wie sie den ganzen Körper umgeben. Größtenteils ähneln sie in ihrer Erscheinung einer ovalen Lichtwolke, die sich so weit ausdehnen kann, wie der ASWler zu sehen vermag. Am dichtesten aber sieht man sie meist um den Körper herum bis zu den Fingerspitzen der ausgestreckten Arme. Auf dieser Entwicklungsstufe der Wahrnehmung ist man im Allgemeinen in der Lage, hier und da dunkle Flecken innerhalb des Aurafeldes zu erkennen, die mit Bereichen vorhandener oder drohender Erkrankung korrespondieren können.

STUFE 5 – REGENBOGEN

Jetzt können wir über Farben sprechen. Nun haben die ASWler ihren großen Tag und sagen Ihnen, wie viel Sie von welcher Farbe in Ihrer Aura haben, ob irgendwelche Farben fehlen und so weiter. Die Wahrnehmungen in Bezug auf Farben in der Aura schwanken stark. Manche Menschen sehen die Farben in waagerechten Schichtungen, andere in Schichten von außen nach innen und wieder andere als fließende/wabernde Farbwolken, die einander durchziehen und sich vermischen.

Was die Deutung der Farben betrifft, so hängt sie von Ihrer persönlichen Erfahrung ab. Sie werden sie so wahrnehmen, wie sie glauben. Sehr verallgemeinernd können wir sagen, dass die kühlen Farben Ruhe und Frieden anzeigen, während die warmen Farben mit Aktivität und Erregung zu tun haben. Schmutzige, verwaschene oder unangenehme Farben werden mit Störungen des Energiegleichgewichts, mit negativem Denken und Krankheit assoziiert. Alle anderen und weiteren Interpretationen sind von dem abhängig, was die Farben für den einzelnen ASWler bedeuten. Jeder ASWler, der nicht das vollständige Farbenspektrum in Ihrer Aura sehen kann, gibt Ihnen eine Interpretation, die mehr auf direkter Telepathie als auf anderem beruht – und gleichwohl sehr akkurat sein kann.

STUFE 6 – LEBENDIGES LICHT

Auf dieser Stufe sieht man nicht nur Farben, sondern auch Formen, die sich je nach den Gedanken und Emotionen des Individuums ständig verändern und verlagern. So wurde Wut als dunkelrote Stacheln beschrieben, Eifersucht gleicht gelbgrünen Haken, und Liebe ähnelt aufblühenden Blumen. Natürlich spielt die persönliche Interpretation hier eine wichtige Rolle.

STUFE 7 – FEUERWERK

Stellen sie sich ein altmodisches Feuerwerk vor, das eine einzelne Person umgibt, und Sie erhalten eine Vorstellung davon, was hier wahrzunehmen ist. Wunderkerzen, Funkenkreisel, berstende Raketen, Lichtfontänen ... alles gibt es da zu sehen. Individuelle Unterschiede zeigen sich je nachdem, wie detailliert und phantastisch die Darstellung ist. Natürlich erreichen nur wenige Menschen diese Stufe.

WIE UND WAS SIEHT MAN MIT EINEM AURABRETT?

Zunächst muss ich Ihnen erklären, wie man ein Aurabrett herstellt. Also geben Sie gut acht, denn das kann recht heikel werden:

1. Finden Sie ein Brett.
2. Bekleben Sie es mit einem schwarzen oder weißen Bezug. Hierzu eignet sich Filz oder irgendein anderer matter, schwarzer oder weißer Stoff.

Alles klar? Für das Brett können Sie Sperrholz, eine Spanplatte, Kunststoff, Glas oder etwas anderes Flaches und damit Geeignetes nehmen. Was die Größe anbelangt, so hängt diese davon ab, wie Sie das Brett verwenden wollen. Um nur die Aura der Hand zu betrachten, reichen 20 x 20 cm aus. In meinen Übungsgruppen, in denen ich die Aura um Kopf und Schultern zeige, gebrauche ich ein Brett von rund 60 x 120 cm, das ich auf einen Stuhl stelle. Ich habe auch schon eine unbeschriebene Flipchart und eine weiße Filmleinwand mit gutem Erfolg verwendet.

Die Aufgabe des schwarzen oder weißen Materials besteht darin, einen kontrastierenden Hintergrund zu bieten, vor dem man die Aura sehen kann. Nach meiner Erfahrung können die meisten Menschen sie vor einem schwarzen Hintergrund gut wahrnehmen, manche aber sehen sie besser vor einem weißen oder hellen Hintergrund. Wie Sie inzwischen vielleicht selbst schon erraten haben, ist ein Aurabrett gar nicht wirklich notwendig. Alles was Sie brauchen, ist irgendeine dunkle, glatte Fläche, die Ihnen als Hintergrund dient. Eine Wand, eine Aktentasche, ein Desktop-Computer, ein Jackett – alles wird funktionieren, solange es einfarbig ist (entweder sehr dunkel oder sehr hell) und nicht glänzt.

Nun müssen Sie nur noch auf die Schatten achten. Arrangieren Sie die Beleuchtung so, dass auf den Hintergrund möglichst keine Schatten geworfen werden, denn diese können die Aura-Betrachtung stören.

Und schon kann es losgehen, gleich werden auch Sie die Aura sehen! Ich werde Sie nun so anleiten, als stünden wir nebeneinander. Ich gehe davon aus, dass Sie Ihren Hintergrund / Ihr Aurabrett bereit haben:

»Halten Sie eine Hand etwa 12–15 Zentimeter vor den Hintergrund, die Handfläche nach unten und die Finger gespreizt. Blicken Sie zwischen die Finger und um die Fingerspitzen herum. Achten Sie auf eine Art nebliges Licht. Es kann blau-grünlich sein oder golden oder von einer anderen Farbe, aber es ist fast wie ein Nebel oder Dunst. Wenn Sie Schwierigkeiten haben, das zu sehen, dann blicken Sie unmittelbar neben einen Finger, da sollten Sie eine dunkle Linie sehen. Nun blicken Sie in den Bereich zwischen den dunklen Linien, die zwei benachbarte Finger umgeben, und da sehen Sie den feinen Dunst. Sie werden auch den Unterschied zwischen dem Bereich zwischen Ihren Fingern und dem übrigen Hinter- oder Untergrund außerhalb Ihrer Hand wahrnehmen.

Sehen Sie es jetzt? Wenn Sie es noch nicht sehen, dann entspannen Sie sich. Es braucht vielleicht noch einige Augenblicke. Atmen Sie einige Male tief durch, das wird Ihrem Sehvermögen helfen.

In Ordnung? Noch etwas: Starren Sie jetzt etwa zehn Sekunden lang auf Ihre Hand. Fixieren Sie einen Punkt und ziehen Sie Ihre Hand rasch fort. Sehen Sie das helle Nachbild? Das ist die Energie-Wirkung, die Ihre Aura auf Ihre Augen hat.

Nun sind Sie ein komplett ausgestatteter Auraseher. Sie brauchen nur noch Übung, dann werden Sie immer mehr und mehr sehen, mit immer größere Leichtigkeit.«

NUR EINE OPTISCHE TÄUSCHUNG?

Nachdem ich Menschen gezeigt habe, wie sie die Aura sehen können, muss zwangsläufig jemand – vielleicht Sie? – die Frage stellen, ob das, was gerade wahrgenommen wurde, nicht eine optische Täuschung ist. Nun, es gibt viele Möglichkeiten, unsere Augen zum Narren zu halten, und die Frage ist gut. Wäre es aber nur eine optische Illusion, spielte es keine Rolle, wessen Hand Sie betrachten. Die Illusion sollte immer die gleiche sein. Tatsächlich aber ist die Aura um die Hände mancher Menschen extrem schwierig, wenn nicht unmöglich zu sehen, während sie bei anderen hell und deutlich wahrgenommen wird. Auch das Nachbild fällt in der Helligkeit sehr unterschiedlich aus, je nachdem, wessen Hand Sie betrachtet haben. Ein Nachbild ist das Ergebnis von strahlender Energie, die auf Ihr Auge trifft. Je mehr Energie jemand ausstrahlt, desto stärker wird das Nachbild. Diese Tatsachen sprechen gegen die Möglichkeit einer optischen Täuschung, ebenso die Tatsache, dass Sie Helligkeit und Durchmesser Ihrer Aura willentlich vergrößern können.

WIE SIE IHRE AURA VERGRÖSSERN

Es ist recht eindrucksvoll, eine Person vor einen geeigneten Hintergrund zu stellen, eine Gruppe von Menschen auf ihre Aura blicken zu lassen und dann die Person aufzufordern, die Aura zu vergrößern. Die Reaktion der Betrachter ist großartig. Und es ist einfach zu bewerkstelligen. Drei oder vier langsame, tiefe Atemzüge reichen dazu völlig aus.

Wenn Sie sich dabei noch vorstellen, wie Ihre Aura sich ausdehnt, wird sie sich noch weiter ausdehnen. Und wenn Sie sich eine Lichtkugel auf Ihrem Kopf vorstellen, die Sie mit Energie auffüllt, während Sie tief atmen und sich die Aura-Ausdehnung vorstellen, dann führt das todsicher zum Erfolg. Mehr braucht es dazu nicht.

Versuchen Sie es bei sich selbst. Sobald Sie die Aura um Ihre Hand sehen können, üben Sie sich in den oben beschriebenen

Techniken und achten Sie auf den Unterschied in Ihrer Aura vorher und danach.

Abgesehen davon, dass Sie damit eine Auraseher-Übungsgruppe beeindrucken können, birgt die Möglichkeit, Intensität und Ausdehnung Ihrer Aura zu steigern, noch weitere Vorteile. Diese Übung allein wird dazu beitragen, Ihren Gesundheitszustand zu verbessern, die Aufmerksamkeit anderer Menschen anzuziehen, Ihr Selbstvertrauen zu stärken und Sie aus negativen Stimmungen zu heben. Probieren Sie es nur zum Spaß einmal aus, wenn Sie das nächste Mal mit Freunden zusammen ausgehen, auf einer Party oder einem Treffen oder wenn Sie auf eine Bedienung warten. Wenn Sie es richtig anstellen, sollten Sie einen großen Unterschied bemerken in der Art und Weise, wie Sie behandelt werden. (Erwarten Sie jedoch nicht, sofort wie ein Superstar hofiert zu werden. Das kommt erst mit sehr viel Übung.)

ANDERE TECHNIKEN, UM DIE AURA ZU SEHEN

Folgende weitere Methoden zur Entfaltung Ihres Aura-Sehvermögens erfordern zwischen wenigen Minuten und mehreren Wochen der Praxis.

Spiegel-Methode: Sie stehen vor einen Spiegel und starren auf einen Punkt etwa fünf Zentimeter über Ihrem Kopf. Halten Sie ihren Blick auf diesen Punkt gerichtet, aber achten Sie dabei auf die Peripherie Ihres Gesichtsfeldes. Es funktioniert übrigens am besten, wenn der Raum hinter Ihnen entweder recht dunkel ist oder wenn die gegenüberliegende Wand nichts aufweist, das Sie ablenkt. Schon bald sollten Sie in der Lage sein, das oben erwähnte milchige Licht um Ihren Kopf zu sehen, möglicherweise auch um die Schultern. Die dunkle Linie unmittelbar um den Umriss Ihres Körpers wird ebenfalls vorhanden sein. Normalerweise sollte diese Übung nicht länger als ein bis zwei Minuten dauern, aber wenn Sie nach zehn Minuten immer noch nichts sehen, so lassen Sie es für diesen Tag damit bewenden und versuchen Sie es am nächsten Tag wieder.

Glühlampen-Methode: Für diese Technik benötigen Sie einen Partner, weil es gilt, dessen Aura zu betrachten. Zuerst brauchen Sie eine nackte Glühlampe (eingeschaltet). Dann stellen Sie Ihren Partner so vor die Lichtquelle, dass sie sich genau hinter seinem Kopf befindet. Nun blicken Sie auf den Kopf Ihres Gegenübers auf die gleiche Weise, wie Sie bei der oben beschriebenen Spiegel-Methode Ihren eigenen Kopf betrachtet haben. Das Licht, das durch das Energiefeld Ihres Partners scheint, wird eine Halo-Wirkung vermitteln, die unschwer wahrzunehmen sein sollte. Wenn es kein Energiefeld gäbe, wäre auch kein Hof sichtbar, denn dann würde der Kopf Ihres Partners sich scharf umgrenzt vor dem Hintergrund abzeichnen.

Schatten-Methode: Diese indirekte Technik haben Sie vielleicht schon erlebt, aber nicht weiter darauf geachtet. Nutzen Sie einen hellen, sonnigen Tag und einen hellen Hintergrund, etwa einen Bürgersteig oder eine Mauer. Betrachten Sie Ihren Schatten und führen Sie eine Hand Richtung Kopf. Bevor die Hand den Kopf berührt, erscheint ein Schatten zwischen beiden. Dieser Schatten wird von der erhöhten Dichte der beiden Energiefelder – von Hand und Kopf – verursacht, die einander überlagern. Eine Variante dieser Methode ist, mit einer sehr hellen Lampe auf ein Stück weißes Papier zu leuchten und die Schatten von zwei Fingern langsam aufeinander zu zu führen. Helles Licht verhindert gewöhnlich, dass wir die Aura direkt sehen – es sei denn, Ihre Aurasichtigkeit ist sehr weit entwickelt –, doch mit dieser Methode werden Sie die Aura definitiv indirekt sehen können. Wenn Ihre Finger nur noch etwa 3–5 Millimeter voneinander entfernt sind, erscheint ein feiner Schatten zwischen ihnen. Dies ist der Schatten ihrer verstärkten Aura. Es kann einigen Minuten dauern, bis Sie ihn sehen. Mit mehr Übung können Sie ihn bereits wahrnehmen, wenn die Finger noch 2–3 Zentimeter Abstand haben.

Meditations-Methode: Der Name bezieht sich lediglich auf die Tatsache, dass diese Art von Aura-Sehen im Zustand der Meditation häufig spontan eintritt. Die Technik wird Ihnen ermöglichen, den Kalte-Flamme-Typ der Aura sehen, doch dazu ist einiges an Übung nötig. Für Ihren Erfolg ist es wichtig, ganz entspannt und doch wachsam zu sein. Setzen Sie sich bequem in einen verdunkelten Raum (es braucht nicht stockfinster zu sein) und richten Sie Ihren Blick auf einen Punkt in der Luft etwa einen halben Meter vor Ihrem Gesicht. Verkrampfen Sie sich nicht. Blicken Sie ganz entspannt. Schließlich werden Sie etwas sehen, das wie bläuliche »Wärme-Wellen« überall um Sie herum erscheint. Zwanzig Minuten je Übungssitzung reichen für den Anfang aus, bis Sie es sehen können. Oft ist es zum Üben hilfreich, wenn Sie sich in einem Bereich aufhalten, der allgemein als »Kraftpunkt« bezeichnet wird. Eine der stärksten Manifestationen dieses Phänomens erlebte ich in einer Gegend in der Nähe des Vulkans Kilauea auf der Hauptinsel Hawaiis. Wenn Sie jedoch in einem absolut dunklen Raum »alle Zeit der Welt« haben, können Sie versuchen, sich für zwei oder drei Stunden zu entspannen, geradeaus zu blicken und zu sehen, was geschieht.

THEORIE UND PRAXIS

Es wäre ein Leichtes, noch viel mehr Seiten mit den gängigen Theorien darüber zu füllen, was die Aura ist, abgesehen von einem einfachen Energiefeld. Aber alles, was Sie dann hätten, wäre eine Sammlung von Meinungen – einschließlich meiner eigenen –, und das würde nichts an Ihrer Fähigkeit ändern, die Aura zu sehen oder zu gebrauchen. Die Theorien reichen von thermischer oder elektromagnetischer Strahlung bis hin zu komplexen Systemen miteinander verflochtener »Energiekörper« wechselnder Größe und Dichte. Ich halte mich da lieber zurück. Meine Absicht ist eher unmittelbar praktischer Natur. Ich will nur zeigen, dass die Aura existiert und dass Sie sie nutzen können, ganz gleich, wofür Sie sie halten.

Fassen wir meine verschiedenen Andeutungen und Aussagen zusammen, ergeben sich nun einige praktische Nutzanwendungen für die Fähigkeit, die Aura zu sehen:

Nutzen Sie sie als eine Biofeedback-Methode, Ihren eigenen Gesundheits- und Geisteszustand zu kontrollieren und zu fördern; steigern Sie die Empfänglichkeit Ihrer subtilen Wahrnehmung allgemein; verbessern Sie Ihre Wirkung auf andere Menschen (durch Intensivierung Ihrer Aura-Ausstrahlung); prüfen Sie die Energiepegel anderer Menschen (und denken Sie zu Beginn daran, dass die einzigen gültigen Kriterien Helligkeit und Ausdehnung sind); und helfen Sie schließlich Ihren Mitmenschen, indem Sie Energieblockaden und Bereiche von drohender oder vorhandener Erkrankung erkennen (reichlich Übung vorausgesetzt!).

DIE PROJEKTION VON GEDANKENFORMEN

Eine Gedankenform – ich nenne sie auch »G-Feld« – ist ein imaginäres, energetisiertes, dreidimensionales Bild eines Gegenstands oder einer Szene, das Sie zusammen mit Ihrer Absicht und dem Verlangen in Ihr Umfeld projizieren. Sie hat deshalb ihren rechtmäßigen Platz in diesem Kapitel, weil sie in Wirklichkeit nur eine kondensierte Portion Ihrer Aura ist.

Mit diesem Konzept sind die meisten Menschen bereits vertraut, ohne jedoch die gerade erwähnten Begriffe damit zu verknüpfen. Eines der besten Beispiele ist die pantomimische Darstellung; Marcel Marceau war ein Meister dieser Kunst auf der Bühne, Charlie Chaplin im Film. Ein Aspekt der Pantomimik interessiert uns hier besonders: wie eine »Illusion« von tatsächlichen Objekten oder Abläufen so überzeugend geschaffen wird, dass das Publikum seine Skepsis ausblendet und die Illusion als offenbare Wirklichkeit akzeptiert. Klassische Beispiele sind die pantomimische Darstellung eines Fensterputzers in Aktion oder die Szene, wie der Mime eine Blume pflückt und in seinen Rockaufschlag steckt. Bei Theater-Proben und Avantgarde-Produktionen werden Requisiten oft durch Gedankenformen ersetzt. Eines der besten modernen Beispiele fand ich in *Jurassic Park,* als zwei Kinder von Sauriern in einer Küche gejagt werden. Vielleicht wussten Sie es nicht: Bei den Dreharbeiten mussten die Kinder auf imaginäre Saurier reagieren – was ihnen sehr überzeugend gelang –; die Monster wurden erst nachträglich in die Filmsequenzen montiert.

Das Wort Illusion hatte ich in Anführungszeichen gesetzt, um die Tatsache hervorzuheben, dass die projizierten Bilder aus der Sicht der zweiten Ebene, eine subtile, aber greifbare elektromagnetische Wirklichkeit besitzen. Während die Aufmerksamkeit gewöhnlich darauf gerichtet wird, wie überzeugt das Publikum die »Illusion« annimmt, möchte ich das Augenmerk auf das lenken, was der menschliche Projektor tatsächlich tut.

Um den gewünschte Wirkung zu erzielen, muss der Pantomime ein Bild so intensiv aussenden – und mit allen notwendigen sensorischen Attributen ausstatten –, dass sein Körper es als wirklich akzeptiert. Unter den richtigen Umständen wird auch jeder Zuschauer geneigt sein, das Bild als Wirklichkeit anzunehmen, zumindest in gewissem Grade. Ich behaupte nun, dass solche Intensität tatsächlich die physische Umgebung dergestalt verändern kann, dass gedankliche, emotionale und/oder körperliche Reaktionen in andern Menschen hervorgerufen werden. Und ich meine nicht nur bei Menschen. Und ich meine nicht nur, während der Pantomime mimt.

Farbe ist ein sehr nützliches Mittel für die Projektion von Gedankenformen, weil der Leibsinn äußerst bereitwillig auf Farben-Sendung reagiert. Ich spreche hier über das Visualisieren von Farbe, das Einbilden von Farbe in Ihrem Geist und das Projizieren von Farbe hinaus in die Welt, in der Sie leben. Vielen Menschen fällt es schwer, sich eine Farbe vorzustellen, die sozusagen frei im Raum schwebt; für den Leibsinn der meisten ist das ohnehin reichlich abstrakt. Der Leibsinn spricht am besten auf ein Bild an, das eine klare physische Basis hat. Zwei Bilder, die recht gut funktionieren, sind ein leichter Nebel oder eine Wolke und das breit strahlende Licht aus einem Suchscheinwerfer (mit dem Farbfilter Ihrer Wahl). Manche Menschen stellen sich eine ganze Batterie von Suchscheinwerfern vor, wenn sie eine Menschenmenge erreichen wollen.

Was die Farben anbelangt, so gibt es eine Vielzahl von Büchern, die Ihnen die Bedeutungen der verschiedenen Farben je nach Überzeugung der Verfasser vermitteln; letzten Endes aber hängt die Interpretation davon ab, wie sie sich für Sie anfühlen. Schließlich sind Sie der- oder diejenige, der die Farben projizieren wird, und die visualisierten Farben sind im Grunde eine andere Art von Muster oder Prägung, die Sie auf die Energie legen, die Sie aussenden. Dessen ungeachtet habe ich festgestellt, dass bestimmte Farben einigermaßen gleichbleibende Resultate ergeben, und deshalb folgt nun eine einfache und praktische Liste von Erfahrungswerten:

Rot wirkt recht stimulierend und anziehend, aber für die meisten Zwecke etwas zu stark, weil es dazu neigt, sexuelle Gefühle zu verstärken.
Orange ist eine energetisierende Farbe; gut geeignet, Aktivität anzuregen und Menschen zu wecken.
Rosa zieht an, fördert Kooperation und freundliche Reaktionen.
Grün fördert friedliche Kooperation und wirkt heilend auf Denken und Umstände.
Blau ist sehr beruhigend, gut geeignet, starke Emotionen zu dämpfen und Schlaflosigkeit zu lindern.
Weiß oder Gold fördert Gefühle des Vertrauens und der Geborgenheit.

Diese Farben wirken nach meiner Erfahrung am unmittelbarsten. Sie können mit anderen Farben, Tönungen und Intensitäten experimentieren und selbst feststellen, ob sie bei Ihnen besser funktionieren.

Einige Beispiele von Farb-Gedankenformen aus der Praxis werden Ihnen das Wie und Wozu zu verstehen helfen.

Jeden, der vor Publikum sprechen oder auftreten soll, lehre ich, sich zu energetisieren (d.h. eine Emotion der Begeisterung aufzubauen), sich ein erfolgreiches Gelingen vorzustellen und dann ein rosa Licht zum Publikum zu senden. Wir gebrauchen das rosa Licht so häufig – gewöhnlich in Gestalt eines rosa Nebels –, dass wir ein Verb dazu erfunden haben: Wir »rosanebeln«. Wir projizieren das Gedankenbild eines rosafarbenen Nebels, der sich durch den Raum wälzt und die Menschen, die Einrichtung, die Wände und alles rosa färbt.

Meine Frau, die Beraterin in einer öffentlichen Einrichtung war, wandte diese Methode sehr erfolgreich bei ihrer Arbeit an. Wann immer es ein Problem in den Beziehungen zwischen verschiedenen Abteilungen gab, scharte sie eine Gruppe von offenen, verantwortungsbewussten Angestellten um sich und sagte: »Lasst uns den Speisesaal (oder was auch immer) rosanebeln.« Und sie erhielt erstaunliche Resultate. Ich gebrauchte eine ähnliche Technik mit der Farbe Grün in einem Geschäft, in dem ich arbeitete. Als ich dorthin kam, war der Ort eine Mobbing-Hochburg und Gerüchteküche voller Verleumdungen, Beschwerden und unguter Gefühle. Nachdem ich drei Monate lang alle Büroräume mit grünem Licht durchdrungen hatte, waren sie angenehme Arbeitsplätze geworden. Eines Tages kam sogar der Chef auf mich zu und sagte: »Ich weiß nicht, woran es liegt, aber seit Sie bei uns arbeiten, läuft die ganze Firma besser als je zuvor.« Was meine Frau und ich – und die Menschen, die ich unterrichtet habe –, tun können, ist auch Ihnen möglich.

Das Projizieren von Farben eignet sich auch für eine Reihe von weiteren praktischen Anwendungen. Mit am wichtigsten ist die Projektion eines schützenden Einflusses. Viele Menschen leiden unter unnötiger Angst um ihre Lieben, wenn diese aus dem Haus sind; dies gilt insbesondere für Mütter in Bezug auf ihre Kinder. Anstatt so viel Energie mit Sorgen und Gedanken an all die schrecklichen Dinge zu vergeuden, die passieren könnten – was tatsächlich bedeutet, diese Dinge als eine Suggestion in die Welt zu senden –, finden Sie hier eine Technik, die Ihnen mehr Frieden ins Gemüt bringen wird, während sie gleichzeitig der Person, um die Sie sich sorgen, substantielle Hilfe bietet. Was tragen Sie dazu bei? Konzentrieren Sie sich auf ein Bild der Person und umgeben Sie diese gedanklich mit einer Wolke oder einem Nebel aus weißem oder goldenem Licht. Statt dass Sie sich krank sorgen und mit Ihren Vorstellungen möglicherweise Schaden anrichten, sind Sie nun in der Lage, positiv aktiv zu werden, wo immer die Person gerade sein mag. So einfach es auch klingt, so effektiv ist es. In vielen, vielen Fällen, die mir von meinen Schülern berichtet wurden, hat es Menschen entweder geholfen, schlimme Unfälle ganz zu vermeiden oder die Auswirkungen von unausweichlichen Situationen beträchtlich zu reduzieren. Und es hilft gewiss Ihnen, dem Sender, sich von falschen Vorstellungen eigener Hilflosigkeit frei zu machen.

Farbe ist nur ein kleiner Aspekt bei der Erschaffung von Gedankenformen. Wie die oben beschriebene Pantomimen lässt sich alles, was Sie sich innerlich bildhaft vorstellen, auch in der äußeren Welt mit guter Wirkung darstellen. Ich habe diese Methode der schöpferischen Arbeit mit Gedankenformen genutzt, um eine Wand zu errichten, die meine Katze daran hindert, in mein Schlafzimmer zu kommen; um einen Wolf zu erschaffen, der einen gemeinen Hund abschreckt; um Hunde aus der Ferne zu besänftigen, damit sie aufhören zu bellen; um eine wütende Menschenmenge zu beruhigen; um einen Parkplatz zu reservieren; um einen Wasserstrom umzulenken; um meinen ältesten Sohn beim Armdrücken zu schlagen; um eine ganze Menge Heilungen herbeizuführen und für viele weitere praktische Dinge. Doch es gelten hier die gleichen Regeln wie für die Telepathie. Was auch immer Sie erschaffen, muss von dem akzeptiert werden, den oder das Sie zu beeinflussen versuchen, sonst hat es keine Wirkung.

ZUSAMMENFASSUNG

1. Jeder kann mit sehr wenig Übung lernen, die Aura zu sehen.
2. Beweise für die Existenz der Aura liefern alte Kunstwerke, moderne wissenschaftliche Entdeckungen und persönliche Erfahrung.
3. Die Grundtechnik für das Aurasehen ist:
   a) Finden Sie einen glatten oder hellen Hintergrund;
   b) halten Sie Ihre Hand etwa 15 Zentimeter davor;
   c) richten Sie Ihren Blick in den Raum zwischen Ihren

Fingern und um die Fingerspitzen, achten Sie dabei auf ein verschwommenes, milchiges Licht und eine dunkle Linie unmittelbar am Umriss der Finger.

4. Die Grundtechnik zur Steigerung von Intensität und Ausdehnung der Aura sind einer oder auch alle Punkte der folgenden Liste:
   a) Machen Sie drei tiefe, langsame Atemzüge.
   b) Stellen Sie sich vor, dass Ihre Aura heller und größer wird.
   c) Stellen Sie sich eine Lichtkugel auf Ihrem Kopf vor, die Sie mit Energie erfüllt.
5. Die Grundtechnik zum Projizieren Ihrer Aura ist, sich bildhaft vorzustellen, wie diese etwas oder jemanden mit einer Farbe umgibt, die Ihrer Absicht entspricht.
6. Die Grundtechnik zum Erschaffen einer Gedankenform ist, sich lebhaft ein Objekt oder eine Szene in Ihrer äußeren Umgebung mit so viel dreidimensionaler Realität vorzustellen, wie Sie aufbieten können, und mit der starken Zielsetzung auszustatten, etwas zu bewerkstelligen.

KAPITEL 8
DIE WIRKLICHKEIT DER TELEKINESE

Zu den berühmtesten Stellen in Science-fiction- und Fantasy-Filmen gehören Szenen, in denen Akteure ihre Fähigkeit unter Beweis stellen, Gegenstände allein mit Gedankenkraft zu bewegen oder zu heben. Damit das dramatischer wirkt, deutet der jeweilige Held gewöhnlich pathetisch mit dem Finger oder der Handfläche in die Richtung des betreffenden Gegenstandes. (Sonst wüssten die staunenden Zuschauer im Kino schließlich nicht, wer das Kunststück gerade vollbringt). Ist dies nur eine weitere Methode, populäres Wunschdenken zu bedienen, oder handelt es sich um eine reale Fähigkeit, die entwickelt werden kann? Ich denke, es ist von beiden etwas.

Der in unserer Zeit für dieses Phänomen am häufigsten gebrauchte Begriff ist »Psychokinese«, das bedeutet: »etwas mit Gedankenkraft bewegen«. Dieses Wort (auch PK abgekürzt) wurde 1914 von dem Schriftsteller Henry Holt geprägt und 1934 von dem Botaniker und Parapsychologen Joseph Banks Rhine für dessen berühmte Experimente über mentalen Einfluss beim Würfeln verwendet. Meine eigenen Erfahrungen haben mich allerdings dazu geführt, den älteren Begriff »Telekinese » (TK) zu benutzen, der 1890 von einem russischen Forscher namens Alexander N. Aksákow eingeführt wurde. Er bedeutet »Fernbeeinflussung«, impliziert aber nicht, dass hier Gedankenkraft allein am Wirken ist. Ungeachtet meiner Wahl ist keiner dieser Begriffe angemessen, um ein Gebiet abzudecken, das Levitation, Metallbiegen ohne Muskel- oder mechanische Kraft und Poltergeist-Effekte einschließt sowie viele Arten der Fernbeeinflussung, darunter das Heilen ohne den Einsatz physikalischer Substanzen oder Gegenstände.

Die wissenschaftliche bzw. objektive Weltsicht tut sich entsetzlich schwer mit der ganzen Idee von Telekinese, weil diese offenkundig der Gesetze klassischer Physik spottet. Andererseits gab es eine Zeit, in der das Fliegen von Objekten, die schwerer sind als Luft, der Hundertmeterlauf in zehn Sekunden und der Flug zum Mond ebenfalls als unvereinbar mit den Gesetzen der Physik galten. Tatsächlich hoffe ich, Sie in diesem Kapitel davon zu überzeugen, dass TK auch innerhalb der Gesetze der Physik durchaus Raum hat.

Obwohl einige Wissenschaftler das Phänomen Telekinese als »real« akzeptieren, wollen es viele andere nur auf Betrug, Fehlwahrnehmung oder eine Art von Halluzination oder Massenhypnose zurückführen (wobei die beiden letzteren Kategorien eklatant unwissenschaftliche »Erklärungen« sind).

Trotz der Tatsache, dass wir nun mit Annahmen der zweiten Ebene arbeiten anstatt mit jenen der ersten, muss das Thema Schwindel doch gewürdigt werden. Die moderne Bühnen- und Straßenmagie ist sehr verfeinert worden, und professionelle Illusionisten können viele echte ASW-Talente nachahmen. So können Sie zum Beispiel die Techniken und Requisiten zur Erzeugung einer Illusion von Levitation online bei www.levitation.org kaufen, und die damit zu erzielenden Resultate sind recht überzeugend. Doch dass Sie die Illusion einer wachsenden Blume mit Zaubertricks erzeugen können, bedeutet nicht, dass Blumen nicht wachsen. Sie können auch eine »anerkannte« Art von wissenschaftlicher Levitation mit Hilfe von Supraleitern finden – auf www.fys.uio.no/super/levitation. Doch auch hier gilt: Der Umstand, dass Sie einen Effekt erzeugen können, indem Sie Annahmen der objektiven Ebene nutzen, bedeutet nicht, dass Sie nicht einen ähnlichen Effekt unter Zugrundelegung von Annahmen einer anderen Weltsicht herbeiführen können.

Einer der Einwände der Wissenschaftler gegen das Erzeugen von TK-Effekten durch Geisteskraft ist, das Gehirn – und viele Wissenschaftler glauben, das Denken sei nichts weiter als ein Nebenprodukt des Gehirns – gebe nicht genug Energie ab, man könne sie nur bis etwa einen Meter vom Körper entfernt messen. Die Schlussfolgerung lautet daher, dass die Erzeugung von TK-Phänomenen durch Gedankenkraft den Gesetzen der Physik widerspricht. Das Problem hier hat nichts mit den Gesetzen der Physik oder gar der objektiven Weltsicht zu tun. Das Problem ist eine Folge beschränkten Denkens.

In einigen meiner Workshops demonstriere ich die Kraft des Geistes über die Materie auf ganz einfache, nämlich folgende Weise: Ich bitte jemanden, mir einen Bleistift zu geben, und dann sage ich: »Ta dah! Mit der Kraft meines Geistes habe ich bewirkt, dass dieser Bleistift in meiner Hand erschienen ist.« Gewöhnlich ernte ich damit einen Lacherfolg, aber es ist kein Witz. Es hat alles mit der Physik der Energie zu tun. Zu behaupten, der Geist besitze nicht genug Energie, um ein Objekt über Distanz zu beeinflussen ist, als sagte man, dass ein Streichholz nicht genug Energie besitze, um einen Wald niederzubrennen. Natürlich hat das Streichholz *an sich* nicht genug Energie, um einen Wald niederzubrennen, aber es braucht ja nicht mehr zu tun, als ein kleines Feuer zu entzünden, und dieses kleine Feuer vermag etwas zu entzünden mit der Kraft, ein größeres Feuer zu entfachen, und so weiter und so weiter. Das Streichholz brennt den Wald nicht nieder, aber der Wald brennt nieder aufgrund des Streichholzes.

In meinem Workshop-Beispiel erzeugen einige wenige einfache, gedanklich ausgerichtete Wörter eine schwache kleine Schallwelle in der Luft, die sehr wenig Energie hat. Aber diese Welle reicht über die Entfernung zu einem Ohr und löst ein gedankliches Muster der Kooperation aus, das emotionale Energie anregt, welche die Bewegung von Muskeln anregt, die dazu führt, dass sich eine Hand ausstreckt, um mir einen Bleistift zu geben.

Telekinese funktioniert auf die gleiche Weise. Mentale Energie regt emotionale Energie an, die wiederum andere Arten von Energie beeinflusst. Nach meiner Erfahrung ist emotionale Energie der entscheidende Faktor. Nachdem das geklärt ist, wollen wir nun einige der Phänomene betrachten, die man mit Telekinese assoziiert.

LEVITATION

Im Rahmen der zweiten Weltsicht bezieht sich Levitation generell auf die Fähigkeit des Menschen, eine andere Person, sich selbst oder einen Gegenstand ohne direkten körperlichen Kontakt oder den Einsatz irgendwelcher physikalischer Mittel vom Boden zu heben. Ich halte diese Definition jedoch für zu eng begrenzt. Mir erscheint es sinnvoller, jede Art von Heben und Abheben einzubeziehen, die über das hinausgeht, was wir normalerweise von Muskelkraft allein erwarten können.

Nach meiner wohl überlegten Meinung sind einige der besten Beispiele von Levitation in der heutigen Zeit auf den Basketball-Spielfeldern der Profis und bei einigen Ballett-Künstlern zu finden. Wenn Sie daran den geringsten Zweifel hegen, empfehle ich Ihnen, Basketball-Videos aus den sechziger Jahren mit denen von heute zu vergleichen. Ich denke, die Bilder werden für sich sprechen.

Es gibt viele Berichte über Fälle von Levitation aus aller Welt, die Mystikern, Schamanen, Zeremonialmagiern und Spiritualisten zugeschrieben werden, aber wenn Sie den Berichten auf den Grund gehen wollen, sind die Quellen sehr schwer zu fassen oder zu verifizieren. Auf allen meinen Reisen um die Welt bin ich keinem einzigen Menschen begegnet, der einfach vom Boden abheben und in der Luft schweben konnte, solange er/sie wollte. Dass ich es nicht selbst gesehen habe, bedeutet natürlich nicht, dass es nicht geschieht, aber nur erstaunlich wenige Menschen haben berichtet, Zeuge solcher Vorgänge geworden zu sein.

Aus diesem Grunde werde ich meine Beispiele und Techniken auf das zu beschränken haben, was ich den »Levitations-Effekt« nennen möchte. Dabei beziehe ich mich auch auf Fälle, über die ich andernorts berichtet habe.

Aus dieser Kategorie werde ich sechs Beispiele aufführen, von denen drei einfach zu kopieren sind.

Der Kampf, der stattfand: Als Feldwebel im US-Marineinfanteriekorps war ich zuständig für einen Arbeitstrupp, der Gräben auszuheben hatte. Einer der Männer war ein Faulpelz mit frechem Mundwerk, der Befehle nicht befolgte. Nach einer besonders provozierenden Bemerkung gab ich ihm plötzlich einen Kinnhaken. In meiner Erinnerung an den Zwischenfall fühlte es sich an, als berührte meine Faust sein Kinn nur ganz leicht. Auf jeden Fall aber hob sein ganzer Körper vom Boden ab und flog etwa zwei Meter rückwärts, wo er auf dem Rücken landete. Dann sprang der junge Mann ohne erkennbaren Schaden auf und kam mit einer Schaufel auf mich zu. Die ganze Sache endete, ohne dass jemand verletzt wurde.

Der Kampf, der nicht stattfand: Als ich nach Beendigung des Militärdienstes im zweiten Jahr auf dem College war, teilte ich eine Wohnung mit zwei anderen jungen Männern. Einer von ihnen hatte sehr störende Gewohnheiten. Eines Nachts, als ich lernen wollte, musste er unbedingt neben mir sitzen und geräuschvoll seine Kartoffelchips verzehren. Nach mehreren Versuchen, ihn höflich zum Aufhören zu bewegen, sprang ich von der Couch auf und schrie ihn wütend an. Er sprang auch hoch, und während wir uns anbrüllten, bewegte er seine Faust in Richtung meines Brustkorbs, als wollte er mich stoßen. Wie ich mich erinnere, war ich emotional sehr geladen, und bevor seine Faust mich berührte, flog ich in einer waagerechten Linie rückwärts durch den Raum etwa drei Meter von ihm fort. Er wurde plötzlich still, wandte sich um und verließ den Raum. Ich spürte ein intensives Kribbeln in und um meinen Körper, und es dauerte sehr lange, bis es verschwand.

Der Ein-Zoll-Hieb: In Kalifornien – mein ältester Sohn war gerade etwa zwölf Jahre – beschäftigte ich mich mit der Kampfkunst von Bruce Lee und beschloss, mit seiner »Ein-Zoll-Hieb«-Technik zu experimentieren. Diese beruhte auf der Fähigkeit, all seine Energie auf eine Faust zu konzentrieren und die Faust nur einen Zoll weit in Richtung des Gegners zu bewegen und diesen dadurch rückwärts umzuhauen. Meinen Sohn, der mir als Sparringpartner diente, ließ ich ein dickes Telefonbuch vor den Bauch halten, als ich vor ihm stand. Ich konzentrierte meine Energie in meine rechte Faust, bewegte sie rasch einen Zoll auf das Buch zu, und der Junge flog von den Füßen und etwa anderthalb Meter weit nach hinten auf den Rücken, wurde dabei aber nicht verletzt. In meiner Erinnerung bleibt der Eindruck, das Telefonbuch kaum berührt zu haben.

Stuhlheben in der Gruppe: Es gibt viele Varianten, diesen Effekt zu erreichen. Ich erwähne nur eine der einfachsten und wirkungsvollsten. Statt Ihnen eine Geschichte zu erzählen, beschreibe ich den Vorgang als eine Reihe von Schritten, so dass Sie es ebenfalls ausprobieren können. Sie brauchen dazu fünf Personen.

1. Stellen Sie einen Stuhl mitten auf eine freie Fläche. Nehmen Sie einen Stuhl mit vier Beinen, der unter jeder Ecke der Sitzfläche genügend Platz bietet, dass ihn man ihn dort mit zwei Händen fest greifen kann. Der Stuhl soll leicht genug sein, dass ihn eine Person ohne Schwierigkeiten heben kann.
2. Wählen Sie eine mittelgroße Person, Mann oder Frau, die sich auf den Stuhl setzt. Allgemeine Richtlinie: Je schwerer der Stuhl, desto leichter die Person – und umgekehrt.
3. Lassen Sie zwei Frauen den vorderen Teil des Stuhles unter dem Sitz fassen und zwei Männer den hinteren Teil.
4. Fordern Sie die vier Personen, die den Stuhl unter den Ecken halten, auf, den Stuhl zu heben, und achten Sie darauf, wie hoch sie ihn heben.
5. Fordern Sie die vier Heber auf, den Stuhl wieder abzusetzen, sich aufzurichten und sich an einen sehr glücklichen Augenblick in ihrem Leben zu erinnern. Sie brauchen ihnen dafür nicht mehr als zehn bis fünfzehn Sekunden Zeit zu geben. Wenn Sie mögen, können Sie diese Aufforderung auch an die auf dem Stuhl sitzende Person richten.

6. Fordern Sie die vier Heber nun plötzlich auf, sich vorzubeugen und den Stuhl erneut emporzuheben. Achten Sie darauf, wie hoch der Stuhl dieses Mal gehoben wird. Fragen Sie alle beteiligten Personen, was sie dabei erlebt haben.

Fast immer wird der Stuhl beim zweiten Mal deutlich höher gehoben, und fast immer wird jeder Beteiligte sagen, der Stuhl habe sich sehr viel leichter angefühlt. Bei manchen Vorführungen dieses Phänomens wird mit schwerem Atmen gearbeitet, um die Energie zu erhöhen, aber ich finde, dass positive Emotionen besser und schneller wirken.

Einfaches Heben: Dies können Sie selbst tun oder von einer Gruppe durchführen lassen. Nehmen Sie einen Gegenstand von 2–4 Kilo Gewicht und heben Sie ihn ohne irgendeine Vorbereitung. Dann denken Sie an einen glücklichen Moment in Ihrem Leben und heben Sie den Gegenstand erneut. Je glücklicher das Gefühl, desto drastischer der Unterschied.

Hampelmann: Stellen Sie sich unter etwas, das etwa dreißig Zentimeter höher ist, als Sie aus dem Stand reichen können – zum Beispiel die Zimmerdecke. Springen Sie hoch und versuchen Sie es zu berühren. Nun freuen sie sich, so sehr Sie können, über irgend etwas Gutes, und springen Sie erneut. Achten Sie auf den Unterschied. Er wird meist beträchtlich sein, abermals abhängig von der Intensität des Gefühls.

METALL BIEGEN

Dies habe ich viele Male erlebt, selbst getan und es anderen in Workshops, Gruppen und individuellen Sitzungen beigebracht. Meine Theorie über den Faktor emotionale Energie habe ich aus meinen Erlebnissen mit diesem Phänomen gewonnen.

Vor etlichen Jahren konnte ich mit einem emotional geplagten jungen Mann arbeiten. Er war, was man in der Parapsychologie ein »PK- (oder TK-) Medium« nennt, also jemand, in dessen Umgebung poltergeistartige Phänomene auftreten. Sein Vater lehrte Löffelbiegen, was möglicherweise ein Grund dafür war, dass das Talent dieses jungen Mannes die Züge annahm, die es nun zeigte.

Als ich das Zuhause des jungen Mannes besuchte, erlebte ich zwei Beispiele von »Poltergeist«-Aktivität. Einmal, während eines Wutanfalls, klappten die dicken Stäbe eines gusseisernen Kamingitters und die gusseisernen Werkzeuge, die dazu gehörten, um, als wären sie aus Lakritze. Der zweite Fall ereignete sich, als der junge Mann mit seiner Freundin telefonierte und sie eine Verabredung absagte. Als er den Hörer aufknallte, ertönte ein lautes, krachendes Geräusch aus der Küche. Auf den ersten Blick war dort nichts Ungewöhnliches zu finden, aber dann zeigte sich, dass sämtliche Küchenutensilien in drei Schubladen verbogen waren. Die Gegenstände in der Schublade, die dem Telefon am nächsten war, waren nur ein wenig verbogen, die in der nächsten Schublade waren stark verbogen, und die Gerätschaften in der dritten Lade waren wieder nur ein wenig verbogen. Als alle drei Schubladen geöffnet waren, sah die Wirkung wie eine Welle aus. Damals begann ich, die Theorie zu entwickeln, dass bei solchen Phänomenen emotionale Energie beteiligt war und diese in Wellen von dem Individuum ausging; stärkere Emotionen erzeugten Wellen höherer Amplitude.

In der Zeit, als ich dem jungen Mann half, seine Emotionen neu auszurichten, rief er mich einmal in sein Zimmer, um mir etwas zu zeigen. Er saß auf dem Fußboden und hielt das Ende eines dicken, etwa 30 cm langen Stabes aus gehärtetem Kupfer in der Hand. Vor meinen Augen starrte er den Stab an, der langsam nachzugeben begann und bald herabhing, als wäre er ganz weich geworden. Hätte ich nicht von der starken emotionalen Energie des jungen Mannes gewusst, hätte es den Anschein gehabt, als gebrauchte er lediglich seine Gedankenkraft. Er wurde schließlich ein Heiler und danach – seine emotionalen Probleme waren gelöst – verschwand sein Talent; er heiratete und führte ein normales Leben.

Mir selbst ist es noch niemals gelungen, Metall mit purer Emotion zu biegen. Wie die meisten Löffelbieger gab ich ein klein wenig physischen Druck hinzu. Es war ein seltsames Erlebnis: Obwohl ich aufgefordert worden war, über das Metall zu streichen und zu bitten, dass es sich biege, stellte ich fest, dass das nicht notwendig war. Nötig war vielmehr, dass ich den Pegel meiner emotionalen Energie erhöhte. Während ich den Löffel, die Gabel oder das Messer hielt und meine Aufmerksamkeit und Energie darauf konzentrierte, wurde das Besteck plötzlich und schubartig weich, so dass ein nur leichter Druck meiner Finger bewirkte, dass es sich bog. Dann wurde das Metall plötzlich wieder hart, und ich musste meine emotionale Intensität von neuem aufbauen, bis es plötzlich wieder weich wurde und ich es weiter biegen konnte.

Als Resultat vieler Experimente kann ich festhalten, dass sich Silber am leichtesten biegt, dann folgt Kupfer und schließlich Stahl. Interessanterweise entspricht diese Reihenfolge auch der abnehmenden elektrischen Leitfähigkeit. Wenn ich nicht genug echtes Silber für einen Kurs finden konnte, den ich geben wollte, verwendete ich eine gehärtete Kupferlegierung in Form von Balkenschuhen, wie sie bei Zimmerleuten gebräuchlich ist; sie erfüllte ihren Zweck sehr gut. Ich erinnere mich an die schockierte Miene eines Mannes, der seine süße, sanfte Frau nach dem Workshop abholte, als sie ihm ihr gründlich verbogenes Stück gehärteten Kupfers zeigte, das er mit überlegener Körperkraft nicht zu biegen vermochte.

GEGENSTÄNDE BEWEGEN

Lassen wir die Fähigkeit außer acht, jemand anderes zu bitten, einen Gegenstand zu bewegen, treffen wir nur selten auf die Gabe, Objekte ohne Berührung zu bewegen. Meistens geschieht dies eher unabsichtlich und spontan.

Bei den bekanntesten Fällen spontaner Telekinese spielt sogenannte Poltergeist-Aktivität eine Rolle. Wie diese Bezeichnung verrät, machte man für das Geschehen irgendwelche Gespenster verantwortlich. Viele Forscher auf dem Gebiet der Parapsychologie – ich selbst eingeschlossen – sind heute der Überzeugung, dass die plötzliche und oft heftige Bewegung von Objekten auf ein PK-/TK-Medium zurückzuführen ist, eine bestimmte Person, die stets in der Nähe ist, wenn das Phänomen eintritt. Gewöhnlich handelt es sich um einen Jungen oder ein Mädchen etwa im Alter der Pubertät, aber es sind auch Fälle bekannt, an denen viel jüngere oder viel ältere Menschen beteiligt waren. Während die vorgenannten Forscher zu der Aussage tendieren, dass das Ereignis »auf unbekannte Weise« eingetreten sei, hege ich persönlich die Überzeugung, dass es durch eine plötzliche, unbewusste Freisetzung emotionaler Energie herbeigeführt wurde.

Typische Effekte sind, dass Gegenstände in der Umgebung der Person klappern, irgendwo herunterfallen oder sogar schnell in alle Richtungen wegfliegen. Ich kenne jedoch auch einen Fall, bei dem keine Gegenstände von dem Medium fortflogen, sondern Steine das Haus, in dem es sich aufhielt, von außen und von allen Seiten bombardierten.

Vermutlich gab es nur eine Person, die als PK-/TK-Medium begann und lernte, den Prozess bewusst zu beherrschen und zu steuern: die Russin Nina Kulagina (1926–1990). Sie bemerkte, dass Gegenstände in ihrer Nähe klapperten und um- oder herabfielen, wenn sie selbst in gereizter Stimmung war, und entschied für sich, dass dieser Effekt von ihr kam und nicht von irgendjemand oder irgendetwas anderem. Von da an begann sie diese Auffälligkeit bewusst zu einer Fertigkeit zu entwickeln. Viele Male stellte sie ihre Fähigkeit unter Beweis, Gegenstände bewusst zu bewegen, ohne sie zu berühren. Einige dieser Demonstrationen fanden unter strengster Kontrolle statt, um Betrug und Taschenspielerei auszuschließen, manche wurden zusätzlich gefilmt. Wissenschaftler der objektiven Weltsicht bestanden – und bestehen – immer noch darauf, dass es Betrug gewesen sein müsse, und TK-Forscher sagen beharrlich, dass Frau Kulagina es »nur mit ihrer Gedankenkraft« bewerkstelligt habe. Wenn Sie jedoch Berichte über das tatsächliche Geschehen aufmerksam lesen, können Sie sich dem Eindruck nicht entziehen, dass noch etwas anderes beteiligt war.

Zeugen schilderten, dass Nina Kulagina Stunden der Vorbereitung brauchte, um ihren Geist freizumachen und zu konzentrieren. Sie wusste, dass sie für die Experimente bereit war, wenn sie einen stechenden Schmerz in der Wirbelsäule spürte und ihre Augen verschwammen. Gleichwohl war alles, wozu sie in ihren eigenen Demonstrationen jemals fähig war, die berührungslose Bewegung kleiner Gegenstände auf einer Fläche über eine kurze Entfernung. So bemerkenswert ihre bewusst gelenkte Fähigkeit auf ihre Weise auch war, erreichte sie doch niemals die Dimensionen ihrer unbewussten Wirkungen.

PERSÖNLICHE ERLEBNISSE

Meine eigenen Erlebnisse mit Gegenständen, die sich auf physikalisch unerklärliche Weise bewegen, sind recht begrenzt, aber eindeutig. Unter meinen Familienmitgliedern hat nur mein jüngerer Bruder etwas derartiges zu berichten. Er war einmal, erzählte er mir, bei einem Treffen und wollte unbedingt einen bestimmten Brief, der auf dem Konferenztisch außer seiner Reichweite lag. Augenblicklich flog das Papier in seine Hand. Keine der anderen Personen am Tisch schien es bemerkt zu haben.

An ein wirklich spontanes, eigenes Erlebnis kann ich mich jetzt nicht erinnern. Einem Fall von Telekinese am nächsten kommt wohl ein Erlebnis mit einem Crookes-Strahlungsmesser, den ich für TK-Experimente erwarb. Für den Fall, dass Sie solche Geräte nicht kennen: Ein Crookes-Radiometer (auch Lichtmühle genannt) ist ein hermetisch versiegelter, luftleerer Glaskolben. In seinem Inneren befindet sich ein reibungsarm drehbar gelagertes Flügelrad, dessen vier dünne, metallene Propellerflügel einseitig geschwärzt sind. Wenn Sonnenlicht, Blitzlichtstrahlen, Infrarotlicht oder Wärmestrahlung auftreffen, bewirken Temperaturunterschiede zwischen den sich schneller erwärmenden schwarzen und den kühleren weißen Flächen einseitige Rückstoßkräfte, so dass sich das Flügelrad wie ein Propeller dreht. Legt man seine warmen Hände auf den Glaskolben, kann der gleiche Effekt eintreten; hält man die Hände jedoch wenige Zentimeter von dem Glasgefäß entfernt, rührt sich das Flügelrad nicht. Ich hatte schon einige Zeit versucht, den Propeller rotieren zu lassen, ohne die Lichtmühle zu berühren, doch ohne Erfolg. Dann stand ich eines Tages zufällig etwa 30 Zentimeter von dem Strahlungsmesser entfernt, als ich eine äußerst aufregende Neuigkeit erfuhr. Meine innere Bewegung war so stark, das ich glaubte zu bersten, als ich mich plötzlich umdrehte und auf das Radiometer blickte: Das Flügelrad begann zu rotieren! Dieser Effekt hielt weniger als eine Minute an, war aber dramatisch.

Mehr Glück hatte ich mit einem andern Gegenstand. In einem geschlossenen, zugfreien Raum von etwa vier mal fünf Metern hängte ich mit einem Nylonfaden eine leichte Figur eines Pelikans an einen Dachsparren. Die Flügelspannweite des Vogels betrug knapp 30 Zentimeter. Etwa zwei Meter entfernt auf einem Stuhl oder auf dem Fußboden sitzend, brachte ich nach einiger Übung den Vogel dazu, sich langsam in eine Richtung zu drehen und dann in die entgegengesetzte Richtung, bevor der Faden sich ganz aufgedreht hatte. Meine Technik, wenn man es so nennen kann, bestand darin, mich sehr zu entspannen, mich sehr zu konzentrieren und dann zu wollen, dass der Vogel sich bewegte – immer behutsam darauf achtend, dass sich kein Muskel verspannte.

Die allerbesten Erlebnisse brachte mir die Lektüre eines Buches von Claude M. Bristol mit dem Titel *The Magic of Believing* (Pocket Books, 1948)*. Im Kapitel 2 dieses Buches beschreibt der Verfasser eine extrem simple Vorrichtung für eine TK-Demonstration, deren Effektivität mich verblüffte. Ich änderte seine Anordnung ein wenig, um die Sache tragbar zu machen, und verwendete sie in Schulen und im Fernsehen. Jahre später stieß ich auf eine fertig käufliche Version, die gleich gut funktionierte, doch ich weiß nicht, ob sie noch im Handel ist. Mein simpler Aufbau von damals kann jedenfalls bis heute von jedermann genutzt werden. Hier ist die Anleitung:

1. Beschaffen Sie sich einen Pappbecher mit flachen Boden. Wenn er einen kleinen Wulst um den Rand hat, ist das auch in Ordnung.
2. Stellen Sie den Becher umgekehrt auf eine flache Oberfläche.
3. Schneiden Sie aus Papier ein Quadrat von etwa 8 Zentimeter

* dt. Ausgaben: *Die Macht des Glaubens* (1987), *Entdecke Deine mentalen Kräfte* (1991), München: Peter Erd (vgr.)

Kantenlänge. Normales 80-Gramm-Schreibmaschinen- oder Kopierpapier ist gut geeignet.

4. Falten Sie das Papier auf der gleichen Seite zweimal von Ecke zu Ecke (also diagonal), so dass Sie am Ende so etwas Ähnliches wie die Spitze eines quadratischen Zelts erhalten.
5. Nehmen Sie eine Pin-Nadel und stellen Sie diese mit der Spitze nach oben auf den Boden des (umgedrehten) Bechers. Legen Sie das Papierzeltchen mit dem Kreuzungspunkt der Diagonalfalten auf die Spitze der Nadel. (Ende der Vorbereitungen)

Dieser Aufbau soll in einer komfortablen Höhe auf einem Tisch oder Schreibtisch vor Ihnen stehen. Legen oder halten Sie nun die Hände mit den Handflächen nach innen rechts und links in etwa zehn Zentimeter Abstand von dem Papierzeltchen. Halten Sie den Mund geschlossen und atmen Sie sehr behutsam, damit der Luftstrom Ihres Atem das Papier nicht versehentlich bewegt. Wenn sich das Papier tatsächlich zu bewegen beginnt, werden Sie den Unterschied zwischen der Atembewegung und der Energiebewegung eindeutig spüren.

Bei manchen Menschen beginnt das Papier augenblicklich zu rotieren, manchmal mit einem kleinen Schwanken. Bei anderen rührt es sich gar nicht, wie sehr sie sich auch anstrengen. Bei wieder anderen rotiert es kurz und bleibt dann stehen, oder es dreht sich ein wenig in die eine Richtung und wechselt dann in die andere.

Muskelentspannung ist entscheidend wichtig, doch Sie können auch hin und wieder schnell Ihre Muskeln anspannen und damit einen kurzen Bewegungsschub bewirken. Ich habe es als sehr hilfreich erlebt, eine kurze Pause einzulegen und umherzugehen, tief zu atmen und sich über etwas zu freuen, bevor man es erneut versucht. Mit zunehmender Übung gelingt es Ihnen immer besser, das Papier in beide Richtungen rotieren zu lassen. Für die drei wichtigsten Faktoren halte ich Muskelentspannung, emotionelle Erregung und die Fähigkeit, seinen Willen zu konzentrieren, ohne sich zu verspannen.

Gut, jetzt können Sie also ein Stück Papier rotieren lassen – na und?

Es hat keinen großen Wert, Löffel zu verbiegen oder ein Papierzeltchen rotieren zu lassen, aber es hat einen großen Wert, die dabei erwiesenen Fähigkeiten für andere Zwecke zu nutzen.

Anstatt Ihre Zeit mit Versuchen zu vergeuden, Dinge mit bloßer Gedankenkraft zu bewegen (was nicht funktioniert) oder allein mit Ihrer emotionalen Energie – was in begrenztem Maße funktioniert, solange Sie nicht eine extrem starke Emotionalität heraufbeschwören können, welche dann wiederum schwer zu kontrollieren ist –, brauchen Sie nichts weiter zu tun, als den Zauber der physischen Energie einzubeziehen.

Das ist nämlich, was die meisten Menschen beim Löffelbiegen tun. Wenn man es richtig anstellt, erweicht die emotionale Energie das Metall so weit, dass ein klein wenig physischer Druck ausreicht, damit es sich biegt. Das Gleiche geschah beim Stuhlheben, beim Heben von Gegenständen allgemein und beim »Hochsprung mit Nachhilfe«. Ich schlage Ihnen deshalb vor, dass Sie lernen, gedanklich ausgerichtete, emotionale Energie zu irgendeiner körperlichen Aktivität hinzuzugeben, die Sie mit solcher Nachhilfe unterstützen wollen. Hier ist eine kurze Liste von Nutzanwendungen, bei denen sich diese Vorgehensweise bewährt hat:

- Ich schob gemeinsam mit einer Gruppe von Leuten mit Unterstützung durch emotionale Energie ein Auto steil bergauf, das wir mit vereinten Körperkräften nicht von der Stelle bewegen konnten,
- zog beim Roden junge Bäumchen aus der Erde und warf schwere Wurzeln auf einen fernen Stapel – über Stunden und ohne Erschöpfung,
- öffnete schwer zu öffnende Behälter und Gläser mit Leichtigkeit,
- reparierte ein Autoradio durch Aufladen des Kondensators mit emotionaler Energie,
- wendete es bei Tausenden von Heilbehandlungen an,
- gewann einen Wettbewerb im Armdrücken durch Erschaffen der

Gedankenform eines Atom-Motors, der meinen Arm mittels Titanstahlstreben zu meinem Handgelenk mit Leichtigkeit herüberzog,
- gewann einen Kanuwettbewerb durch Konzentration von emotionaler Energie in ein Paar Gedankenform-Delphine, die uns zum Ziel schoben,
- gewann fast beim Hufeisenwerfen. Bei diesem Spiel werfen die Teilnehmer echte Hufeisen um die Wette zu einem Stab in der Erde. Die Hufeisen, die dem Stab am nächsten landen, bringen Punkte ein, und wenn sie gar so landen, dass sie den Stab umringen, gewinnt man zusätzliche Punkte.

Das letzte Beispiel stellt uns vor eine moralische Frage. Ist der Versuch ethisch, bei einem sportlichen Ereignis mit Hilfe von Wissen, das der andere Spieler vielleicht nicht besitzt, diesen dazu zu bringen, einen Fehler zu begehen? Bei sehr vielen Sportarten geschieht das durch Zurückhalten von Wissen, das dem anderen Spieler nützlich sein könnte – aber wie steht es mit einem aktiven Einsatz von Wissen, das die Gewinnchance des Konkurrenten schmälert? Mir ist durchaus bewusst, dass so etwas in Kontaktsportarten wie Kampfsport und Boxen fraglos ständig praktiziert wird, aber was ist mit den anderen sportlichen Disziplinen?

Lassen Sie mich meine Gedanken anhand des oben erwähnten Hufeisenspiels näher erläutern. Ich spielte in einer Gruppe von Fremden und einigen Leuten, die ich kannte, wenn auch nicht gut. Da ich schon seit mindestens zwanzig Jahren keine Hufeisen mehr geworfen hatte, beschloss ich, etwas TK einzubeziehen, ohne mein Vorhaben hinauszuposaunen.

Jedes Mal, wenn ein anderer Spieler sich anschickte, ein Hufeisen zu werfen, konzentrierte ich meine Aufmerksamkeit und Energie unmittelbar vor dem Wurf auf die Wurfhand der Person und gab ihr gedanklich eine kleine Ablenkung. Ich tat das nicht die ganze Zeit, aber jedes Mal, wenn ich diesen Ablenkungsimpuls aussandte, kam das Hufeisen deutlich vom Kurs ab. Der entscheidende Faktor war dabei das Maß der Konzentration des anderen Spielers. Die meisten Menschen, die auf einem Gebiet keine Experten sind, konzentrieren sich nicht sehr gut, ganz gleich, was sie tun. Doch mein »Talent« funktionierte nur, wenn ich den Drall im letzten Augenblick vor dem Loslassen des Hufeisens einbrachte; in diesem Moment war die physische Kraft der Spieler am größten und ihre Konzentration am schwächsten. Genau an diesem Punkt sprachen sie am besten auf meine Ablenkung an – und ein kleines Zucken des Handgelenks ließ das Hufeisen sein Ziel etwas weiter verfehlen.

Wir spielten in Paaren, und ich machte meine Sache sehr gut. Nicht nur »half« ich meinen Konkurrenten, ihr Ziel zu verfehlen, sondern ich bündelte auch einen Strahl von Energie, dem mein Hufeisen folgen sollte, und gewann auf diese Weise mehr »Ringe« als je zuvor in meinem Leben.

Doch die letzte Runde hatte ich mit einem Champion im Hufeisenwerfen zu bestreiten. Nichts, was ich tat, vermochte dessen Konzentration zu beeinträchtigen, und am Ende gewann er das Spiel um einen Punkt, weil er einfach der bessere Spieler war.

Deshalb habe ich beschlossen, mein ethisches Dilemma aufzulösen, indem ich Ihnen nun das Geheimnis enthülle, wie Sie der TK-Nachhilfe entgegenwirken können, sollte diese jemals gegen Sie gerichtet sein: Halten Sie Ihre Zuversicht, Ihre Präsenz und Ihre Konzentration aufrecht, und der TK-Einsatz zeigt bei Ihnen keine Wirkung. Sollten Sie aber jemals gegen mich spielen … dann werden wir feststellen, wie gut Sie geübt haben!

TEIL III

VERÄNDERN DER WIRKLICHKEIT IN DER SYMBOLISCHEN WELT

LEBEN

Ich schritt auf den gepflasterten Pfaden
Eines Tempels in Tibet,
Opferte der Göttin Isis auf dem Nil;

Als Maya-Priester trug ich Federn,
Betete zu Sonn' und Mond,
Macchu Picchu war einmal mein Ziel.

Unter den Göttern des alten Hawaii
Gebot ich Feuer und Regen,
In Atlantis war ich tapfer wie nie.

Als Alchemist in Österreich
verwandelte ich Blei in Gold,
Und in China studierte ich Tao und Chi.

Alle Leben, die ich lebte, und
All die Erinnerungen, die ich wahre,
Warten in mir, bis ich sie befreie;

Und vielleicht geschieht das alles
Und vielleicht auch nichts davon,
Und ich träum' nur ein neues Ich in die Reihe.

Serge Kahili King, 1974

KAPITEL 9
REISEN IM LAND DER TRÄUME

Träume sind nichts weiter als atmosphärische Störungen im Gehirn, unverdaute Überreste der realen Geschehnisse von gestern oder dramatisierte Ängste und Wünsche; ihnen Aufmerksamkeit zu schenken, ist größtenteils Zeitschwendung – so die objektive Wirklichkeit. Träume sind Erinnerungen aus der Vergangenheit, Offenbarungen der Zukunft, Pforten zur Gedankenkontrolle oder Botschaften von Geistführern – so die subjektive Wirklichkeit.

Folgen wir jedoch den Annahmen der symbolischen Wirklichkeit, dann sind Träume offenbar Symbole. Symbole wovon? Symbole der Wirklichkeit, natürlich. Und da die Grundannahme dieser Weltsicht lautet, dass alles Symbol ist, ist Wirklichkeit ein Symbol, und Symbole sind Wirklichkeit. Deshalb ist unsere ganze alltägliche Welt symbolisch – und Träume sind wirklich.

WIE WIRKLICH IST WIRKLICH?

Eine der kleinen geistigen Herausforderungen, die ich gerne in einige meiner Workshops einstreue, ist die Aufforderung, jedermann möge sich an einen Traum erinnern. Dann bitte ich alle, sich an einen Urlaub zu erinnern. Dann fordere ich dazu auf, mir den Unterschied zwischen den beiden Ereignissen *als Erinnerungen* zu beschreiben und dabei Inhalt und Emotionen außer acht zu lassen. Ausnahmslos erhalte ich die Antwort: Als Erinnerungen betrachtet, unterscheiden sie sich nicht. Dies stellt uns vor die Frage: Woher wissen wir, ob etwas wirklich ist oder nicht?

Es liegt gewiss nicht an der sensorischen Intensität.

Eine andere geistige Herausforderung ist die Bitte an meine Teilnehmer, sich an einen Traum zu erinnern, und danach, sich an das Mittagessen am Dienstag vor zwei Wochen zu erinnern. Wenn es nicht ein sehr dramatisches Mittagessen war oder wenig Zeit zur Verfügung steht, um es anhand einer Folge zusammenhängender Erinnerungen zu rekonstruieren, dann ist die Erinnerung an das Mittagessen meist so schwach, dass es ebenso gut nie stattgefunden haben könnte – und der erinnerte Traum scheint vergleichsweise viel realer.

Manche Menschen halten daran fest, dass die Art des Inhalts, wenn nicht der Inhalt eines Erlebnisses selbst, der ausschlaggebende Faktor sei. Träume seien schließlich »verrückt«. So geschehen Dinge im Traum, die im »wirklichen Leben« nicht passieren können.

Doch dies ist ein schwaches Argument, denn im »wirklichen Leben« passieren sehr viele sehr »verrückte« Dinge, und in Träumen sehr viele »realistische« Dinge. Einige der »verrückten« Dinge, die im »wirklichen Leben« passieren, werden wir in einem späteren Kapitel näher untersuchen.

Ungeachtet der Tatsache, dass wir qualitativ nicht zwischen den Erinnerungen an Traumereignisse und »reale« Ereignisse unterscheiden können, tun wir dies quantitativ trotzdem. Denn was wir gewöhnlich »real« nennen, zeichnet sich in erster Linie durch die größere Anzahl von einigermaßen übereinstimmenden Erinnerungen aus, die uns davon geblieben sind. Weil anderseits beide Arten von Ereignissen im Hinblick auf ihre Qualität nicht zu unterscheiden sind und weil Träume, wenn wir sie erleben, so real erscheinen wie die gewöhnliche Wirklichkeit, ist die gewöhnliche Wirklichkeit – oder das äußere Erleben, wie manche es nennen – aus der Sicht der symbolischen Weltsicht nur ein weiterer Traum. Das bedeutet allerdings nicht, dass das Leben, wie wir es kennen, eine Illusion ist, denn in der symbolischen Weltsicht sind alle Träume – reales Erleben.

IST ES VON BELANG?

Es würde keine Rolle spielen, außer aufgrund einer sehr wichtigen Tatsache (und eine »Tatsache« ist etwas, das von allen Menschenwesen erlebt werden kann): Abgesehen davon, dass sie symbolisch und wirklich zugleich sind, sind alle Träume durch ihre gemeinsamen Symbole verbunden. Daraus folgt als praktische Konsequenz: Wenn Sie einen Traum verändern, verändert das alle verwandten Träume.

Wir alle wissen: Wenn wir Veränderungen in unserem äußeren Leben durchführen, verändert sich unser Traumleben. Schamanen wissen – und Sie werden es gleich erfahren: Wenn wir Veränderungen in unserem Traumleben durchführen, verändert sich unser äußeres Leben. Und dies hat weitreichende Konsequenzen für den Zweck dieses Buches, da es weitaus nützlicher ist, Träume zu verändern, als sie zu deuten.

DER DEUTUNGSDRANG

Das Erste, was viele Menschen wissen wollen, wenn sie sich an einen Traum erinnern, ist: »Was bedeutet er?« In der Folge ist eine eindrucksvolle Vielzahl von Büchern über Traumdeutung veröffentlicht worden, manche Psychotherapeuten haben ihre ganze Karriere darauf aufgebaut.

Ich sage jetzt nicht, dass die Traumdeutung nicht nützlich sein kann. Sie ist nicht ganz so nützlich wie andere Methoden des Arbeitens mit Träumen. Wenn Sie sich für einige Ideen zur Traumdeutung interessieren, die nicht dem Dogma eines bestimmten Systems unterliegen, empfehle ich Ihnen die Lektüre des Kapitels »Die Sprache Ihrer Träume« in meinem Buch *Begegnung mit dem verborgenen Ich** und des Kapitels »Die Welt verändern mit schamanischem Träumen« in *Der Stadt-Schamane.* In der Zwischenzeit finden Sie hier einige Ideen zur Traumdeutung, die es nicht bis in jene Bücher geschafft haben.

* Bielefeld/Braunschweig: Kamphausen/Aurum 2001

1. Ganz gleich, was er sonst noch darstellen könnte, handelt der Traum, den Sie träumen, immer von Ihnen selbst. Er *könnte* von jemand oder etwas anderem handeln, aber es geht *immer* um Sie.
2. Die beste Quelle für die Traumdeutung ist der Traum selbst. Dies erwähne ich kurz in *Der Stadt-Schamane,* hier folgt es noch einmal Schritt für Schritt:
   a) Erinnern Sie sich an den Traum oder an einen Teil des Traumes.
   b) Nehmen Sie an, dass alles in dem Traum lebendig, bewusst und empfänglich ist.
   c) Fragen Sie jeden Gegenstand in dem Traum, was er darstellt und warum er da ist.
   d) Akzeptieren Sie, was auch immer Sie sehen, hören oder fühlen, als die *Meinung* des Gegenstandes darüber, warum er da ist und was er darstellt. Behalten Sie sich dabei Ihr eigenes Recht vor, es zu glauben oder nicht.
   e) Wenn Sie gar keine Antwort erhalten, dann nehmen Sie an, dass das Objekt es nicht weiß; deshalb ist es auch für Sie nicht wichtig, es zu wissen.

Trotz der potenziellen Nützlichkeit der Traumdeutung ist das Verfahren eine extrem restriktive Art und Weise, mit Träumen zu arbeiten, und zwar aus dem Grunde, dass die Sprache der Wörter an sich so einengend ist. Eine andere meiner gedanklichen Herausforderungen ist die Frage an das Publikum, ob jemand mit klassischer Musik vertraut ist und insbesondere Beethovens Fünfte kennt. Gewöhnlich melden sich daraufhin einige Anwesende. Dann bitte ich einen von ihnen, für den Rest der Zuhörer die Symphonie mit Worten zu beschreiben. Die typische Reaktion ist ein entgeisterter Blick, dann ein klägliches Lächeln, und ein hilfloses Zucken mit den Schultern.

Es ist eine Tatsache: Musik ist eine Sprache, die sich nicht gut in Worte übersetzen lässt. Kunst ist ebenfalls eine Sprache, die sich einer akkuraten verbalen Übersetzung entzieht. (Einige Versuche sind lächerlich absurd, selbst für die Künstler.) Das gleiche Problem besteht bei Geschmack, bei Geruch und Tanz. Wörter lassen sich recht gut in andere Formen der Kommunikation übersetzen, aber nicht umgekehrt. Aus diesem Grunde kann die Übertragung einer verbalen in eine andere Sprache eine unlösbare Herausforderung sein. Redewendungen sind fast unmöglich genau zu übersetzen, und manche Vorstellungen sind selbst zwischen verwandten Sprachen nicht zu vermitteln. Wenn ich in Deutschland unterrichte, gebrauche ich stets einen Dolmetscher, und im Laufe der Jahre habe ich genug Deutsch aufgeschnappt, um manchmal zu wissen, was der Dolmetscher sagt. Bei einer Gelegenheit sprach ich über körperliche »aches and pains«, und hörte, wie der Übersetzer auf deutsch sagte »Schmerzen und Schmerzen«. Später erfuhr ich, dass es für »ache« (womit wir im Englischen eine bestimmte Art von Beschwerden bezeichnen) im Deutschen kein genaues Pendant gibt, deshalb wird »ache« ebenfalls als »Schmerz« übersetzt. Jetzt bemühe ich mich, diesen Ausdruck zu vermeiden, wenn ich in Deutschland, der Schweiz und Österreich spreche.

All dies nähert uns dem Punkt der Erkenntnis, dass Symbole eine Sprache für sich sind und – wie Musik – nicht akkurat oder gut in verbale Sprache übertragen werden können. Der Drang, das zu tun, ist eine Auswirkung unserer Obsession für Worte als der wichtigsten Form der Kommunikation, die wir in der modernen Welt haben. Die Art und Weise, wie Symbole gewöhnlich interpretiert werden, entspricht etwa der Deutung eine musikalischen Komposition als »aufwühlend«, »süß« oder »lebhaft«. Der größte Teil des Erlebnisses bleibt dabei auf der Strecke.

Die Elemente eines Traumes – durchweg Symbole – sind Darstellungen hoch komplizierter Muster von Ideen, Überzeugungen und Erwartungen. Handelt es sich um Darstellungen von Angst, Wut oder Disharmonie, haben wir die Möglichkeit, die Sprache der Symbole zu gebrauchen, um das symbolische Problem zu lösen und damit die zugrunde liegenden komplexen Muster zu heilen. Es sei mir gestattet, eine Analogie aus der Welt der Wörter zu verwenden: Wenn Sie einen Brief schreiben und die Wörter, die Sie gewählt haben, dazu führen, dass Ihre Nachricht missverstanden wird, dann lässt sich das Problem gewöhnlich lösen, indem Sie andere Wörter verwenden.

VERÄNDERN SIE DIE SYMBOLE UND VERÄNDERN SIE IHR LEBEN

Symbole zu verwenden, um Wirklichkeit zu verändern, bedeutet grundsätzlich, ein Symbol für eine Gegebenheit oder Situation zu erschaffen, die der Veränderung bedarf, und dann das Symbol zu verändern. Klingt das zu einfach? Es ist einfach!

Lassen Sie mich den Vorgang etwas genauer erklären:

Zuerst erschaffen Sie mit Ihrem Zielsinn ein Symbol. Gewöhnlich entsteht dieses Symbol, weil Sie es wollen, wünschen oder darum bitten. Der Ursprung des Symbols ist Ihr Leibsinn, der dazu auf Erinnerungen, Muster von persönlichen Überzeugungen und Erwartungen, aktuelle Sinneswahrnehmungen und – über Verbindungen durch Ihr Energiefeld – auf andere, verwandte Informationsquellen zugreift.

Danach verändern Sie das Symbol auf die gleiche Weise. Damit meine ich *nicht,* dass Sie es ersetzen. Das Symbol ist ein Ausdruck des ganzen, komplexen Anliegens – oder zumindest des Teiles davon –, zu dem Sie jetzt Zugang haben; es einfach durch ein anderes Symbol zu ersetzen, würde nichts bewirken. Der Schlüssel zum Erfolg beim Symbole-Verändern ist, mit dem als Repräsentation gewählten Symbol zu arbeiten und dessen Erscheinung, Struktur, Inhalte oder Position zu verändern. Da das ein Produkt Ihres Leibsinnes ist, müssen Sie es auf eine Art und Weise verändern, die Ihren Leibsinn beeinflusst. Das heißt, Sie gebrauchen Ihre komplette sensorische Vorstellungskraft, um das Symbol so zu überarbeiten, dass Ihr Leibsinn entsprechende Veränderungen in dem ganzen Netzwerk durchführt, auf das er zurückgegriffen hat, um das ursprüngliche Symbol zu erschaffen.

Es gibt keine Möglichkeit für Ihren Zielsinn, diesen Vorgang zu verstehen – so wenig, wie Sie verstehen können, wie Ihnen die Worte in den Sinn kommen, wenn Sie sprechen oder singen. Sie können jedoch erfahren, wann Ihre Symbolveränderung eine Wirkung hat, weil Ihr Leibsinn mit einer Art von Spannungsauflösung (Entspannen, Seufzen, Aufatmen etc.) oder einer Veränderung des Energiezustandes (Kribbeln, Strömen, Ausdehnung, Vergnügen etc.) darauf reagieren wird. Zudem könnten manche Arten von Veränderungen, die Sie versuchen, zu erhöhter Spannung oder unangenehmen Empfindungen führen, und solche Zeichen sind Signale für Sie, etwas anderes zu tun. Kurzum, Ihr Körper gibt Ihnen die Rückmeldung.

Wenn Sie die Symbolveränderung zum Heilen verwenden, erleben Sie das Feedback möglicherweise augenblicklich in Form einer graduellen Veränderung der körperlichen Verfassung. Bei anderen Arten von Zuständen oder Situationen kann es länger dauern, bis die Rückmeldung wahrzunehmen ist. Im Allgemeinen kann man beobachten: Je mehr Menschen beteiligt sind, desto länger braucht es, und desto geringer ist vielleicht die Wirkung. Manchmal hat es den Anschein, als beeinflusse die Symbolveränderung nur eine Schicht oder einen Teil des Komplexes; dann könnte weitere Symbolarbeit notwendig sein, um bessere Resultate zu erzielen.

Doch jetzt wollen wir uns den verschiedenen Techniken zuwenden.

ÄUSSERE SYMBOLE

Gleich zu Beginn möchte ich klarstellen, dass es hier nicht darum geht, auf gedruckte oder gezeichnete Symbole zu starren, um in einen veränderten Bewusstseinszustand zu gelangen. Das mag seine Vorzüge haben, ist aber nicht Gegenstand unserer Abhandlung. Wir befassen uns hier nur mit Methoden der Arbeit mit Symbolen, die helfen werden, unsere innere *und* äußere Wirklichkeit zu verändern.

Es gibt zwei Arten von äußeren Symbolen, die wir in diesem Abschnitt besprechen wollen: Symbole, die aus physischen Objekten bestehen oder angefertigt wurden, und Symbole, die als Gedankenformen erschaffen wurden.

Physische Symbole: Als physische Symbole eignet sich jede Gruppe von sieben oder mehr Gegenständen. Mit der Zahl Sieben hat es in diesem Kontext keine besondere Bewandtnis außer, dass es die Mindestzahl für die Darstellung eines einigermaßen komplexen Muster zu sein scheint. Hölzchen, Steine, Kristalle oder irgendwelche anderen Gegenstände von etwa 1 bis 2 Zentimeter Länge oder Durchmesser sind gut geeignet. Mein Lieblingsmaterial sind fünfzig recht kleine Kaurimuscheln, die ich in einem Beutel aufbewahre. Wenn ich damit arbeiten will, schütte ich mir einfach eine Handvoll in die Handfläche, ohne abzuzählen.

Halten Sie die Gegenstände, für die Sie sich entschieden haben, in der Hand und denken Sie an den Zustand oder die Situation, die Sie verändern wollen. Denken Sie etwa eine Minute lang auf möglichst neutrale Weise an diese Angelegenheit und akzeptieren Sie, dass es so, wie es ist, nur für den Augenblick wahr und gültig ist. Wenn Sie dazu bereit sind, lassen Sie sich von Ihrer Intuition leiten und werfen Sie die Gegenstände vor sich aus. Betrachten Sie das entstandene Muster. Denken Sie daran, dass Sie nicht versuchen, das Muster zu deuten, deshalb spielt es keine Rolle, ob es wie etwas aussieht, das Sie erkennen oder nicht. Anstatt es zu interpretieren, versuchen Sie, das Muster mit Ihrer Aura zu »fühlen«. Falls sich das für Sie zu abstrakt anhört, dann starren Sie einfach auf das Muster und achten Sie auf alle körperlichen oder emotionalen Wahrnehmungen, die Ihnen dabei begegnen. Als Nächstes – wieder, wenn Sie sich dazu bereit fühlen – gehen Sie daran, das Muster zu verändern, bis es Ihnen besser gefällt oder sich besser anfühlt. Die Resultate werden weitreichender sein, wenn Sie sich bemühen, die einzelnen Teile nur so wenig zu bewegen, wie nötig ist, um die erwünschte Wirkung zu erzielen. Bleiben Sie dabei, bis Sie ein Muster gefunden haben, das nicht nur gut aussieht, sondern sich auch für Sie gut anfühlt. Manchmal äußert Ihr Körper an diesem Punkt ein spontanes Seufzen, eine positive Emotion oder Energiewahrnehmung. Sie ist das Signal, dass Sie alles getan haben, was Sie in dieser Sitzung tun konnten. Die Ergebnisse mögen augenblicklich offenbar sein oder nicht, doch in dem Zustand oder der Situation wird sich etwas verändern. Es gibt keine feste Regel, wie oft Sie ein Symbol auswerfen und verändern können.

Gerade eben habe ich meine Kaurimuscheln auf einem Glastisch in der Nähe ausgeworfen, während ich an eine Situation dachte, die es zu verändern gilt. Seit drei Tagen habe ich von keinem Familienangehörigen einen Anruf erhalten. Meine Frau hilft einer Kollegin bei einem Workshop und ruft mich tagsüber nicht an. Obwohl mir die Ruhe gefällt, habe ich beschlossen, die Situation zu verändern. Ich hielt die Muscheln in der Hand, dachte über die Tatsache nach, dass keiner angerufen hatte, akzeptierte sie dabei als etwas Vorübergehendes, und dann warf ich die Muscheln. Als Erstes sorgte ich dafür, dass alle Kaurimuscheln mit dem Rücken nach oben lagen. Das Muster war verwirrend, aber ich konnte einiges Potenzial sehen, und so bewegte ich verschiedene Muscheln, bis nach und nach eine Art von Kreis mit einer kleinen Spirale im Innern erschien, was sich sehr gut anfühlte. Dann legte ich die Muscheln beiseite und ging zum Tippen zurück. Eine halbe Stunde später rief meine Frau an wegen etwas, das für sie normalerweise kein Grund zum Anrufen gewesen wäre, schon gar nicht während eines Kurses.

Gedankenform-Symbole: Erinnern Sie sich, wie wir mit den Gedankenformen in der zweiten Weltsicht arbeiteten? Damals erschufen wir energetische Simulationen von realen Objekten, um realistische Effekte zu erzielen. Nun haben wir etwas anderes vor. Dieses Mal bitten Sie Ihren Leibsinn, ein Symbol eines in der äußeren Welt existierenden Zustandes oder einer Situation zu erschaffen, das von den Augen Ihre Zielsinnes wahrgenommen werden kann.

Ich versuche zum Beispiel gerade, ein Haus zu verkaufen. Als ich meinen Leibsinn bat, ein Symbol auf den Fußboden des Arbeitszimmers zu projizieren, in dem ich dies tippe, »sah« ich ein Haus von etwa 60 Zentimeter Höhe, das in schwarze Ketten gebunden war. Ich kann erraten, was dies bedeutet, aber ich brauche es nicht zu wissen. Ich stellte mir einen Schweißbrenner mit grüner Flamme vor – Grün ist für mich ein Symbol der Liebe –, und zertrennte die

Ketten. Als diese zu Boden fielen, verwandelten sie sich in Dünger für die Landschaft, und das Haus begann, freudig zu erglühen. Schließlich erschien über dem Haus eine kleine Laufschrift, die »Neuer Eigentümer« lautete. Jetzt warte ich einfach darauf, dass mein Makler mich anruft. Wenn er sich nicht bald meldet, werde ich eben weitere Symbole erschaffen.

Wenn Sie zu große Schwierigkeiten haben, ein Bild vor Ihren Augen erscheinen zu lassen, probieren Sie Folgendes: Nehmen Sie ein Stück weißes Papier und zeichnen Sie einen schwarzen Kreis darauf, wie ich es in dem Kapitel über das telepathische Empfangen beschrieb. Blicken Sie auf die Fläche im Inneren des Kreises, bis Sie eine Art von energetischer Antwort erhalten (visuell oder kinästhetisch). Dann bitten Sie darum, dass innerhalb des Kreises ein Symbol für einen Zustand oder eine Situation erscheint. Sobald Sie ein Symbol erhalten haben – auch wenn es vor Ihrem inneren Auge anstatt im Kreis erscheint –, verändern Sie es bewusst mit Hilfe Ihrer Vorstellungskraft, bis es Ihnen zusagt.

Äußere Gedankenform-Symbole können überall in Ihrer Umgebung erscheinen, selbst über den Köpfen von Menschen oder im Inneren von Gegenständen. Es müssen auch keine einzelnen Bilder sein; sie können auch als Szenen oder Traumsequenzen auftauchen, wie ich sie in dem Kapitel über Träume in *Der Stadt-Schamane* beschrieb.

UNSTRUKTURIERTE INNERE SYMBOLE

Der simpelste Weg zum Symbol ist dieser: Denken Sie an einen Zustand oder eine Situation, bitten Sie darum, dass ein Symbol vor Ihrem inneren Auge erscheint, und verändern Sie es wie oben beschrieben.

Eine viel interessantere Form ist, im Rahmen der dritten Weltsicht anzunehmen, dass alles träumt, und Sie stimmen sich dann einfach auf den Traum ein. Diese Vorgehensweise wurde bereits im *Stadt-Schamanen* erwähnt, doch ich werde sie hier eingehender behandeln, und zwar als eine Reihe von Schritten einer praktischen Übung:

1. Entspannen Sie sich an einem behaglichen Platz und schließen Sie die Augen. Ich empfehle Ihnen, dies mit oder ohne Stuhl, aber in sitzender Haltung zu tun, weil es im Liegen viel schwieriger ist, die Konzentration aufrechtzuerhalten.
2. Denken Sie an Ihr Gehirn und bitten Sie darum zu erfahren, was es gerade träumt. Vertrauen Sie darauf: Was auch immer Ihnen in den Sinn kommt, *ist* der Traum Ihres Gehirns in diesem Augenblick, sei es eine bewegte Szene oder eine statische, ein einzelnes Bild, eine Erinnerung, etwas Abstraktes, eine Farbe oder gar nichts. Nehmen Sie etwa dreißig Sekunden lang einfach wahr.
3. Lenken Sie die Aufmerksamkeit nun auf Ihr Herz und bitten Sie, jetzt seines Traum gewahr zu werden.
4. Lenken Sie die Aufmerksamkeit nun auf Ihre Leber und bitten Sie, jetzt ihres Traumes gewahr zu werden.
5. Gehen Sie nun zu jedem Organ zurück, beginnen Sie mit dem Gehirn. Ob der Traum derselbe ist oder nicht, ob er gut ist oder nicht – machen Sie von Ihrer bewussten Imagination Gebrauch, um ihn zu verbessern, und nutzen Sie dabei die Elemente der Träume als Ausgangspunkt. Bleiben Sie bei dem Traum jedes Organs, bis Ihnen die Veränderungen, die Sie herbeigeführt haben, ein gutes Gefühl vermitteln.
6. Kehren Sie zurück in die Bewusstheit Ihres Selbst, schütteln Sie die Finger aus und bewegen Sie die Zehen, atmen Sie tief durch und öffnen Sie die Augen.

NÄCHTLICHE TRÄUME

In dieses Thema werde ich nicht sehr tief einsteigen, weil ich denke, dass ich es im *Stadt-Schamanen* gut abgehandelt habe. Unsere Prämisse ist, dass Sie Träume von Wut, Angst oder Disharmonie wie oben beschrieben verändern können. Einige wichtige Punkte will ich hier kurz wiederholen:

1. Am einfachsten ist mit einem nächtlichen Traum direkt danach zu arbeiten, mit der Erinnerung an den Traum. Je früher Sie mit

der Erinnerung an den Traum arbeiten, desto eher werden Sie die Früchte der Veränderungen genießen, die Sie herbeiführen. Dessen ungeachtet können Sie auch noch als Erwachsener mit Träumen aus der Kindheit konstruktiv arbeiten, weil die Erinnerungen auch heute noch existieren und die Muster, die sie repräsentieren, immer noch aktiv sind – falls Sie sie nicht bereits verändert haben.

2. Es gibt drei Hauptmethoden für die effektive Arbeit mit Traumsymbolen:
   a) Wählen Sie einen Punkt im Traum und verändern Sie Ihre Reaktion auf das, was geschieht.
   b) Wählen Sie einen Punkt im Traum und verändern Sie die Geschichte, so dass sie gut ausgeht.
   c) Erlauben Sie dem Traum, über den schlimmsten Punkt (an dem Sie gewöhnlich aufgewacht sind) hinaus weiterzugehen, bis er sich auflöst. Sogar als Erinnerung wird sich die Geschichte von selbst verändern, und auch wenn sie vorübergehend schlimmer wird, kommt es schließlich und unausweichlich zur Auflösung und einem guten Ende. Doch vielleicht wollen Sie (nicht) so lange warten?
3. Denken Sie daran, helfende Kräfte Ihrer eigenen Wahl in Ihre Traumveränderung einzuführen, wenn Sie das Gefühl haben, nicht weiter zu kommen. Dies können Feen, Elfen, Engel, Helden, Freunde, Tiere oder etwas anderes sein.
4. Je früher Sie das Träume-Verändern Ihren Kindern vermitteln, desto früher können Sie ihnen helfen, mit den Themen von Alpträumen auf eine gesunde, erfreuliche Weise umzugehen, die ihr Selbstwertgefühl und Selbstvertrauen stärkt.

TRAUMSTRUKTUREN

Das Reich des schamanischen Träumens ist ein Gebiet, in dem es gewaltige Unterschieden in den traditionellen Praktiken ebenso wie in den theoretischen Erklärungen gibt. Wir wollen zunächst feststellen, was Schamanen aller Zeiten und Kulturen verbindet.

1. Sie alle arbeiten mit mehr oder weniger festgelegten Strukturen, in deren Rahmen sie ihre Traumarbeit durchführen, einer bestimmte Traumumgebung, in der das Verändern stattfindet.
2. Sie alle bewegen sich in dieser Umgebung mittels der sogenannten schamanischen Reise (von kurzer oder langer Dauer).
3. Sie alle tun es, um zu lernen, zu heilen oder um sich selbst oder anderen Kraft zu verleihen.
4. Sie alle begegnen anderen Wesen verschiedenen Typs und interagieren mit ihnen.
5. Sie alle akzeptieren ohne Zweifel, dass diese Erlebnisse so real sind wie Erlebnisse in der »äußeren« Welt – und manchmal noch realer.
6. Sie alle sind so auf ihr »Reise-Erleben« konzentriert, dass es den Anschein haben kann, als befänden sie sich in einer leichten oder tiefen Trance, ob sie sitzen, stehen oder sich bewegen.

Und dies war es auch bereits.

Abgesehen von der kulturellen Prägung, die sich in Kultkleidung, Sprache, Ritual und Beschreibungen der Innenwelt widerspiegelt, zeigt sich einer der größten Unterschiede in der Art und Weise, wie sie in das Traumland gelangen. In manchen Kulturen gebrauchen Schamanen Trommeln verschiedener Arten, andere verwenden Pfeifen, manche nehmen Drogen, andere führen bestimmte Tänze aus, manche setzen Klappern ein, andere wiederum Kombinationen dieser Elemente, und manche – tun es einfach. Damit meine ich, dass sie in die schamanische Umgebung eintreten, indem sie ihre Aufmerksamkeit dorthin verlagern. Beispiele des letzten Typs sind die Schamanen Hawaiis, Koreas und der Mongolei. (Mongolische Schamanen schlagen ihre Trommeln nicht, um in die Innenwelt zu gelangen, sondern um ihre Reise mit Energie zu laden.)

Es ist wichtig zu wissen, dass es nur einen einzigen Grund gibt, warum Schamanen das tun: weil es menschlich ist, es zu tun. Durch ihre Ausbildung und/oder Übung sind sie zwar Experten, doch sie tun nur, was allen Menschen möglich ist.

Was ich vermittle, ist die hawaiianische Version des Schamanismus, wie ich sie von meinem Onkel Wana Kahili gelernt habe; sie hat schon Tausende von Nichtschamanen befähigt, auf innere Reisen des Staunens, der Freude und der Heilung zu gehen.

In *Begegnung mit dem verborgenen Ich* führte ich die »Garten«-Stuktur ein. In *Der Stadt-Schamane* erweiterte ich dieses Konzept und führte den Versammlungsort ein, den ich »Bali Hai«, »Lanikeha« (den Ort der Archetypen) und auch »Milu« (den Ort der Herausforderungen) nannte. Das habe ich, wie ich meine, so gut gemacht, dass ich die Information hier nicht zu wiederholen brauche.

Stattdessen werde ich das Arbeiten im »Garten« in den folgenden Abschnitten weiter vertiefen und Sie mit der Seelenrückholung auf hawaiianische Art bekanntmachen.

ÜBER DEN GARTEN HINAUS

Hier ist eine Anleitung für den Weg in Ihren eigenen Innenraum, den wir als »den Garten« bezeichnet haben:

1. Begeben Sie sich in eine bequeme Position, atmen Sie tief durch und schließen Sie die Augen.
2. Stellen Sie sich einen Garten vor, irgendeinen Garten. Es könnte einer sein, an den Sie sich von früheren Besuchen erinnern oder einer, den Sie auf einem Bild gesehen haben, den Sie sich jetzt gerade ausdenken oder einer, der gerade vor Ihnen auftaucht.
3. Sehen Sie ein Objekt in diesem Garten so deutlich, wie Sie können. Es kann ein Baum sein, eine Blume, ein Stein oder irgendetwas anderes.
4. Nun hören Sie ein Objekt so deutlich, wie Sie können, zum Beispiel den Wind in den Bäumen, eine Biene, die um eine Blüte summt, Wasser, das über Steine fließt, oder etwas anderes.
5. Berühren Sie jetzt ein Objekt so aufmerksam, wie Sie können, zum Beispiel den Stamm eines Baumes, die Blütenblätter einer Blume, das fließende Wasser oder etwas anderes.
6. Erweitern Sie nun Ihre Wahrnehmung des Gartens. Wie ist der

Boden beschaffen? Welche Pflanzen wachsen? Was ist sonst noch wahrzunehmen?

An diesem Punkt können Sie nun normalerweise etwas tun, das ich an einer anderen Stelle vorgeschlagen habe. Sie können zum Beispiel ein Symbol aufrufen, um damit zu arbeiten, Sie können den Geist von jemandem oder etwas in Ihren Garten einladen, um mit ihm zu kommunizieren, oder Sie können von hier aus nach Bali Hai gehen oder Lanikeha oder Milu besuchen – oder einfach spielen und sich entspannen.

Dieses Mal schlage ich Ihnen jedoch vor, dass Sie hingehen und den Garten von jemand anderem besuchen. Wieso sollen Sie das tun?

1. Einfach um sich umzusehen und herauszufinden, wie der Garten von jemand anderem ist,
2. oder um ein Symbol für die Probleme der anderen Person zu erbitten und in deren Garten daran zu arbeiten oder
3. um den Garten einer Gruppe, einer Organisation oder eines Ortes zu besuchen und dort eine Symbol-Heilung oder Ermächtigung durchzuführen.

Der letzte Vorschlag könnte für Sie eine neue Idee sein, aber wenn alles träumt, dann hat auch alles seinen eigenen Garten. In den Heilkreisen, die ich leite, besuchen wir oft den Garten von Aloha International und ermächtigen ihn mit Gaben und schöpferischen Symbolen, um die Effektivität seiner Projekte zu unterstützen. Manchmal arbeiten wir auch daran, dem Regenwald zu helfen oder bestimmten Tierarten wie Delfinen oder Tigern und sogar Großstädten oder Ländern.

Es ist jedoch notwendig, einige wichtige Punkte zu bedenken, bevor wir einen solchen Prozess in Angriff nehmen:

1. Erinnern Sie sich, was ich über Träume sagte? Sie *könnten* von jemand oder etwas anderem handeln, aber es geht *immer* um Sie. Das gilt für alle Träume, deren Sie gewahr werden. Deshalb gehen Sie also niemals *tatsächlich* in den Traum von jemandem

oder etwas anderem, und Sie gehen niemals *tatsächlich* in den Garten von jemandem oder etwas anderem. Es ist immer *Ihre Version* von deren Traum oder Garten. Das ist sehr wichtig. Wenn Sie jemals meinen, Sie bräuchten die Erlaubnis, um in den Garten von jemand anderem zu gehen, dann sind Sie aus der symbolischen Weltsicht gefallen und in die subjektive Weltsicht geraten, die den Erfolg Ihrer Garten-Arbeit beeinträchtigen wird. (In der objektiven Weltsicht träumen Sie nicht einmal davon, einen inneren Garten zu haben.)

2. Um diese Arbeit mit Erfolg auszuüben, muss Ihnen stets bewusst sein: Das Höchste, was Sie tun können, ist zu helfen; Ihre Hilfe kann angenommen werden oder nicht. Ob Ihre Hilfe angenommen wird oder nicht, hängt ab davon, ob Ihre Art der Hilfe zu der Motivation der Person oder Sache passt, der Sie helfen wollen. Nach dem fünften Huna-Prinzip hat jeder und jedes auf einer bestimmten Ebene seinen freien Willen.

Doch nun zum eigentlichen Vorgang. Er ist sehr einfach, wenn Sie erst einmal wissen, wie Sie in Ihren eigenen Garten gelangen.

1. Wenn Sie in Ihrem Garten sind, sehen Sie sich nach einem Ausgang um und finden Sie einen Weg, der zu dem Garten der Person oder Sache führt, der Sie helfen wollen. Manche Menschen bitten lieber ein Krafttier oder einen Geistführer, ihnen dabei zu helfen. Das überlasse ich Ihnen.
2. Sobald Sie im Garten des anderen sind, rufen sie ein Symbol auf und machen Sie sich an die Arbeit. Wenn Sie fertig sind, geben Sie einen Segen oder Dank, gehen Sie zurück in Ihrem eigenen Garten und dann zurück in Ihre gewöhnliche Wirklichkeit. Es kommt nicht entscheidend darauf an, ob Sie die Sitzung auf diese Weise beschließen, aber wenn Sie eine innere Struktur verwenden, dann ist es eine gute Idee, den Annahmen der Struktur zu folgen. Das hilft auch, in Ihrem Leibsinn eine Gewohnheit aufzubauen, die den Vorgang von Mal zu Mal einfacher werden lässt.

Diese Art der Wirklichkeitsveränderung basiert auf einigen schamanischen Annahmen, die sehr seltsam anmuten, wenn man nie zuvor davon gehört hat. Ich will versuchen, die Sache in möglichst klare Sprache von heute zu fassen.

Wenn eine Person etwas Traumatisches erlebt hat und seitdem eine positive Qualität, Eigenschaft, Gabe, Fertigkeit oder Interesse verloren zu haben scheint, die sie zuvor besaß, dann – so nehmen Schamanen einiger Traditionen an – hat der Teil des Bewusstseins der Person, der jenen positiven Aspekt enthält, die Person verlassen und muss zurückgeholt und integriert werden, so dass die Person zur Ganzheit ihres Bewusstsein wiederhergestellt werden kann. Unglücklicherweise haben moderne Übertragungen dieser Vorstellung das Problem als »Seelenverlust« und seine Lösung als »Seelenrückholung« bezeichnet. Das führt zu großer Verwirrung, weil das Wort Seele viele Bedeutungen hat. Noch bedauerlicher aber ist, dass wir kein wirklich passendes, einzelnes Wort haben, deshalb werde ich »Seele« notgedrungen, aber nur in Anführungszeichen verwenden.

Natürlich gehen die Vertreter der verschiedenen Traditionen dieses Konzepts das Problem auf unterschiedliche Weise an. In Kulturen mit einer schamanischen Tradition vom kriegerischen Typ nimmt man generell an, dass ein böser Geist die »Seele« der Person gestohlen hat und sie – manchmal – in einem Gegenstand in der Innenwelt versteckt hat. Die Aufgabe des Schamanen besteht darin, den Gegenstand zu finden, die »Seele« zu holen, in die Außenwelt zurückzubringen und in die Person einzufügen, damit diese wieder heil und ganz wird. In einigen Kulturen muss der Schamane mit dem bösen Geist kämpfen, um die »Seele« zurückzugewinnen.

Ich lernte die Angelegenheit aus einer hawaiianischen Perspektive: Wir nehmen an, dass der »Seelenteil« aufgrund des Traumas selbständig fortgegangen ist, um eine sicherere und angenehmere Wohnstätte zu finden; nun ist es die Aufgabe des Schamanen, ihn zur Rückkehr zu überreden.

In der objektiven Weltsicht klingt das absurd, obwohl ein objektiver Psychologe Argumente dafür vorbringen könnte, dass es ein metaphorischer, symbolischer Prozess ist. Die zweite Weltsicht kann es als ein Geschehen akzeptieren, das in einer nichtmateriellen Welt stattfindet, in der Geistwesen leben; die Rück-Einsetzung der Seele wäre eine lediglich rituelle Handlung. In der schamanischen oder symbolischen Weltsicht jedoch ist es ein reales Geschehen in einer realen Welt, die eng verwandt ist mit dieser.

Im Gegensatz zu einer weit verbreiteten Meinung praktizieren das nicht alle Schamanen jedes Mal, wenn sie eine Heilbehandlung vornehmen. Vielmehr wird die Rückholung nur unter speziellen Umständen unternommen, die sie erforderlich erscheinen lassen. Normalerweise gebrauchen Schamanen zur Lösung eines solchen Problems eine Reihe anderer Techniken, bevor sie auf eine »Seelenrückholung« zurückgreifen.

Da dieser Vorgang nicht einfach Schritt für Schritt zu beschreiben ist, werde ich ihn nun auf zwei verschiedene Weisen darstellen, zuerst in einer Beschreibung einer Klientin, die um den Prozess bat, und zweitens in einer halbfiktiven Geschichte aus meinem Roman *Dangerous Journeys.*

AUS DER SICHT EINER KLIENTIN

»Die Seelenrückholung ist und war ein Teil der schamanischen Praxis überall auf der Welt. Auf der Grundlage von einigem Gelesenen, viel Intuition, wenigen kurzen Lehr/Lern-Sitzungen und einem eigenen, ehrfurchtgebietend tiefgreifenden und umfassenden Erlebnis einer Seelenrückholung trage ich meine Gedanken darüber zusammen, wie sie in mein Leben und in das Leben von anderen Menschen passt, die ich kenne und mit denen ich arbeite.

Nach der Lektüre von Sandra Ingermans Buch *Heimkehr der Seele** beschäftigte ich mich mit einigen ihrer Gedanken über Seelenrückholung. Ich begann über ein ungewöhnliches Gefühl nachzudenken, das ich einige Monate lang gehabt hatte; es begann, be-

* Berlin: Ullstein [3]2007 (Ariston 1999, vgr.)

vor ich San Diego und meine bessere Hälfte Mitte Dezember verließ und besonders, seit ich auf Kauai angekommen war.

In schamanischen Traditionen überall auf der Welt glaubt man, dass eine Person, wenn sie etwas besonders Traumatisches erlebt – einen Unfall, eine schwere Krankheit, den Tod eines nahe stehenden Menschen, den Verlust einer wichtigen Beziehung – oder wenn sie Zeuge oder Opfer eines Gewaltakts wird, einen Teil ihrer Seele verlieren kann. Es ist, als schicke die Person in einem Gefühl äußerster Not ein Stück von sich selbst fort, um ihr Überleben sicherzustellen. Auch wenn es so aussehen mag, geht es dabei doch nicht um das Überleben des physischen Körpers. Es ist viel mehr: ein radikaler Versuch, der Auslöschung der Seele – und damit dem Ende der eigenen Existenz – zu entgehen. Wenn das Ereignis oder Trauma vorüber ist – wenn es zu einem Seelenverlust gekommen ist –, bleibt der Person das Gefühl, dass ein Teil von ihr fehlt oder verloren ist; manchmal kommt man dann mit seinem Leben überhaupt nicht mehr zurecht.

Das kam mir bekannt vor, und als ich weitere Kapitel des Buches las, begann ich, Mosaiksteinchen zusammenzufügen. Schon seit einiger Zeit hatte ich das Gefühl, in einem extrem veränderten Zustand zu sein. Mehrere Male, so erinnerte ich mich, hatte ich das im Gespräch mit anderen Menschen erwähnt. Seit ich nach Kauai gekommen war, wurde ein Aspekt jenes Unwohlseins sogar noch akuter. Ich fühlte mich arg verloren, zuweilen war es sehr schlimm. Ich hatte das deutliche Gefühl, dass ein großer Brocken eines Teils von mir für mich unerreichbar war, und ich hatte nicht die leiseste Ahnung, wie ich ihn zurückbekommen oder finden könnte. Mir kamen Sätze in den Sinn wie: ›Ich kriege das nicht in den Griff‹, oder ›Ich werde damit einfach nicht fertig.‹

Ich fühlte mich, als könne ich meinen Weg nicht finden, und das war sehr frustrierend und zuweilen erschreckend. Ich erinnere mich, dass ich meiner besseren Hälfte, bevor ich ging, mehrmals sagte, ich sei wirklich nicht sicher, ob ich nicht einfach Schluss machen oder ob ich den Rest meiner Zeit ableben solle. Genau so fühlte ich mich damals.

Im hawaiianischen Schamanismus, den ich im Laufe der vergangenen vier Jahre kennen gelernt und in dem ich mich geübt habe, gibt es ein Seelenrückholungsritual; ich war mir sicher, dass dieses Ritual eine große Hilfe für mich sein könne. Ich beschloss, Menschen zu fragen, die ich hier kenne, ob sie mir dabei helfen wollten. Die helfende Person geht dabei auf eine schamanische Reise und holt den fehlenden Teil (oder die fehlenden Teile) der Seele zurück und stellt sie dann in der Person wieder her, die die Hilfe benötigt. Die meisten Menschen, die ich ansprach, waren mit anderen Dingen beschäftigt, aber jemand empfahl mir, mich an Serge Kahili King zu wenden, den Schamanen, der die meisten Gruppen unterrichtet hatte, in denen auch ich gewesen war. Als es immer dingender wurde, als meine Situation auf einen kritischen Punkt zusteuerte, rief ich ihn an. Nachdem wir Einzelheiten meiner Symptomatik und meines Erlebens besprochen hatten, sagte er, dass wir uns in drei Tagen treffen würden, er werde das Ritual für mich leiten. Der Umstand, dass diese Hilfe nun in die Wege geleitet war, half mir, ein wenig zu entspannen; das war eine große Erleichterung. Ich fand es frustrierend, auf Kauai zu leben, so viel über die heilenden Eigenschaften dieser Insel zu wissen und mich auf eine eigenartige Weise so abgetrennt und isoliert zu fühlen – von der Insel, von mir selbst und von allem.

Ich bat um Träume, die mir bei der Seelenrückholung helfen würden, und ich glaube, zwei Nächte vor dem vereinbarten Termin hatte ich einen. Er zeigte einen Aspekt von mir als sehr kleines Baby und einen anderen als einen sehr kleinen, vollendet gestalteten, sehr stolzen und gut gekleideten jungen Mann. Eine Freundin, die ich gebeten hatte, die Seelenrückholung mit mir zu machen, schien anzudeuten, dass sie mir helfen würde, wenn ich nach dem Ritual weitere Hilfe benötigte. Sie war auch in meinem Traum, mit einer großen und komplexen Ausrüstung, was ich als Hinweis deutete, dass sie mir an irgendeinem Punkt auf meinem Weg der Gesundung helfen werde. Da ich über dieses Thema mehr gelesen und nachgedacht habe, erkannte ich, dass es mehrere Punkte gab, an denen ich wahrscheinlich Seelenverlust erlitten hatte:

- Ich habe eine Erinnerung aus der Zeit im Mutterleib. Ich habe gehört, dass meine Mutter jammerte: ›Aber ich kann mir ein Kind nicht leisten.‹ Ich erinnere mich auch, dass sie später, als sie mich den Armen hielt, zu jemandem sagte, dass sie manchmal wünsche, sie hätte mich nie geboren.
- Als ich drei war, missbrauchte mich der Bruder meiner Mutter und drohte, er werde mich umbringen, wenn ich es jemals jemanden erzählte.
- Als ich fast zwölf war, erlitt meine Familie einen Frontalzusammenstoß, dessen Wucht dem Aufprall gegen eine Wand mit 160 Stundenkilometern entsprach.
- Mein Vater erlag seinen Verletzungen, und meine Mutter, mein Bruder und ich waren nie wieder dieselben.
- Als mein Vater starb, gab meine Mutter die emotionale Verantwortung für mich, meinen Bruder und sie selbst an mich ab, und ich hatte keinen Erwachsenen mehr, an den ich mich wenden, mit dem ich mich beraten oder dem ich mich anvertrauen konnte.
- Als ich dreiunddreißig war, verließ ich meine Ehe, meinen sechsjährigen Sohn und meine zehnjährige Tochter.
- Erst vor kurzem erfuhr ich von einem Verwandten, dass ich als Kind von meiner Mutter regelmäßig geschlagen wurde, woran ich mich nicht erinnerte. Ein Arzt teilte mir eines Tages mit, dass meine Nase früher einmal gebrochen war; wenn ich daran denke, wie meine Mutter mir die Sache erklärte und sich zu wundern schien, warum mir das nicht schon früher jemand gesagt hatte, fühlte ich, dass sie selbst mich geschlagen und mir das Nasenbein gebrochen haben könnte.

Es gibt noch einen weiteren Aspekt der Angelegenheit: Wenn wir, in welchem Alter auch immer, ein Stück oder Stücke von uns fortschicken, dann bleibt ein Teil von uns in jenem Alter, während wir durch unser Leben weitergehen, bis eine Heilung stattfindet und das Stück oder die Stücke wiederhergestellt werden; so empfinde ich es. Meine Kinder und ich sind alle Erwachsene, doch als wir zum Beispiel kürzlich zusammen waren und es zwischen uns wegen irgendwelcher Kleinigkeiten zu Spannungen kam, konnte ich den sechsjährigen Jungen in meinem Sohn und das zehnjährige Mädchen in meiner Tochter fühlen. Als ich später darüber nachdachte, konnte ich auch die fast Zwölfjährige in mir selbst fühlen und für kurze Augenblicke sogar den hilflosen, unerwünschten Fötus und das Kleinkind. Wenn ich meiner biologischen Schöpferin – meiner Mutter – nicht willkommen war, mit welchem Recht konnte ich dann existieren, wenn nicht auf ihr Geheiß, wenn nicht, um ihr zu gefallen und sie nie, niemals in den Schatten zu stellen? Welche Botschaften empfingen meine Kinder von mir, als sie aufwuchsen? Obwohl ich mir jede erdenkliche Mühe gab zu lernen, ein ganz anderer Mensch zu sein als der, zu dem der frühe Teil meines Lebens mich gemacht hatte, konnten doch meine Kinder nicht umhin, auch aus dem zu lernen, was ich nicht sagte und was ich nicht tat, mindestens so oder sogar noch mehr als aus dem, was ich sagte und was ich tat, auch über das Vorbild hinaus, das ich ihnen zu bieten versuchte.

Ich bin mir einigermaßen sicher, dass jedes der Ereignisse, die ich auflistete, sehr wahrscheinlich mit einem gewissen Seelenverlust meinerseits einherging. All das, was sich so vielversprechend zu einem wirklich wunderschönen Leben für mich und meine bessere Hälfte zu entwickeln schien, ging auseinander und zerbrach. Ich hatte so viel Liebe und Energie hineingegeben, um etwas mit ihm gemeinsam zu aufzubauen. Aber besonders angesichts all der Veränderungen, die in meinem letzten Monat zu Hause anstanden, als es darum ging, wie bald ich auszuziehen hätte –, war das Stück von meiner Seele, das ich dieses Mal verlor – nach all jenen, die bereits fortgeschickt worden waren –, schließlich der Tropfen, der das Fass zum Überlaufen brachte.

Ich bin so unglaublich talentiert und ich habe so vielen Menschen in so vielen Situationen so viel geben können. Ich hatte das Gefühl, kurz vor einem wirklich guten Leben zu stehen, ganz gleich, wie lange unsere Beziehung letztlich gedauert hätte. Doch nach all dem emotionalen Durcheinander, durch das ich in meinen letzten Wochen in San Diego ging, gab es Momente, in denen ich an eine Zukunft dachte, in der ich nur einen einfachen, sehr ruhigen Job finden, irgendwo ein Zimmer mieten und es für dieses Leben schlicht aufgeben würde, meine Aufgaben zu vollenden. Ich hatte wahrlich das Gefühl, dass meine Schmerzen und Seelenqualen für mehrere Erdenleben ausreichten. Wenn ich schon durch einen Teil dieses Irrgarten keinen Weg fand und die Stücke meines Leben auf andere Weise nicht wieder zurück- und zusammenbekam, dann wollte ich lieber keine weiteren Risiken auf mich nehmen – nein, danke!

Doch nun das Gute. Ich habe so viel Hintergrund und Vorgeschichte erzählt, damit man meine Erfahrung besser versteht. Der Termin bei Serge begann mit einem sehr kurzen Gespräch über vieles, das ich oben erwähnt habe. Ich wurde gefragt, warum ich einen Teil oder Teile von mir selbst zurückhaben wolle. Ich wurde gefragt, warum ein Teil oder Teile zu mir zurückkommen wollten, was jetzt anders sei; wie und warum es sicher sei, jetzt zurückzukommen usw. Ich wurde aufgefordert, Qualitäten zu nennen, die in meinem Leben fehlten; ich sprach über Kreativität, Kraft und das Gefühl, innerlich zusammenzupassen. Gemeinsam kamen wir auf den Begriff ›schöpferisches Selbst‹ als Bezeichnung für den Teil, der im Ritual gesucht werden sollte.

Ich wurde gebeten, die Augen zu schließen, und dann durch eine Atem-Meditation Schritt für Schritt an einen sehr stillen Ort geführt. Mein schamanischer Freund nahm seine Eulengestalt an und rief sein Eulen-*aumakua* auf, ihm zu assistieren. Als sein *aumakua* ankam, hoben sie ab und zogen über Hügel und Täler und hinauf in die Berge einer Insel. Irgendwann flogen sie durch einen Nebel, so dunkel wie die Nacht. Doch es ging weiter aufwärts, bis sie schließlich über den Wolken waren. Dort in der Ferne erhoben sich zwei messerscharfe Bergrücken mit einem kleinen Tal dazwischen. Als sie sich dem Tal näherten, lag dort ein Dorf. Die Dächer der meisten Gebäude waren fast flach und von einem warmen Orange. Das *aumakua* wies auf einen bestimmten Zugang, der zu betreten sei. Im Inneren lag ein großer Raum, darin ein junger Mann von etwa sechzehn Jahren, der ein überwiegend orangefarbenes Gewand mit ein wenig Grün und Rot trug; er arbeitete gerade konzentriert an einer Skulptur und stand mit dem Rücken zum Eingang. Die Eule nahm menschliche Gestalt an und schickte eine Energie-Ranke voraus, um ihre Ankunft zu signalisieren. Der junge Mann bemerkte, dass jemand eingetreten war, setzte jedoch seine Arbeit fort, bis er sie von sich aus unterbrach. Dann wandte er sich mit einem kleinen Lächeln um, weder freudig noch traurig. Der Schamane erklärte ihm seine Mission und den Grund seiner Reise. Er trug dem jungen Mann vor, was er für gute Gründe hielt, die ihn bewegen könnten, mit ihm zurückzukehren: die Dinge, die sich in meinem Leben verändert hatten, wie und warum er nun sicherer sei, und die Vorteile, ein vollständigeres Leben zu führen. Er erwähnte die schöpferische Energie des jungen Mannes, die in der Verbindung mit meiner Energie der Zielstrebigkeit zu zielgerichteter Kreativität und kreativer Zielstrebigkeit führe. Der junge Mann wandte sich wieder seinem Arbeitstisch zu und begann, seine Werkzeuge in ein schwarzes Holzkästchen zu legen. Als alles verstaut war, verschnürte er das Kästchen mit einem roten Tuch und schob es in einen Schlitz an der Seite seines Umhangs. Dann deutete er an, dass er mitgehen werde. Zur sicheren Verwahrung setzte der Schamane den jungen Mann nun ins Innere einer steinernen Kugel, die er mitgebracht hatte. Dann nahm er wieder seine Eulengestalt an, verließ den Raum und flog fort, über das Dorf und aus den Bergeshöhen hinunter den Weg, den er gekommen war. Schließlich landete er an einem Ort der Innenwelt, Bali Hai genannt. Der Schamane nahm wieder menschliche Gestalt an und kehrte in das Zimmer zurück. Er nahm den fehlenden Teil aus dem Inneren der Steinkugel und legte ihn an meinem Nabel in mich zurück, abschließend besiegelte er das Geschehene mit einer kreisförmigen Bewegung der Hand.

Ich hatte die Augen noch geschlossen, Tränen rannen über meine Wangen. Ich öffnete die Augen und blickte mich um. Es war ein merklicher Unterschied in der Art, wie ich das Licht um mich wahrnahm. Ich hatte das Gefühl, nicht nur anders zu sehen, sondern buchstäblich mit anderen Augen zu sehen. Ich fragte, ob es irgendwelche Aufgaben gebe, ob ich etwas zu befolgen hätte, und erfuhr zwei Dinge: Erinnern und Nähren. Jede Veränderung kann nur dann im Leben eines Menschen Wurzeln fassen, wenn sie genährt wird und die Erlaubnis erhält, an die Stelle alter, neurologischer Gewohnheitsmuster zu treten.

Als ich von meinem schamanischen Freund nach Hause fuhr, fiel mir das sanfte hügelige Terrain neben der Straße auf. Es schien so anders zu sein, und doch brauchte ich einen Moment, um meine Erleben in Worte fassen zu können. Mit einem Mal wurde mir bewusst, dass ich tatsächlich fühlen konnte, was ich sah. Ich blickte aufmerksam zu den großen Bäumen, an denen ich vorbeifuhr, und es geschah das Gleiche. Ich hielt an, um zu beobachten, wie die letzten Strahlen der untergehenden Sonne die nahen Wolken trafen, und ich konnte das Goldgelb an deren Unterseite und das dunkle Blauviolett an ihren oberen Rändern *fühlen.* Ich war wie verzaubert und entzückt, und bevor ich zu Bett ging, schrieb ich ein Gedicht.

Als ich erwachte, blickte ich zu dem Mangobaum gleich vor dem Balkon meines Schlafzimmers. Als ich die Farben, die Oberflächenbeschaffenheit und die Gestalt von Stamm und Ästen wahrnahm, konnte ich wieder fühlen, was ich gerade sah. Mir war, als könne ich fühlen, wie es für Aspekte dieses Baumes war, Baum zu sein, und wenn ich meine Aufmerksamkeit leicht verlagerte, konnte ich mich selbst als dieser Baum empfinden. Beide Erlebnisperspektiven waren mir zugänglich; ich brauchte lediglich einen bestimmten Aspekt meiner Aufmerksamkeit auf das zu richten, was ich gerade sah. Am gleichen Abend benutzte ich eine Trommel, um ein bisschen auf die Reisen zu gehen, und die Worte zu einem Lied wurden mir eingegeben: ›Ich bin jetzt heil und ganz, mein Glaube ist wiederhergestellt.‹

Am nächsten Abend benutzte ich eine Rassel, um in die Unterwelt zu reisen, wo ich demselben weißen Sibirischen Tiger begegnete, den ich in der Nacht zuvor gesehen hatte. Dieses Mal blickte ich plötzlich genau auf seine Schulter, und wieder konnte ich fühlen, was ich gerade sah. Wenn ich die Katze meines Freundes betrachte, kann ich anscheinend fühlen, wie es für die Katze ist, so zu sein, wie sie ist – wie es für ihr Fell ist, diese Farbe zu haben, wie es für ihre Muskeln ist, so geformt und gespannt zu sein, wie es für ihre Augen ist, diese Farbe, Größe und Gestalt zu haben, und so weiter – und dieses Erleben scheint sich über mich zu legen wie ein Stück reiner Seide, sehr fein und glatt und schön.

Heute Abend hatte ich beim Geschirrspülen das Radio an und überlegte, ob ich die Musik hören und fühlen könnte, ähnlich wie ich die Dinge in meiner Umgebung beim Sehen auch fühlen konnte. Ich begann mich auf die Musik einzustellen, und siehe da, ich fühlte die Musik buchstäblich in und um meinen Körper. Ich hatte mich mehr als fünfundzwanzig Jahre mit Tanz und Bewegungsmeditation beschäftigt und im Laufe der Zeit einige sehr bewegende und tiefgreifende Erfahrungen mit Bewegung und Klang erlebt, doch dies war mir nun neu und zudem detaillierter als alles, was ich bisher kennengelernt hatte. Wenn ich meine Aufmerksamkeit auf die Musik richtete und mich einfach leicht bewegte, konnte ich jedes einzelne Instrument fühlen, jede einzelne Stimme, jede Note, jeden Schlag – in mir und/oder um mich herum, wie sie sich irgendwie durch mich und mit mir bewegten, wie wenn jeder einzelne, winzige Aspekt dieses Erlebnisses mir ein sehr lieber und sehr vertrauter Freund ist.

Am Abend, als ich meinen ersten Entwurf dieser Aufzeichnung fertig hatte, ging ich nach oben und nahm ein heißes Bad. Als ich gerade schlafen gehen wollte, merkte ich, dass ich ein Glas Wasser brauchte, und ging hinunter zum Kühlschrank, um es mir zu holen. Als ich auf dem Rückweg an dem Erkerfenster vorbeikam, fiel mir auf, dass die Mama-san-Sessel direkt am Fenster ganz in Mondlicht getaucht waren. Spontan beschloss ich, dieses Licht ein wenig zu erforschen. Ich setzte mich hin und lehnte mich zurück. Was ich erlebte, war überraschend und wunderschön. Als ich zum Mond emporblickte, war mir, als sähe ich Teile des Mondlichts in der Luft. Ich konnte fühlen, wie der Mondschein meine Haut berührte, und ich selbst konnte das Mondlicht auf meiner mondbeschienenen Haut berühren. Dies war mit einer sehr feinen, körperlichen Wahrnehmung verbunden und berührte mich auch emotional. Ich fing an zu singen, dazu hatte ich schon lange keine Lust mehr gehabt. Ich sang *Moonlight becomes you* (›Der Mondschein steht dir gut‹) und zwei weitere romantische Lieder. Es war ein sehr hübscher und liebevoller Austausch zwischen dem Mond und mir.

Zwei Nächte später beschließe ich dies nun, nach einem wundervollen Erlebnis auf einer meditativen Reise. Ich begab mich in die Unterwelt und begegnete meinem Krafttier, dem weißen Tiger. Ich bat ihn, mich zu einem Lehrer zu führen. Er nahm mich auf den Rücken und trug mich durch Wälder und hoch in die Berge hinauf, möglicherweise im Himalaja. Wir kamen an einen abgeschiedenen Platz mit einem sehr schönen, kleinen Tempel, der von einem Wesen bewohnt war. Als ich ihn betrat, war ich gefangen von der Schlichtheit und Schönheit des großen Raumes, den nur die Sonne erhellte, die durch die herrlichsten Buntglasfenster hereinschien. Es war buchstäblich atemberaubend. Der Mann, den zu treffen ich hierher gebracht worden war, lud mich ein, mich zu setzen oder niederzulegen, wie es mir am bequemsten erschien. Zuerst hatte ich das Gefühl, ich solle sitzen, um seinen Worten aufmerksamer zuzuhören. Ich wartete auf seine Worte, als ich gewahr wurde, wie sich eine ungeheure Energie in mir zu rühren begann. Da erkannte ich, dass ich eine direkte Übermittlung von seinem Wesen empfing, und legte mich nieder, um sie so vollständig wie möglich aufzunehmen. Ich empfand ein unglaublich goldenes und liebevolles Licht, es funkelte in meinem Innern. Nach einiger Zeit spürte ich, wie es allmählich nachließ. Schließlich setzte ich mich auf und erhob mich. Der Lehrer begleitete mich zur Tür, nahm mich sehr herzlich in die Arme und winkte mir nach, als ich zu meinem Krafttier zurückkehrte. Der weiße Tiger brachte mich zum Ausgangspunkt meiner Reise, und ich kehrte in mein Zimmer zurück.

Ich habe eine gewisse Zeit in der Gegenwart heiliger – psychedelischer – Pflanzen-Lehrerwesen zugebracht. Was ich in den wenigen Tagen seit diesem Seelenrückholungsritual erlebt habe, gehört in eine völlig andere Kategorie. Es ist viel geerdeter und fühlt sich viel runder, vollständiger, weniger zerstückelt an. Wie ich Schichten über Schichten von Einzelheiten im gleichen Moment wahrnehme, wenn ich meine Aufmerksamkeit auf etwas richte, habe ich nie zuvor erlebt. Alles ist wahrlich lebendig und wartet buchstäblich darauf, sich mir mitzuteilen. Der Preis für den Zugang zu dieser absolut wunderschönen Erlebniswelt ist lediglich, dass ich meine Aufmerksamkeit auf etwas richte und innehalte und zulasse, dass sie mir sich und ihre Gaben von selbst offenbart.

Ich vermag heute nicht zu sagen, was alle diese Erlebnisse bedeuten oder anzeigen, aber ich bin mir sicher, dass ich schon zeit meines Lebens eine Person war, die sich auf diese Möglichkeiten einstimmen konnte. Die Tatsache, dass ich fühlte, dass ich Teile von mir selbst fortzuschicken musste, beeinträchtigte mich nicht wenig, besonders im Hinblick auf innere Stärke und Selbsterkenntnis. In bestimmten Bereichen blieb ich geschwächt durch die Traumata, die diese Ereignisse mit sich brachten. Ich hatte große Schwierigkeiten zu lernen, mit den Teilen des Lebens umzugehen, die mich überkamen, sehr häufig aus heiterem Himmel.

Meine bessere Hälfte erzählte mir einmal, dass er sich als Kind in vielerlei Hinsicht extrem sensibel gefühlt habe. Ich erinnere mich, was er einmal sagte, als er einem bestimmten Musikstück lauschte: Er erlebe es so machtvoll, dass er das Gefühl habe, er müsste sterben, wenn er die Wirkung nicht dämpfe. Wenn ich in Gedanken einige meiner Erlebnisse dieser Woche rekapituliere und erkenne, wie sensibel ich als sehr kleines Kind gewesen sein muss, verstehe ich, wie es kam, dass ich – leider Mal für Mal – Stücke von mir fortgeschickt habe, bis ich buchstäblich eine hohle Hülle der Person war, die zu werden ich gekommen war. Ich verstehe auch meine bessere Hälfte, wie ich es niemals vorher vermochte.

In diesem Augenblick kann ich mir nicht vorstellen, jemals etwas anderes als Liebe zu meiner besseren Hälfte zu empfinden. Ich werde ihn jeden Augenblick lieben, den Rest meines Lebens und darüber hinaus. Ich segne ihn dafür, dass er eine so wichtige Rolle gespielt hat, als ich an diesen, meinen Platz in meinem Leben kam. All die Liebe und all das Lernen, das ich gemeinsam mit ihm erlebt habe und weiterhin erleben werde, sind immens wichtig in dem Prozess, in dessen Verlauf ich werde, die zu werden ich bestimmt bin.

Ich will noch mehr erfahren und lernen über die Seelenrückholung, bis ich mich sicher genug fühle, sie in meiner eigenen Arbeit anzuwenden. Ich glaube, sie birgt einen sehr großen Wert, und ich werde die Gelegenheit würdigen, die Freude daran mit anderen zu teilen. Ist es nicht wunderbar, dass der Schamanismus nach all diesen Jahrhunderten noch lebt?«

AUS EINEM ROMAN

Zunächst möchte ich Sie mit dem Rahmen unserer Geschichte vertraut machen: Lani ist ein hawaiianischer Schamane Anfang sechzig, der sich gerade in Deutschland aufhält, um mittels ASW-Fähigkeiten beim Aufspüren einer Attentäterin namens Nazra zu helfen. Karen ist eine junge dänische ASWlerin, die mit Lani zusammengearbeitet hat und aus der zweiten Weltsicht operiert. Sie ist gerade von Nazra gefoltert worden und nun bewusstlos.

»Lanis Seele brannte darauf zu sehen, was Nazra dieser lieben und schönen jungen Frau angetan hatte. Doch er vertrieb diese Gedanken und sammelte sich im *piko,* der Nabelgegend, das ihm auch als Begegnungspunkt seiner eigenen Wesensmitte mit dem Zentrum des Universums diente. Er atmete auf eine spezielle Weise, die bewirkte, dass seine Energie floss und sich ausdehnte und die Frau vor ihm umfasste. Er praktizierte die *ha-ha* genannte Technik, führte seine Hände langsam in etwa 10–15 cm Abstand über ihren ganzen Körper. Mit diesen ersten Strichen sammelte er aus ihrem Energiefeld Informationen über ihren körperlichen Zustand. Außer den sichtbaren blauen Flecken, die die Vorderseite ihres Körpers bedeckten – es fiel auf, dass das Gesicht verschont geblieben war –, registrierte Lani drei gebrochene Finger an ihrer rechten Hand, einen Bruch des rechten Schlüsselbeins, zwei gebrochene linke Rippen, Frakturen am linken Schienbein und einem Zeh des rechten Fußes.

Als er ein zweites Mal ihren Körper entlangstrich, geschah dies, um die Durchblutung anzuregen und ihr Lymphsystem zu aktivieren, um die muskuläre und zelluläre Anspannung zu mindern, die Sauerstoffzufuhr zu steigern, ihren körpereigenen Selbstheilkräfte zu fördern und um den Schmerz zu mindern sowie den Abtransport von Toxinen und Gewebstrümmern zu unterstützen, die sich um die Verletzungen herum bildeten. Lani sprach auch den Geist ihres Körpers an, als sei dieser vom Geist ihres Bewusstseins etwas getrennt. Er gebrauchte Worte, die in den Ohren eines anderen – hätte der sie hören können – völlig irrational, ja sogar verrückt geklungen hätten, Worte wie ›Gut, dass du so rasch heilst. Es ist so gut, dass du jung und kräftig bist. Bald wirst du wieder gut aussehen und dich wohl fühlen. Nimm dir dort noch etwas Sauerstoff, ja? Und entspanne diese Muskeln bitte. Schaffe die toten roten und weißen Blutkörperchen in diesem Bereich schneller fort, verstanden?‹

Während ein Teil von ihm direkt mit dem Geist ihres Körpers kommunizierte, ging ein anderer Teil hinaus auf die Suche nach dem Geist ihres Bewusstseins. Dieser Teil von ihr hatte vor dem Schmerz und den Schrecken des Erlebten anderswo Zuflucht gesucht. Wenn er nicht zurückkehrte, konnte Karen den Rest ihres Lebens im Koma bleiben.

Jener andere Teil von Lani ging an einen Ort, der schon als veränderter Bewusstseinszustand, als Traum, als eine andere Dimension, eine andere Welt, ein Phantasieprodukt, ein psychotischer Zustand und weitere, noch weniger freundliche Dinge bezeichnet worden ist. Lani hätte ihn *Po* genannt mit einem schwer zu erklärenden Begriff, den man in seiner einfachsten Form als einen ›Ort, der für das äußere Auge unsichtbar ist‹ übersetzen könnte. Nach Lanis innerer Wahrnehmung flog er in Gestalt eines *'io,* eines hawaiianischen Falken, über eine Bergkette phantastischer Formationen und Farben. Er hielt Ausschau nach einem bestimmten Tal. Er wusste, dass es existierte, war jedoch noch nie dort gewesen. Er empfand einen Zug von rechts, der ihn in diese Richtung lenkte, und bald stieß er in ein Tal vollendeter Schönheit hinab, das zwischen einer Gruppe hoher Berge versteckt lag. Er sah mächtige Wasserfälle, majestätische Bäume und wunderschöne Blumen; hier lebten herrliche katzenartige Tiere. In einer Lichtung in der Mitte des Tales stand ein weißer Tempel, von einer Kuppel überwölbt und mit einem Teich in der Nähe; darauf steuerte er zu.

Nach seiner Landung verwandelte er sich in einen Ozelot, weil er exotisch, aber nicht zu groß sein wollte und sich dieser Gestalt von Zeit zu Zeit auch für andere Zwecke bediente. Er ging zu dem Tempel hinauf und blickte sich um, konnte aber zwischen den alabasterhellen Säulen niemanden sehen. Als sanfte Harfentöne in die milde Luft aufstiegen, spitzte er die Ohren und schritt hinüber zu dem Teich. Er erkannte das Gewässer sofort als Ebenbild eines Gemäldes von Maxfield Parrish. Der Teich und die Säulen erinnerten an eine klassisch griechische Szenerie, und die ganze Umgebung einschließlich der üppigen Vegetation um den Teich war in die glühenden Farben der untergehenden Sonne getaucht, obwohl das Tal, als er darüber geflogen war, im Morgenlicht zu liegen schien.

Ein junger Adonis in einer kurzen, weißen Tunika saß auf einem Hocker am Ufer des Teiches, seine Finger zauberten bunte, leicht fließende Melodien aus einer einfachen Leier, die er auf dem Schoß hielt. An der Lani-dem-Ozelot gegenüber liegenden Seite des Teiches räkelte sich eine junge Karen, etwa fünfzehn Jahre alt, in einem langen, weißen Kleid mit goldenem Saum auf einer gepolsterten Bank. Sie aß Trauben, die ihr ein anderer junger Adonis darbot, der dem ersten wie ein Zwilling glich.

Lani tauchte ein, überquerte schwimmend den Teich, stieg auf der anderen Seite heraus und schüttelte sich das Wasser aus dem Fell. Er wusste, dass er sich nicht wirklich trockenschütteln musste, aber er liebte das Gefühl. Karen schenkte ihm keine Beachtung, bis er den Kopf an ihrer von der Bank baumelnden Hand rieb.

›Hallo‹, begrüßte sie ihn, ›du bist ja ein ganz Hübscher. Wie heißt du?‹

›Lani‹, antwortete er und schnurrte.

Es schien sie nicht zu überraschen, dass eine Katze sprechen konnte. ›Lani …‹, wiederholte sie nachdenklich. ›Den Namen kenne ich irgendwoher. Ein schöner Name. Gefällt dir die Musik, Lani?‹ Es war die Melodie von Pachelbels Kanon.

Auf einer Leier gezupft, gar nicht übel, dachte Lani. ›Sie ist schön wie du‹, antwortete er und schnurrte.

Karen lächelte und aß eine weitere Traube.

Lani schnurrte: ›Ich überbringe dir Grüße von Keoki. Und von Lisbet. Und von deinem Vermieter, denn die Miete für deine Wohnung in Kopenhagen ist bald wieder fällig.‹

Karen runzelte die Stirn und stieß die Trauben fort. ›Wie kannst du nur an diesem Ort von so etwas reden?‹

›Warum nicht? Sie vermissen dich. Denkst du nicht an sie?‹

Karen setzte sich auf und blickte ihn missbilligend an. ›Hör auf. Ich will nicht zurück nach … zu … hörst du? Ich will einfach nicht!‹ Sie seufzte, entspannte sich wieder und blickte sich um. ›Es ist so schön und friedlich hier, nicht wahr? Ich könnte für immer hier bleiben.‹ Sie lächelte dem Adonis zu und streichelte ihm die Hand.

›Ja, es ist sehr schön hier‹, bestätigte Lani eher beiläufig und leckte sich das Fell, als interessiere ihn alles nicht wirklich. ›Aber dein Körper braucht dich. Er versucht, sich zu heilen, aber er braucht wirklich deine Hilfe. Hast du ihm beim Heilen geholfen, kannst du jederzeit hierher zurückkehren.‹

Das Mädchen schien besorgt: ›Kann mein Körper denn nicht ohne mich klarkommen?‹

›Nicht sehr gut‹, antwortete der Ozelot und hielt einen Moment inne, bevor er sich wieder setzte. ›Wenn du nicht zurückkehrst, um deinem Körper zu helfen, müssen einige andere Leute dafür bezahlen, dass er in einem Krankenhaus bleibt; dein Vermieter erhält sein Geld nicht und muss deine Sachen verkaufen; deine Klienten müssen jemand anderes finden, der weniger Talent hat, ihnen zu helfen, und der Mann, denn du treffen und heiraten sollst, wird ungeliebt weiterleben. Aber es ist natürlich deine Entscheidung.‹

Sie biss sich auf die Lippe. Adonis 1 hatte aufgehört zu spielen und blickte herüber. Adonis 2 war verschwunden. ›Mein Körper … tut weh‹, sagte sie endlich. ›Der Schmerz ist so schrecklich … ich war so hilflos … warum hat man mir das angetan?‹ Das Letzte war der Aufschrei eines sehr kleinen, bestürzten Kindes.

Lani blickte ihr tief in die Augen. ›Die meisten Schmerzen sind inzwischen vorüber. Jetzt ist niemand mehr da, der dir wehtut. Viele Menschen helfen dir, zu genesen, und dein Körper tut sein Bestes, um wieder ganz zu heilen. Aber er braucht dich noch, und sie brauchen dich auch. Außerdem, wie ich bereits sagte, kannst du später jederzeit hierher zu Besuch kommen, wenn du es willst.‹

›Kann ich das?‹

›Jederzeit.‹

Karen hob Lani auf und nahm ihn auf den Schoß. Adonis 1 war verschwunden. ›Und wie komme ich zurück?‹, fragte sie flüsternd.

›Zuerst muss ich dir sagen, was du zu tun hast, wenn du zurückkommst‹, teile ihr der Ozelot mit und schnurrte. ›Um deinen Körper so rasch wie möglich zu heilen, musst du die Person vergessen, die dir wehgetan hat, und du wirst deinen Geistführern zu vergeben haben, dass sie dich nicht schützen konnten.‹

Das Mädchen erstarrte: ›Ich weiß nicht, ob ich das schaffe.‹

›Gewiss kannst du das, du bist eine Heilerin. Es wäre für dich am besten, an diese Frau wie an eine sehr verwirrte Seele zu denken, die dir nur wehgetan hat, weil sie selbst so sehr leidet. Sie hat nicht dich persönlich gemeint, sondern alles angegriffen, was ihr jemals Leid gebracht hat. Kannst du ihr vergeben, dass sie so viel Schmerz in sich hatte?‹

Karen nickte nachdenklich. ›Dafür könnte ich ihr vergeben.‹

›Gut‹, bestätigte Lani. ›Denke daran. Und nun lass uns über deine Geistführer sprechen …‹

›Wieso haben sie mich nicht beschützt?‹

Der Ozelot leckte ihr einmal über die Nase. ›Sie sind nicht da, um dich vor Verletzungen zu schützen. Das ist nicht ihre Aufgabe. Sie sollten dich davor schützen, von negativen Wesen, von negativen Überzeugungen überwältigt zu werden, und das haben sie sehr gut gemacht. Die arme Nazra hat keinerlei schützende Geister, und sie wurde vom Negativen überwältigt. Denke darüber nach‹, fuhr Lani fort. ›Nazra ist eine Mörderin, aber sie hat dich nicht getötet, als sie es konnte. Vielleicht haben ihr deine Güte und die Hilfe deiner Geistführer ein klein wenig geholfen.‹ Bei dieser Vorstellung hellte sich Karins Miene auf. ›Kannst du deinen Geistführern also vergeben, dass sie nur getan haben, was ihre Aufgabe war?‹

›Ja, das kann ich‹, sagte Karen nachdenklich. ›Und was tun wir jetzt?‹

Lani befreite sich aus ihren Armen, setzte sich auf die Bank und blickte sie an. ›Du machst dich ganz, ganz klein, und ich verwandele mich in einen Vogel. Dann kannst du auf meinem Rücken reiten, während ich uns nach Hause fliege.‹

›O ja, das klingt lustig‹, stimmte Karen zu und klatschte in die Hände.

Lani verwandelte sich zurück in einen Falken, während Karen zu einer passenden Größe schrumpfte. Dann ließ er sie auf seinen Rücken steigen, bevor er die Flügel ausbreitete und sich in den vielfarbenen Himmel erhob. Wieder ging sein Flug über das Tal, so dass sie von oben einen guten Blick darauf hatte, dann brachte er sie nach Hause.

In ihren Körper zurückgekehrt, öffnete Karen die Augen. Sie suchte nach Lanis Händen, fand sie und brachte die Andeutung eines Lächelns zustande. ›Das war lustig‹, sagte sie so matt, dass nur er es vernehmen konnte.«

KAPITEL 10
MAGISCHES FLIEGEN

EINFÜHRUNG

Zu den seltsamsten überlieferten ASW-Fähigkeiten gehört die angebliche Loslösung vom eigenen Körper und das Reisen über große Distanzen, um Dinge zu sehen und sich an Ereignissen zu beteiligen, die einem ansonsten unbekannt oder unerreichbar wären – oder auch nur bis zur Decke emporzuschweben und auf den eigenen Körper herabzublicken, den man verlassen hat. Diese Fähigkeiten wurden unter anderem als »magisches Fliegen«, »Astralreisen« und »AKE« (Abkürzung für »außerkörperliche Erfahrung«) bezeichnet.

Es erscheint so fremd und so weit außerhalb unseres »normalen« Erlebens, dass man geneigt ist, alleine die Vorstellung als »völlig unmöglich« abzulehnen und sie allenfalls als Folge von Wahnideen gelten zu lassen. Doch bevor Sie dies tun, sollten wir etwas mehr darüber sprechen. Es gibt bei diesem Thema unglaublich viele Missverständnisse, weil es eben ganz und gar nicht das ist, wofür die Leute es halten.

Bedenken Sie, dass die Idee vom magischen Fliegen ein fester Bestandteil des überlieferten Volksglaubens praktisch jedes Kulturkreises ist. Berichte finden wir bei den Indianern bis hin zu den Eskimo, bei den Indern, Brasilianern, Mongolen, Polynesiern, Japanern, Chinesen, Arabern, Juden, Afrikanern etc. Die Europäer und die modernen amerikanischen Geschäftsleute sollten wir dabei nicht übersehen. Von überall her hören wir im Grunde die gleiche Geschichte: Bestimmte Menschen – sowohl »gewöhnliche« Landsleute als auch Angehörige religiöser oder mystischer Gruppen (d.h.

Schamanen, Medizinmänner, Priester, Mönche, Nonnen und andere) – »verlassen« ihren Körper entweder spontan oder mit Hilfe geheimer Techniken, um in den Himmel zu reisen, zum Reich der Götter oder anderen Zielen; nach ihrer »Rückkehr« sind sie im Besitz verborgenen Wissens und berichten von wundersamen Erlebnissen. Oder sie reisen auf einer weltlicheren Ebene einfach ungesehen in dieser physischen Welt umher; sie gelangen, wohin auch immer sie wollen, mit Lichtgeschwindigkeit und durchdringen mit Leichtigkeit Wände und andere Hindernisse. Es klingt wie ein Märchen, nicht wahr? Aber ein weiteres gemeinsames Element, das wir nicht ignorieren können, ist, dass – ohne Ausnahme – alle, die solche Dinge erleben, auf der *Wirklichkeit* des Geschehens insistieren. Es ist *kein* Traum, sagen sie. Sie nehmen bewusst wahr, was geschieht; sie haben alle ihre kognitiven Fähigkeiten, und was sie erleben, bleibt so klar in ihrer Erinnerung wie jedes andere Erlebnis der »äußeren« Welt.

Offensichtlich geschieht hier etwas, aber was? Der Psychologe wird wohl von einer geistigen Störung sprechen oder zumindest von einer Halluzination, und der Person möglicherweise raten, einen Arzt oder eine Klinik aufzusuchen. Vielleicht fragt er auch nach Erfahrungen mit und nach dem Konsum von Drogen. Tatsächlich wurden in vielen – alten und modernen – Kulturen verschiedene Drogen gebraucht, um den »Flug« einzuleiten, aber es gibt auch viele Berichte von Menschen, die ihn ohne Drogen irgendwelcher Art erlebten. Mit oder ohne Drogen-Hypothese vermag der fest in der Orthodoxie seines Berufsstandes verwurzelte Psychologe nicht zu erklären, woher die Erlebnisse kommen und warum sie im Unterschied zu anderen Arten rein mentaler Aktivität so realistisch erscheinen. Die Feststellung, sie seien ein »Produkt des Denkens«, ist überhaupt keine Aussage, und die Kategorien »Geistesstörung« und »Halluzination« sind nur Etiketten, die gebraucht werden, um dahinter ein unbequemes Thema bequem zu verstecken.

In diesem Kapitel werden wir das Wie und Warum des Phänomens erforschen, dazu auch Theorien, Varianten und, was am wichtigsten ist: den praktischen Nutzen beim Verändern der Wirklichkeit.

Die traditionelle okkulte Sicht des Phänomens ist recht interessant, auch wenn sie für die, die mit ihr nicht vertraut sind, recht bizarr klingt. Okkultisten nennen das Erlebnis »Astralprojektion« und meinen damit die Projektion eines »Astralkörpers« auf die »Astralebene«. Es heißt, dass es – in gegenseitiger Durchdringung mit unserem physischen Körper – einen Astralkörper gebe, der aus einer Art von Materie besteht, die auf viel höherer Frequenz schwingt als physische Materie. Er existiere zum Teil auf dieser Ebene und zum Teil auf einer weiteren, der sogenannten Astralebene. Das Wort Ebene bedeutet, genau genommen, »Dimension«, ein Erfahrungsbereich außerhalb unserer normalen Sinne. Die Projektion wird bewerkstelligt durch Erlernen verschiedener Techniken, den Astralkörper vom physischen zu trennen und dann mit Hilfe des Willens den zusätzlichen Körper dorthin zu schicken und das tun zu lassen, was man wünscht. Die okkulten Traditionen sagen, diese Trennung sei erst nach schwierigen und hingebungsvollen Bemühungen zu lernen, motiviert von hohen spirituellen Zielen und unter der Anleitung und Führung eines »Meisters« oder erfahrenen Okkultisten. Dies bezieht sich natürlich auf bewusste und gewollte Projektion. Die gleiche okkulte Tradition sagt, dass sich während des Schlafes fast jeder Mensch vorübergehend teilweise oder ganz projiziere, und dass besonders lebhafte Träume Erinnerungen an solche Phasen seien.

Zum Leidwesen des interessierten Laien ist das traditionelle okkulte System durchdrungen von komplizierter Dogmatik. Je nachdem, welcher okkulten Gruppe sie sich nähert, wird von der Person, die den Wunsch hat, mehr über solche Phänomene herauszufinden, verlangt, dass sie alles lernt über Hierarchien der Geister, Devas, Adepten, Meister, Geistführer, Strahlen, über eine Heerschar von Körpern (ätherisch, astral, mental, kausal), Naturgeister, Elementarwesen, negative Wesenheiten, Engel, Seraphime und Cherubime, die »Hüter der Schwelle« und ein riesiges Sortiment von weiteren unfassbaren Begriffen. Die Tradition birgt einige Wahrheit, doch diese ist so getarnt, dass es einem fast die Hoffnung raubt, jemals etwas davon zu finden. In Zeiten der Verfolgung und Ignoranz kann das notwendig gewesen sein, aber in einer wissenschaftlich orientierten, recht gebildeten und offenen Gesellschaft, wie wir sie heute haben, dürfte es an der Zeit für einen einfacheren Zugang sein.

DIE WISSENSCHAFTLICHE ERKLÄRUNG

Wenn auch nicht in allen Einzelheiten übereinstimmend, sind sich Wissenschaftler doch weitgehend einig darüber, dass AKEs lediglich Produkte des Gehirns sind, insbesondere von Teilen der rechten Gehirnhälfte. Sie seien auf zu viel oder zu wenig Stimulation von sensorischen Signalen und/oder spezifische elektromagnetische Stimulation zurückzuführen, nicht stärker als das, was in unserer gewöhnlichen Umgebung vorkommt. Während diese Einschätzung mit der ersten Weltsicht durchaus vereinbar ist, bleibt als Hauptproblem die paradoxe Schlussfolgerung, dass unsere ganze Wahrnehmung der Welt um uns lediglich das Produkt unseres Gehirns sein muss, weil wir die Welt aufgrund der elektromagnetischen Stimulierung des Gehirns durch alle Sinne wahrnehmen. Die Feststellung, dass »gewisse Wahrnehmungen real sind und andere Wahrnehmungen nicht real sind, weil wir es so sagen«, ist nicht wissenschaftlich.

DIE SCHAMANISCHE ERKLÄRUNG

Die Erklärungen aus verschiedenen schamanischen Kulturen sind ebenfalls nicht in allen Einzelheiten deckungsgleich, doch es herrscht Übereinstimmung darüber, dass der Schamane bewusst und willentlich seinen Körper verlassen und sich – zum Zwecke des Heilens oder um heilendes Wissen zu erwerben – in und durch diese Welt und andere Welten begeben kann. Diese Welten werden gemeinhin als die Obere Welt, die Mittlere Welt und die Untere oder Unterwelt beschrieben. Manche Schamanengruppen gehen nur zu einem Ort namens Unterwelt, andere betrachten die Mittelwelt als diejenige, in der wir jetzt sind, oder als einen weitere Ort, und wieder andere gehen von einer riesigen Vielzahl weiterer Welten aus.

An diesem Punkt stellt sich die berechtigte Frage: »Was ist der Unterschied zwischen einer schamanischen Reise und dem magischen Flug?« Die korrekte Antwort aus der Sicht des Schamanen ist: »Keiner«. In der schamanischen Sicht der Welt ist jede dieser Welten gleichermaßen real. Doch der Gegenstand dieses Kapitels ist das Verlassen des Körpers in dieser Welt, was die meisten Menschen nicht mit dem schamanischen Reisen assoziieren.

DAS ERLEBNIS

Die einzige reale Art und Weise, mehr darüber zu erfahren, ist durch direktes Erleben – unverfälscht durch Dogmen – sowie durch das Studium der Berichte von anderen Menschen, die versucht haben, ihre Erlebnisse ehrlich wiederzugeben. Solche Berichte sind selten, aber es gibt sie. Bei Aloha International haben wir die Berichte studiert, sie mit den okkulten und anderen Traditionen verglichen und eigene Experimente durchgeführt. Obwohl wir nicht in Anspruch nehmen, das letzte Wort über das Thema zu haben, lassen unsere Untersuchungen diese vorläufigen Schlussfolgerungen zu:

1. Magischer Flug / Astralprojektion ist so real wie jedes andere Erlebnis.
2. Unser Bewusstes und Unterbewusstes kann in mehr als einer Erlebnisdimension agieren und tut es auch.
3. Das Erlebnis ist mit dem telepathischen Hellsehen eng verwandt.
4. Es handelt sich eher um eine Projektion des Bewusstseins als um die Projektion eines Körpers.
5. Bioenergie spielt dabei eine wesentliche Rolle.
6. Das bewusste Wahrnehmen des Erlebnisses ist recht einfach zu erlangen, die bewusste Kontrolle ist jedoch eine schwierige Sache.
7. Das magische Fliegen kann man lernen.

Bevor Sie es jedoch lernen, müssen Sie erfahren, worüber wir hier sprechen. Mit anderen Worten: Wie ist das Erlebnis und wie erkennen Sie, dass Sie es erleben? Das ist nicht so einfach zu erklären, wie es vielleicht den Anschein hat, weil es unserer Sprache leider an brauchbaren Begriffen mangelt. Aber wir müssen es versuchen, und deshalb werden wir es.

Es gibt bekanntlich mehrere Varianten des Flug-Erlebens, von denen »Astalreisende« berichteten. Verschiedene Autoren haben sich bemüht, solche Erlebnisse in räumlichen Begriffen zu kategorisieren, was eher zu weiterer Verwirrung als zu einer Erklärung beitrug. So spricht die okkulte Tradition von sieben verschiedenen Ebenen, die jeweils wieder sieben Unterebenen aufweisen, und vermittelt den Eindruck von einer partiellen gegenseitigen Durchdringung der abgestuft in Richtung Himmel aufsteigenden Ebenen. Der Autor Robert A. Monroe verwendet die Begriffe »Schauplatz I, II und III«, aber offensichtlich meint er damit nicht, dass sie in einer bestimmten Richtung »gestaffelt liegen«. Einen interessanten Zugang vermittelt John C. Lilly in seinem Buch *Das Zentrum des Zyklons.* Es ist die Adaption einer Systematik von Gurdjieff, einem sufisch orientierten Okkultisten. Hier wird das Erlebnis als Staffelung von Bewusstseinszuständen dargestellt, die von einem höllenähnlichen Zustand bis hin zur Seligkeit reichen. Statt jedoch einen objektiven Bewusstseinszustand zu beschreiben, ist die Skala tatsächlich nur ein subjektives System, um die eigene *Reaktion* auf verschiedene Zustände einzuordnen. Was der eine als Hölle erlebt, wird ein anderer für das Paradies halten, obwohl beide objektiv das Gleiche erleben. Einige moderne Parapsychologen sprechen über »Bewusstseinsfelder«. Dies ist zwar durchaus verdienstvoll, zugleich aber doch so abstrakt, dass es für den Normalbürger fast bedeutungslos bleibt.

Um dieses weite Feld verständlicher zu beschreiben, charakterisiere ich die Phänomene in meinem Ansatz als Erlebnis-Typen. Die folgenden Zuordnungen sind rein willkürlich und so klar wie möglich. Die Reihenfolge, in der sie aufgeführt werden, ist ohne Belang, denn man kann unterschiedliche Typen bei unterschiedlichen Gelegenheiten erleben – oder sogar bei der gleichen Gelegenheit.

TYP 1

Hier finden wir das »klassische« Erlebnis: Sie scheinen sich in Ihrem normalen Körper zu befinden – soweit Sie das sagen können –, und sind gerade hier in der vertrauten, physischen Welt. Doch vieles ist anders: Ihr Körper scheint federleicht, und vielleicht können Sie schweben oder durch die Luft fliegen. Sie spüren möglicherweise, wie Sie Ihren physischen Körper verlassen, oder Sie stellen auf einmal fest, dass Sie von ihm getrennt sind. Die Menschen in Ihrer Umgebung schenken Ihnen keine Beachtung und verhalten sich, als ob Sie gar nicht existierten. Vielleicht fällt Ihnen auf, dass Sie die Hand durch materielle Objekte stecken (oder deren stoffliche Beschaffenheit nicht so wahrnehmen wie sonst) und sogar durch Wände gehen können. Möglicherweise können Sie sich kraft Ihres Willens an mehr oder weniger jeden physischen Ort begeben, an den Sie denken. Sie brauchen dafür nichts weiter zu tun, als an den Ort oder eine Person dort zu denken, den Wunsch zu haben, dorthin zu gelangen, und schon sind Sie dort; manche Menschen fühlen, wie sie dorthin fliegen). Bei Typ 1 scheint der Zeitfaktor der gleiche zu sein wie im normalen Bewusstsein, das heißt, wenn Sie etwas in diesem Zustand erleben, dürften Sie bei der Rückkehr in Ihren Körper feststellen, dass das Ereignis in der Zeit stattfand, in der Sie es erlebten. Nach der Rückkehr in den Körper oder während des Erlebens selbst könnten Sie feststellen, dass das, was Sie sahen oder sehen, im Vergleich zum gewöhnlichen Erleben ein wenig verzerrt oder verfremdet ist. Falls Sie zum Beispiel dachten, in einem bestimmten Zimmer eine geblümte Tapete gesehen zu haben, könnte sich bei der Untersuchung im Äußeren herausstellen, dass die betreffende Wand in Wirklichkeit ungemustert ist. Im Großen und Ganzen jedoch werden die Dinge so sein, wie Sie sie aus Ihrem gewöhnlichen Erleben kennen.

In einer Variante dieses Typs – nennen wir sie Typ 1a – kann es geschehen, dass die Menschen, die Sie »unterwegs« sehen, zu Ihnen sprechen, aber wenn Sie sie in einem normalen Zustand befragen, werden sie sich nicht daran erinnern. Bei anderen Gelegenheiten reagieren manche Menschen ängstlich oder erschreckt auf Ihre Anwesenheit und berichten später, sie hätten eine Gespenstererscheinung erlebt. Unter manchen Umständen ist Ihnen eine physische Einwirkung auf die Umgebung möglich.

Beispiel: Eines Morgens früh erwachte ich in meinem Schlafzimmer und bemerkte sofort, dass mein rechter Arm sich seltsam anfühlte. Als meine Sinne wacher waren, wurde mir bewusst, dass mein Arm aus dem Bett hing und zum Teil in den Fußboden reichte. Ich konnte den Bodenbelag regelrecht fühlen, aber auch die Dielen und Balken darunter. Das war nicht angenehm, deshalb setzte ich mich auf. Zu meiner Linken sah ich meine Frau schlafen, doch an den Wänden waren Tapeten, die es in unserem gewöhnlichen Leben nicht gab; auch die Frisierkommode gegenüber dem Bett war nicht unsere. Als ich mich umdrehte, fielen mir zwei weitere Dinge auf: Ein peruanischer Teppich, der normalerweise die Wand über dem Bett zierte, hatte sich in einen mittelalterlichen Wandteppich verwandelt, und mein normaler Körper lag noch schlafend, das heißt, ich war teils in ihm, teils außerhalb. Da ich kein Bedürfnis hatte, irgendwohin zu gehen, legte ich mich in meinen physischen Körper zurück und schlief wieder ein.

TYP 2

Hier haben wir im Grunde genommen das Gleiche wie bei Typ 1, doch dieses Mal nehmen Sie Wesen wahr, die sich offenbar im gleichen Zustand befinden wie Sie selbst. Sie mögen Ihnen wohlgesinnt sein oder nicht. Im letzteren Fall versuchen sie vielleicht, Sie anzugreifen. Soweit wir feststellen können, scheint Ihre Angst und/oder Wut den Wesen nur mehr Kraft zu geben; möglicherweise sind sie nur Manifestationen oder Projektionen Ihrer eigenen unterdrückten Emotionen. Der beste Rat, die ich Ihnen geben kann, ist, ruhig zu bleiben und auf Ihre Fähigkeit zu vertrauen, die Sache durchzustehen: Oft werden die Wesen sich einfach auflösen, wenn Sie nicht auf sie eingehen, als letzter Ausweg bleibt Ihnen immer noch dir Rückkehr ins Physische. Ich werde das später erklären.

Beispiel: Während einer tiefen Meditation merkte ich plötzlich, dass ich vor einem riesigen Gorilla vom Typ »King Kong« stand, der einen Fuß hob, um mich zu zerquetschen. Ich hatte entsetzliche Angst, aber eine Stimme, die irgendwo aus meinem Inneren zu kommen schien, sagte: »Bleib ruhig, entspanne dich und lass es geschehen.« Das tat ich, weil es ohnehin zu spät war, die Flucht zu ergreifen, und als die Sohle des Gorillas mich berührte, löste sich die Kreatur in nichts auf – und meine Angst ebenfalls.

TYP 3

Dieses Erlebnis ähnelt dem unter Typ 1 insofern, als Ihnen Ihre Umgebung normal erscheint, Ihnen aber nicht vertraut ist; dabei interagieren Sie mit den Menschen um sich herum. Kulturkreis, Gesellschaftssystem und Umfeld sind möglicherweise anders als alles, was Sie jemals erlebt haben; jede kulturelle und zivilisatorische Situation zwischen »primitiv« und »unserer eigenen weit voraus« ist möglich. Einige wichtige Merkmale von Typ 3 sind, dass Sie hier reisen können wie bei Typ 1 und dass Sie Menschen begegnen, die Sie kennen oder gekannt haben, d.h. solche, die die normale Welt bereits »verlassen« haben. Ob Sie dies akzeptieren oder nicht, ist Ihre Sache; ich beschreibe hier nur, was Sie erleben werden. Typ 3 kann Sie auch in Bereiche führen, die den traditionellen Vorstellungen vom Himmel entsprechen.

Beispiel: Lanis Erlebnis im vorherigen Kapitel

TYP 4

Sind Sie mit der Idee von parallelen Leben vertraut? Hier scheint es sich um ein solches zu handeln. Ist Ihnen die Vorstellung von parallelen Leben neu? Dann wollen wir einfach verraten, dass wir es hier mit einer Welt zu tun haben, die der unseren sehr ähnlich ist, in der sich Dinge jedoch in andere Richtungen entwickelt haben, persönlich, kulturell und/oder technisch. Zum Typ 4 gehören Erlebnisse wie Inkarnationen in Vergangenheit und Zukunft. Dies klingt sehr nach Typ 3, aber der Unterschied wird Ihnen klar, wenn Sie es erleben.

Beispiel: Kurz bevor ich aus dem US-Marineinfanteriekorps entlassen wurde, stand ich vor einer wichtigen Entscheidung. Ich konnte entweder nach Hause gehen, meine Ausbildung beenden und die Frau ehelichen, die ich liebte, oder mit einem Freund ein Boot kaufen und über den Südpazifik segeln. Nun, in diesem Leben traf ich die beste Wahl, und ich bin immer noch glücklich verheiratet. Jahre später entschloss ich mich, die damalige Alternative im Rahmen eines parallelen Lebens zu erforschen, und entdeckte mich sturzbetrunken in einer Bar auf Samoa. Jahre später ging ich wieder »hinüber« und fand mich gestorben. Wiederum Jahre später betrat ich das gleiche Parallel-Leben einige Minuten vor dem Sterben, überredete »mich« dazu, eine bessere Wahl zu treffen, hörte auf zu trinken und führte in jener Parallel-Existenz fortan ein produktiveres Leben.

TYP 5

Es ist ein unheimliches und oft erschreckendes Erlebnis, weil es sich auf nichts in unserem normalen Leben bezieht. Winde, Strömungen, Barrieren, Dunkelheit … Wörter, die nicht im Entferntesten zu beschreiben vermögen, was man erlebt. Es ist nicht wirklich eine Hölle. Es gibt da keine Peiniger, ja, es ist außer Ihnen selbst vielleicht gar niemand da. Es ist schlichtweg beängstigend, weil es so völlig indifferent scheint.

Beispiel: Ein recht häufiges Erlebnis, das ich auch selbst kenne, ist, entweder irgendwo zu schweben und umgeben zu sein von körperlosen Augen, die einen anstarren, oder an schier endlosen steinernen Mauern entlangzufliegen.

TYP 6

Man könnte es Phantasieland nennen, dieses Reich der Fabeln, Mythen, Legenden und Märchen. Unmögliches kann hier geschehen – und tut es gewöhnlich auch. An diesem »Ort«, so hat es den

Anschein, sind Sie immer damit beschäftigt, jemandem zu helfen, oder Sie werden einer Prüfung unterzogen. Nur selten sind Sie lediglich ein einfacher Zuschauer. Vielleicht ist das Ganze ein gedankliches Konstrukt zum Zwecke des eigenen Wachstums, denn es scheint sehr real, während Sie sich darin aufhalten.

Beispiel: Die sehr detailreiche eigene Erfahrung meines Lebens in Atlantis vor und nach dessen Zerstörung. Vielleicht schreibe ich darüber einmal einen Roman.

TYP 7

Eine Welt aus Licht, Farbe und häufig auch Klang, mit amorphen, fließenden Formen. Manchmal nehmen Sie die Anwesenheit anderer – stets wohlgesinnter – Wesen wahr, aber diese sind nur zu spüren, nicht sichtbar. Das Erleben bei Typ 7 ist äußerst angenehm, und Sie werden nur widerwillig den Rückweg antreten. Es entspricht den Vorstellungen vom Nirwana oder Samadhi in östlichen Religionen oder der Vereinigung mit Christus in der christlichen Religion – vielleicht.

Beispiel: (nicht nötig)

TYP 8

Nennen Sie es ruhig Hölle, in Ermangelung eines passenderen Begriffs. Damit erübrigt sich eine weitere Beschreibung. Personen, die sich auf eine außerkörperliche Erfahrung vorbereitet haben, erleben das nur selten.

Beispiel: (Vergessen Sie's.)

TYP 9 (10, 11, ...)

Merkmal dieser Kategorie(n) ist der Effekt eines zweifachen Bewusstseins. Es ist möglich, sich seines physischen Körpers und der Umgebung überhaupt nicht bewusst zu sein, wie bei den bisher skizzierten Erlebnis-Typen – oder aber wahrzunehmen, dass man zur gleichen Zeit in beiden Zuständen existiert. Auch hier können Worte das Erlebte nicht vermitteln. Man muss es selbst kennenlernen, um es zu verstehen, vielmehr: um es zu würdigen.

Beispiel: Ich war eine Zeitlang hellwach und bewusst, während ich im Bett lag und gleichzeitig hellwach und bewusst wahrnehmend irgendwo anders eine Steilküste entlangging.

Da haben Sie es nun: Es ist doch kein Wunder, dass die Unvorbereiteten sich kaputtlachen und die Uninformierten alle, die davon berichten, wegsperren wollen. Doch es ist so viel Realität um diese Erlebnisse, weil sie von so vielen mutigen und klar denkenden Menschen erlebt werden. Wenn wir die Fertigkeit entwickeln können, diese Möglichkeiten zu nutzen, um die Wirklichkeit zu verändern, in der Sie gerade dieses Buch lesen, dann steht unserer ganzen Art zu leben eine drastische Korrektur ins Haus.

METHODEN

Allen, die sich bis hierher nicht haben abschrecken lassen, möchte ich nun einige elementare Techniken vorstellen, die zum Einleiten und Herbeiführen von außerkörperlichen Erlebnissen geeignet sind. Es geht uns hier darum, das Erleben so weit wie möglich bewusst zu kontrollieren und zu lenken, deshalb werde ich weder über spontane Erlebnisse noch über die Verwendung von Drogen oder Alkohol oder über eine von einer anderen Person geleitete tiefe Hypnose sprechen.

DIE TRAUM-METHODE

Diese Technik gehört zu den weltweit verbreiteten Vorgehensweisen und besteht darin, die Kontrolle zu übernehmen, während Sie mitten in einem Traum sind. Dazu müssen Sie zunächst erkennen, dass Sie gerade träumen. Man nennt diesen Zustand gewöhnlich »luzides Träumen«, er kann spontan eintreten oder bewusst herbeigeführt werden. Nachdem Sie die Zügel in die Hand genommen haben, können Sie mit Hilfe Ihres Willens die Führung übernehmen und das Erleben lenken. Dies ist freilich leichter gesagt als getan.

Zuerst müssen Sie Ihre Träume stärker beachten, besonders jene, in denen Sie Ihre kritischen Fähigkeiten gebrauchen. Nehmen wir zum Beispiel an, Sie träumen von einem Ritt auf einem Einhorn, dann denken Sie sofort, also noch im Traum: »Das ist verrückt, Einhörner gibt es nicht!« Das ist ein geeigneter Ausgangspunkt, um den Traum in einen magischen Flug zu verwandeln – vorausgesetzt, Sie erkennen das noch während des Träumens. Dann konzentrieren Sie die Aufmerksamkeit auf ein Objekt in der Traumszenerie, bis es schwankt und sich verändert; alternativ können Sie sich auf Ihre Hände konzentrieren. Wenn es Ihnen gelungen ist, die bewusste Wahrnehmung bis zu diesem Punkt aufrechtzuerhalten, können Sie jetzt entscheiden zu gehen, wohin Sie wollen – und Sie werden dort sein.

Stellen Sie sich vor dem Einschlafen intensiv vor, dass Sie luzid träumen werden. Das ist eine große Hilfe. Wenn Sie es sich am Morgen nach dem Aufwachen suggerieren und bewusst in den Schlafzustand zurückkehren, sind die Resultate noch besser als bei den Suggestionen vor dem abendlichen Schlafengehen. Manche Menschen behaupten, der Verzehr von Fisch oder Käse zum Abendessen sei dem luziden Träumen förderlich, andere schwören auf eine Prise Salz auf der Zunge. Ich hatte bei Selbstversuchen mit diesen Mitteln keine zuverlässigen Resultate.

Es kann Wochen, Monate oder Jahre dauern, bis man gute Ergebnisse erzielt, aber viele haben mit der Traum-Methode guten Erfolg gehabt.

DIE BILDMEDITATIONS-METHODE

Bei dieser Technik wird entweder ein physisches oder ein gedankliches Bild verwendet. In beiden Fällen gebrauchen Sie Ihre Vorstellungskraft, und zwar mit allen fünf Sinnen, um das Bild so real wie möglich erscheinen zu lassen. Dann stellen Sie sich selbst in dem Bild vor – nicht ein Bild von Ihnen, sondern *sich selbst,* als ob Sie wirklich darin wären und alles wahrnähmen, was Sie sehen, hören und mit Ihren anderen Sinnen registrieren können. Wenn Sie gut genug visualisieren und regelmäßig üben, werden Sie in einer Astralprojektion dort sein, zuerst vielleicht nur für wenige Sekunden, aber schließlich zu einem vollständigen und lebendigen Erlebnis. Eine dieser Methode verwandte Alternative ist die Erinnerungs-Methode, mit deren Hilfe Sie sich eine lebhafte Erinnerung an eine Person oder einen Ort vor Augen rufen, statt ein Bild zu benutzen. Ich habe mit beiden Methoden schon sehr viel Erfolg gehabt.

DIE WIEDERHOLTE ROUTE

Diese Methode hört sich vielleicht öde an, aber sie hat ihre Anhänger und auch ihre Erfolgsgeschichte. Wählen Sie eine kurze Route zwischen zwei Punkten an einem Ort, an dem Sie ungestört sein werden. Nehmen wir einmal an, Sie entscheiden sich für den Weg von Ihrem Schlafzimmer zum Bad. Markieren Sie vier oder fünf verschiedenen Punkte entlang des Weges –, zum Beispiel durch Haftnotiz-Zettel –, um diese Punkte gedanklich zu fixieren. Legen Sie sich zuerst auf Ihr Bett, und dann stehen Sie auf und schreiten die Reihe Ihrer Markierungen ab. Verweilen Sie an jedem Punkt mehrere Minuten, um ihn sich sehr stark ins Gedächtnis einzuprägen. Auf Ihrem Rückweg aus dem Badezimmer tun Sie das Gleiche. Führen Sie diese Prozedur fünfmal durch. Dann legen Sie sich auf das Bett und gehen Sie die gleiche Strecke in Ihrer Vorstellung ab. Achten Sie darauf, dafür ebenso viel Zeit aufzuwenden wie zuvor, als Sie körperlich unterwegs waren. Tun Sie dies ebenfalls fünfmal. Nun wiederholen Sie das Ganze im Körperlich-Äußeren und dann wieder in der Vorstellung. Das ist alles für die erste Sitzung.

Praktizieren Sie diese ganze Übung einmal täglich, bis Sie sich eines Tages dabei ertappen, sich vermeintlich körperlich auf dem Rückweg aus dem Badezimmer ins Schlafzimmer zu befinden, wo Sie jedoch Ihren Körper immer noch auf dem Bett liegen sehen. Jetzt dürfen Sie nicht erschrecken – das ist es doch, was Sie gewollt haben, oder?

DIE PARTNER-METHODE

Hierzu brauchen Sie eine befreundete Person, die Sie in einen entspannten Zustand führen und Ihnen die Suggestionen geben kann, die notwendig sind, damit Sie in Gang kommen. Eine tiefe Hypnose ist hier *nicht* beabsichtigt. Alles, was Sie brauchen, sind einige Suggestionen, um sich zu entspannen, und dann einige weitere mit dem Ziel, dass Sie Ihr Bewusstsein aus Ihrem Körper hinaus zu einem vorher festgelegten Punkt lenken. Dann übernehmen Sie die Kontrolle ganz. Die Eingangsphase mit den Suggestionen Ihres Partners sollte nicht länger als fünf oder zehn Minuten in Anspruch nehmen. Alternativ können Sie Ihre eigene Stimme auf Band aufnehmen und zeitlich vorherbestimmen, wie lange Sie in dem Erlebnis verbringen wollen. Varianten dieser Methode verwende ich in einigen meiner Workshops mit sehr guten Resultaten.

DIE SYMBOL-METHODE

Es gibt zahlreiche Varianten dieser Technik, sie sind überall auf der Welt zu finden. Im Wesentliche geht es darum, eine Minute oder länger auf ein Symbol zu starren – so lange, bis Sie nach Abwenden Ihres Blickes ein deutliches Komplementärbild sehen. Dann schließen Sie die Augen, behalten das Bild im Sinn und visualisieren, wie es immer größer wird und schließlich so groß, dass Sie hinein- und hindurchsteigen können, was Sie in Ihrer Vorstellung auch tun. Wenn Sie entspannt und bereit dafür sind, wird dies der Ausgangspunkt zu einer Astralreise sein. Sie können religiöse Symbole verwenden, okkulte Symbole, geometrische Figuren, I-Ging-Hexagramme oder irgendetwas anderes, das Ihnen gefällt. Eine gute Alternative ist, sich das Symbol an einer Tür vorzustellen, und die Tür so real zu visualisieren, wie Sie nur können. Dann öffnen Sie die Tür und treten Sie hindurch.

DIE ISOLATIONS-METHODE

Hier werden physische Sinneseindrücke so weit wie möglich reduziert, *ohne* dass Sie jedoch einschlafen. Das Ergebnis ist häufig eine außerkörperliche Erfahrung (oder Halluzination, je nachdem, wem Sie Ihr Erlebnis schildern). In einigen schamanischen Traditionen ist das die bevorzugte Methode. Der Aspirant wird in eine Decke gewickelt und für mehrere Tage in ein Loch unter der Erde oder in eine Höhle gelegt, oder er wird für mehrere Tage ohne Nahrung und menschlichen Kontakt in eine einsame Wildnis geschickt. Diese Art von Visionssuche kann zu einem Erlebnis magischen Fliegens führen. Im alten Hawaii konnte man allein auf eine kleine und ferne Insel segeln und so die gleiche Wirkung erzielen.

Auch heute gibt es viele vergleichbare Möglichkeiten, je nach individueller Empfänglichkeit. Manche Menschen brauchen sich nur ein paar Stunden in einem kahlen Raum aufzuhalten, ohne etwas zu tun. Anderen genügt es, in einer dunklen Kammer zu sitzen oder zu liegen. Isolationstanks sind ebenfalls gut geeignet, gleichfalls Techniken der Meditation, bei denen Sie Ihr Denken leeren sollen. Die ganze Aufmerksamkeit auf einen einzigen Sinneseindruck einzuengen funktioniert auch; Sie starren zum Beispiel auf einen einzelnen (unbewegten oder bewegten) Gegenstand, lauschen auf einen gleich bleibenden Ton oder konzentrieren sich auf den Tastreiz eines Objekts, wobei Sie das eine oder andere dieser Dinge entweder körperlich oder in Gedanken tun. Diese Methoden funktionieren, weil Ihre bewusste Wahrnehmung einen aktiven Reiz braucht, um die Konzentration aufrechtzuerhalten, und wenn sie ihn nicht in dieser Welt erhält, wechselt sie in eine andere.

DIE DREH-METHODE

Diese von keltischen Druiden und später von Hexen und Zauberern in Europa verwendete Methode wirkt durch sensorische Überreizung und erreicht damit die gleichen Resultate wie die bereits erwähnten Methoden des Reizentzugs. Werden dem Bewusstsein zu viele Eindrücke zugeführt, konzentriert es seine Aufmerksamkeit manchmal in einen anderen Zustand. Zu den historischen Praktiken, dies zu erreichen, gehört zum Beispiel, sich in einen hängenden Korb oder Käfig zu setzen, der von einem Helfer zum Rotieren gebracht und gleichzeitig geschwenkt wird. In einer kuriosen Kauai-Geschichte, die von Martha Beckwith in *Hawaiian Mythology* aufgezeichnet wurde, zieht der Schamanen-Archetyp Maui aus, seinen Vater auf den Plejaden zu besuchen. Im Hawaiianischen enthalten die Namen von Orten und Gegenständen häufig verborgene Bedeutungen, und es ist sicher kein Zufall, dass gleich zwei Namen, die in dieser Geschichte einer schamanischen Reise eine Rolle spielen, das Konzept des Rotierens in ihrem Wortstamm tragen.

DIE ZÄHL-METHODE

Diese Methode gebrauche ich, wenn ich Zeitreisen unterrichte, denn sie eignet sich sehr gut, um den Zielsinn während der Erlebnisse in vergangenen, zukünftigen und parallelen Leben ausgerichtet und konzentriert zu halten. Oberflächlich betrachtet gleicht das Zählen der Hypnose, aber durch die Zähl-Methode wird keine Trance herbeigeführt, und sie kann mit oder ohne einen Helfer genutzt werden. Die unten skizzierte Vorgehensweise geht von der Annahme einer Verlagerung des Bewusstseins in ein früheres Leben aus.

1. Atmen Sie tief ein und schließen Sie die Augen. Denken Sie an eine Zeit in der Vergangenheit, die Sie gerne besuchen möchten, oder an eine frühere Rolle oder Fertigkeit, die Sie erforschen wollen.
2. Sie beginnen bei zehn und zählen rückwärts, dabei gehen Sie zu jenem früheren Leben. 10 – 9 – 8 – 7 – 6 – 5 – 4 – 3 – 2 – 1. Sie sind da.
3. Tragen Sie etwas an den Füßen? Weiter. Sind Ihre Beine nackt oder bekleidet? Weiter. Sind Sie männlich oder weiblich? Weiter. Welche Kleidung tragen Sie? Weiter. Wie tragen Sie das Haar?

Tragen Sie Schmuck? Sind Sie drinnen oder im Freien? Sind andere Menschen um Sie? Was tun Sie für Ihren Lebensunterhalt? (Und weitere Fragen, die Sie gerne stellen möchten.)
4. Sie zählen rückwärts von fünf bis eins und gehen dabei in die glücklichste Zeit Ihrer Kindheit in jenem Leben. 5 – 4 – 3 – 2 – 1. Sie sind da. Was geschieht gerade?
5. Sie zählen von eins bis fünf und gelangen dabei in die Zeit Ihres größten Könnens in jenem Leben. 1 – 2 – 3 – 4 – 5. Sie sind da. Was geschieht gerade?
6. Sie zählen von eins bis zehn und gehen dabei vorwärts in Ihr derzeitiges Leben. Sie erinnern sich an alles aus dem früheren Leben, von dem Sie im heutigen Gebrauch machen können, das Ihnen in Ihrem derzeitigen Leben helfen kann. 1 – 2 – 3 – 4 – 5 – 6 – 7 – 8 – 9 – 10. Sie sind da. Bewegen Sie Finger und Zehen, atmen Sie tief durch und erinnern Sie sich an das, was Sie erfahren haben.

Um in ein paralleles Leben einzutreten, gehen Sie zurück an einen Punkt in Ihrem Leben, an dem Sie eine wichtige Entscheidung zwischen zwei oder mehr Möglichkeiten zu treffen hatten. Dabei gehen Sie von der Annahme aus, dass für jede wichtige Alternative, gegen die Sie sich entschieden haben, ein paralleles Leben erschaffen wurde.

DIE ZWEITKÖRPER-METHODE

Dies ist meine Lieblingsmethode, und in meinen Kursen vermittle ich sie am häufigsten. Sie besteht darin, eine separate Gedankenform von etwas Geeignetem vor sich zu erschaffen und dann das bewusste Gewahrsein in die Gedankenform zu übertragen. Ich erschaffe im Allgemeinen ein Tier, aber jede andere Art von Wesenheit oder Vehikel funktioniert auch. In Workshops demonstriere ich das, indem ich irgendwohin außer Sicht gehe, mich selbst energetisiere und die Gedankenform erzeuge. Dann versetze ich mein Gewahrsein in diese Gedankenform, so dass ich aus ihren Augen sehen kann, durch ihre Sinne fühle und mich mit ihren Muskeln bewege. Dazu braucht es höchstens einige Minuten. In meinem Gedanken-Zweitkörper gehe ich nun in den Gruppenraum, berühre einige Teilnehmer, mache eine Menge Lärm, tue irgendetwas Ungeheuerliches und kehre dann wieder zu meinem Körper zurück. Mit ihm komme ich in den Gruppenraum zurück und frage alle, was sie sahen, fühlen, hörten und woran sie dachten. Jedes Mal haben einige Teilnehmer gesehen, welche Form ich angenommen und was ich getan habe. Andere haben Teile davon wahrgenommen, manche bemerkt, dass die Luft an verschiedenen Stellen »komisch« ausgesehen hat, einige haben eine Berührung oder Bewegung gespürt, und wenige haben überhaupt nichts Außergewöhnliches erlebt. Danach bringe ich den Teilnehmern bei, wie man eine Gedankenform erzeugt, und lasse sie in diese Form eintreten und in einen anderen Raum gehen, wo ich einen Gegenstand auf den Fußboden gelegt habe. Den Gegenstand sollen sie durch die Augen der Gedankenform sehen und dann zurückkehren und berichten, was sie wahrgenommen haben. Am Ende gehen wir alle in den anderen Raum, um den Gegenstand mit unseren normalen Augen zu betrachten. Einige Teilnehmer haben ihn genau gesehen, die meisten sahen Teile des Gegenstandes oder Symbole für ihn, und einige waren von etwas abgelenkt worden. Mir gefällt diese Übung am besten, weil sie sehr schnell und einfach ist.

WIE ANDERE SIE WAHRNEHMEN

Mit der letzten Methode kommen wir an einen wichtigen Punkt, den es zu bedenken gilt: Wie nehmen andere Menschen Sie wahr, wenn Sie auf einem magischen Flug sind? Hier sind einige typische Varianten:

Spontane Aufmerksamkeit: Manche berichten, dass ihre Aufmerksamkeit plötzlich an einen bestimmten Punkt oder ein begrenztes Feld in ihrer Umgebung gezogen wurde, ohne dass sie wussten, warum, und ohne dass sie dort irgendetwas Bestimmtes sahen. Diese Wirkung wurde erprobt und bestätigt in Fällen, in denen bekannt war, dass sich ein magisch Fliegender zu dieser Zeit an diesem Ort aufhielt.

Komische Luft: Manchen Menschen fällt eine Art von konzentriertem Flimmern in der Luft auf, ähnlich der aufsteigenden Luft über einer Wärmequelle, aber enger begrenzt und etwas dichter.

Gespenst: Manche sehen ein gespensterartiges Wesen, meist von menschlicher Gestalt.

Energiekörper: Manche sehen den dunklen Umriss eines menschlichen Körpers.

Durchscheinend: Manche sehen eine menschliche Gestalt, die nicht recht materiell zu sein scheint.

Halbfest: Zuweilen erscheint die Gestalt zwar fest, fühlt sich bei Berührung aber nicht so an. In dieser Phase kann man Sie möglicherweise sprechen hören.

Fest: Die Gestalt sieht und fühlt sich an wie eine »echte« Person, kann sprechen und körperlich Kontakt aufnehmen. (Je greifbar fester der magisch Fliegende übrigens erscheint, desto weniger fest erscheint sein verlassener Körper.)

Sie haben vielleicht bemerkt, dass es hier eine Steigerung von »nicht sichtbar« bis »greifbar fest« gibt. Der wichtigste Faktor ist die Konzentration, die von dem Fliegenden aufrechterhalten wird. Sein Energiepegel und der geistige und körperliche Zustand oder die Verfassung des Wahrnehmenden sind ebenfalls Faktoren, die bei der Wahrnehmung eine Rolle spielen.

ZWECK

Hiermit kommen wir zur Crux der ganzen Angelegenheit. Bis jetzt klingt alles recht unterhaltsam, obwohl es echt ist. Wozu also der Aufwand? Ich möchte Sie daran erinnern, dass der ganze Zweck dieses Buches ist, Ihnen verschiedene Wege, Möglichkeiten und Methoden zu vermitteln, die Wirklichkeit zu verändern. Der magische Flug ist eine subtile Technik sein, doch er kann große Auswirkungen haben. Im Unterschied zu Reisen, die die Wirklichkeit beeinflussen, indem sie Symbole dieser Wirklichkeit verändern, verändert der magische Flug die Wirklichkeit hauptsächlich dadurch, dass er Menschen zu einer Veränderung beeinflusst. Daraus ergeben sich einige praktische Anwendungen.

ANDEREN MENSCHEN HELFEN

Es gibt viele Möglichkeiten, im magischen Flug Menschen zu helfen.

Aufmerksamkeit anziehen oder abziehen: Manchmal können Sie in einem entscheidenden Augenblick die Aufmerksamkeit einer Person beeinflussen und ihr dadurch helfen, die Richtung auf eine gesündere, positivere oder sicherere Situation einzuschlagen.

Positive Suggestionen: Telepathische Suggestionen können Sie jederzeit aussenden, doch die stärkere Energie und die größere Nähe, die der magische Flug mit sich bringt und ermöglicht, intensivieren den Einfluss Ihrer Suggestionen. Wie bereits in der ersten Weltsicht gilt auch hier: Niemand wird einer Suggestion von jemandem im magischen Flug mit größerer Wahrscheinlichkeit folgen als einer von Angesicht zu Angesicht erhaltenen Suggestion, solange die Suggestion nicht der eigenen Motivation entspricht.

Energetische Unterstützung: Den Grundsätzen der Telekinese folgend, können Sie mit Ihrer Energie etwas unterstützen, das ein anderer Mensch gerade physisch tut, und damit seine Effizienz steigern. Diese Möglichkeit wurde genutzt, um Menschen im Wasser zu helfen, länger an der Oberfläche zu bleiben, um Menschen zu helfen, Dinge zu heben, und selbst um jemandem zu helfen, einen anderen zu heilen.

Führung und Wegweisung: Während des magischen Fluges können Sie jederzeit telepathische Hilfe geben, doch wenn es Ihnen gelingt, einen zumindest halbfesten Zustand zu erreichen, können Sie darüber hinaus als ein sehr realistischer und präsenter, hilfreicher Fremder agieren. Es gibt viele Geschichten von Menschen, die von einem geheimnisvollem Fremdem direkte Hilfe erhielten, der dann aus ihrem Blickfeld verschwand. Mindestens einige davon sind Berichte über das Eingreifen von jemandem, der den magischen Flug praktiziert. Mein bislang dramatischster Einsatz im magischen Flug fand vor vielen Jahren statt, als ich erfuhr, dass sich eine fünfköpfige Familie im Dschungel von Zentralafrika verirrt hatte. Zuerst unternahm ich einen magischen Flug in das Gebiet und spürte die Familie auf. Dann ortete ich einen Straßenbautrupp nicht allzu weit entfernt. Schließlich erschien ich der Familie in der halbfesten Form eines örtlichen Führers und lotste sie zu der Baustelle. Als sie die Arbeiter erblickten und auf sie zustürzten, trat ich wieder zwischen die Bäume und zog mich in meinen normalen Körper zurück.

Unmittelbare physische Einflussnahme: Diese Art des Eingreifens ist dem magisch Fliegenden möglich, der eine feste Form manifestieren kann, doch es verlangt generell ungeheuer viel Energie, Konzentration und Motivation, diesen Zustand länger als einige Augenblicke aufrechtzuerhalten, während man auch seinen eigentlichen Körper an dessen Ort erhält. Gleichwohl gibt es Gelegenheiten, bei denen Sie vielleicht in der Lage sind, jemandem die entscheidende Hilfe zu geben, indem Sie während Ihres magischen Fluges etwas bewegen. Planen Sie jedoch sehr viel Übung ein, bis Sie das können.

SELBSTHILFE

Es gibt mehrere Möglichkeiten, wie der magische Flug Ihnen helfen kann, sich selbst zu helfen.

Konzentrationstraining: Der magische Flug verlangt ein hohes Maß an Konzentrationsvermögen – eine Fähigkeit also, die auch für alle anderen Techniken zur Veränderung der Wirklichkeit von großem Nutzen ist.

Informationssammlung: Sie können lernen, in Ihrem magischen Körper an ferne Orte zu fliegen, um dort wichtige Information zu erhalten, die Sie für andere Methoden der Wirklichkeits-Veränderung nutzen können. Erwarten Sie jedoch nicht, diese Orte mit hundertprozentiger Präzision wahrzunehmen (siehe Fehlersuche, unten). Manchmal kann das »Gefühl« eines Ortes akkurater und nützlicher sein als seine physische Beschaffenheit. Als ich einmal in den kalifornischen Bergen in Richtung des Rattlesnake-Canyon wanderte, flog ich magisch durch den Canyon, noch bevor ich zu Fuß dorthin gelangte, um ihn nach Schlangen abzusuchen. Während meines Flugs sah ich keine einzige Schlange, doch es fühlte sich sehr stark nach Schlangen an. In meinem Körper zurückgekehrt, rollte ich rosa Nebel durch das Tal und sandte eine telepathische Nachricht zu allen Schlangen, die gerade auf Empfang waren, dass ich nur durch das Tal gehen und ihnen keinen Schaden zufügen wolle. Während meiner Wanderung durch das Tal sah ich mehrere Schlangen friedlich zusammengerollt, die nur wenige Meter von meinem Weg entfernt lagen. Bei anderen Gelegenheiten habe ich den magischen Flug genutzt, um das Wetter an meinem Ziel zu beobachten, kehrte dann zu meinem Körper zurück und benutzte telepathische Einflussnahme, um den Regen für meine Ankunft abzustellen.

Selbstheilung: Wenn Sie den magischen Flug ausüben, bewegen Sie Ihr Bewusstsein von einem Traum zu einem anderen verwandten Traum, denn die einzigen Träume, zu denen Sie gehen können, sind diejenigen, die mit dem Traum Ihres täglichen Lebens irgendwie verwandt sind. Da das Verändern eines Traumes alle verwandten Träume verändert, können Sie Ihren bewussten Willen gebrauchen, um die Geschichte zu verändern – genau so, wie Sie es mit einem nächtlichen Traum tun würden – und den heilsamen Nutzen im Primärleben zu ernten. Ich habe das mit beträchtlichem Erfolg beim Arbeiten mit Vergangenheit und Zukunft praktiziert.

Selbstentwicklung: Haben Sie bei diesem Punkt bitte Geduld mit mir, denn er ist nicht leicht zu erklären und hat mit parallelen Leben zu tun. Ich erwähnte bereits die Vorstellung, dass an Punkten wichtiger, weitreichender Entscheidungen parallele Leben erzeugt werden, sozusagen zur Erfüllung der nicht getroffenen Wahl. Obwohl man sie parallele Leben nennt, verlaufen sie nicht parallel wie Straßen gleichen Abstands. Wenn Sie eine zweidimensionale Zeichnung anfertigen wollten, um das darzustellen, dann erhielten Sie eher etwas wie die Kartierung von Ziegenpfaden, die einander mehr oder weniger häufig kreuzen. Die Kreuzungspunkte sind Orte, wo die zwei Leben sich energetisch treffen, es können Zeiten hoher Kreativität für beide Leben sein. Es gab zum Beispiel eine Phase in meinem Leben, als ich das Gefühl hatte, eine weitreichende Entscheidung fällen zu müssen zwischen der Schriftstellerei (einschließlich öffentlicher Vorträge) und der Kunst (Musik, Malerei, Bildhauerei). Bevor ich erfuhr, wie parallele Leben wirklich funktionieren, wusste ich nur, dass ich manchmal diese seltsamen Impulse spürte, etwas zu gestalten oder zu formen, Bilder zu zeichnen oder Musik zu spielen. Später fand ich heraus und lernte, dass ich solche Impulsphasen nutzen konnte, um mein Schriftsteller-Traumselbst mit meinem Künstler-Traumselbst zu vereinen und daraus einen enormen Energie- und Kreativitätsschub zu erfahren. Ich begann die Verbindung herzustellen, indem ich tatsächlich etwas anfertigte (zum Beispiel ein einfaches Regal oder ein Schiffsmodell), etwas zeichnete oder malte (gewöhnlich auf meinem Computer) oder meine Ukulele spielte. Diese Betätigungen gaben mir ein Gefühl tiefer persönlicher Befriedigung, das in mein »normales« Leben hinüberschwappte. Hin und wieder hatte ich das Gefühl, als malte ich mit geschriebenen Worten und modellierte mit gesprochenen Worten, und ich konnte Gedichte und Lieder schreiben, die noch vertieften, woran ich als Schriftsteller arbeitete. Mit Hilfe des magischen Fluges erfuhr ich auch nützliche Dinge aus meinen Parallel-Leben als Künstler und erhielt die interessante Information, dass ich als jener zu diesen Zeiten über seine Kunst Artikel schrieb und Vorträge hielt.

Sonderbare Dinge können auf einem magischen Flug passieren, und dieser Abschnitt wird Ihnen helfen, damit umzugehen.

Falsche Ängste: Eine der größten Ängste – sie wird von jenen geschürt, die es besser wissen sollten – ist die Angst, dass Sie nicht mehr in Ihren Körper zurückgelangen könnten. Glauben Sie keine der Geschichten, das sei jemandem passiert. Sie sind genauso falsch wie die modernen »Großstadt-Legenden«. Sie werden jederzeit im Stande sein, in Ihren Körper zurückzugelangen, denn Ihr Bewusstsein ist das Einzige, was ihn verlassen hat. Jeder »Astralkörper«, den Sie für Ihren Flug erzeugt haben, ist nur ein vergängliches Energie-Konstrukt, das sich auflöst, wenn Sie die Aufmerksamkeit wieder auf Ihren physischen Körper richten. Die zweitgrößte Angst geht auf die okkulte Annahme zurück, dass jeder durch eine »Silberschnur« an seinen physischen Körper gebunden bleibt, während er »astral verreist«; man sterbe, werde diese Silberschnur durchtrennt. Ich persönlich habe noch nie eine solche Schnur gesehen, aber ich weiß: Wenn Ihre Erwartung stark genug ist, können Sie eine Silberschnur erzeugen. Doch selbst wenn sie sichtbar erscheint, handelt es sich erneut nur um ein Energiekonstrukt, das sich auflösen wird, wenn Sie sich wieder auf Ihren physischen Körper zurückbesinnen.

Verfremdung: Ich habe dieses Phänomen schon mehr als einmal erwähnt, deshalb will ich es an dieser Stelle ausführlicher erklären. Jeder Traum hat, was wir ein »Frequenzmuster« nennen; es unterscheidet ihn von jedem anderen Traum. Mein Lebenstraum unterscheidet sich von Ihrem Lebenstraum, selbst wenn wir von den gleichen Annahmen ausgehen, und was ich erlebe, wird ein wenig oder radikal anders sein als das, was Sie erleben, selbst wenn wir uns am gleichen Ort befinden. Wenn wir mit unserem Bewusstsein im magischen Flug unterwegs sind, bewegen wir uns in einem anderen Bereich von Frequenzen, die sich mehr

oder weniger von denen in unserem normalen Bereich unterscheiden können.
Um dies leichter verständlich darzustellen, wollen wir unser Alltagsleben, unabhängig davon, welche Sicht der Welt wir gebrauchen, »Primärleben« nennen und es uns einmal als ein Blatt Papier vorstellen. »Leben 1« wäre eine leichte Abwandlung von »Primärleben«; wir stellen es uns als ein zweites Blatt Papier vor, das über dem ersten liegt. Sie sind einander sehr nah, aber nicht deckungsgleich. Den Raum, in dem ich während meines nichtfliegenden magischen Fluges im Schlafzimmer erwachte, könnten wir so als »Leben 1« bezeichnen. Was ich sah, entsprach weitgehend dem mir bekannten Schlafzimmer, bis auf die Tapete, die Kommode und den Wandteppich – und natürlich bis auf meine Halbtrennung von meinem materiellen Körper. Je näher wir im magischen Flug dem Frequenzmuster von »Primärleben« sind, desto ähnlicher ist es, aber es wird niemals identisch sein. Deshalb ist der magische Flug für Spionageaufträge nicht brauchbar, sie verlangen Präzision. Je weiter wir uns vom »Primärleben« entfernen – wie das oberste Blatt auf einem dicken Stapel von Papierbögen –, desto stärker unterscheidet sich unser Erleben vom »Primärleben«.

Ablenkung: Es ist eine Herausforderung für sich, während des magischen Fluges die Konzentration aufrechtzuerhalten. Manchmal kann der kleinste Gedanke, eine Assoziation oder irgendein Sinnesreiz bewirken, dass Sie auf ein völlig anderes Blatt Papier fortschwirren. Das möchte ich mit einem weiteren Auszug aus meinem Roman *Dangerous Journeys* illustrieren, der auf einem tatsächlichen Erlebnis von mir beruht, aber in der Geschichte viel besser beschrieben ist. Zum leichteren Einstieg referiere ich kurz den Kontext: Keoki, ein junger Hawaiianer, absolviert bei seinem Großvater die Lehrzeit zum Schamanen. Im Augenblick ist er mit dem Zug in Deutschland unterwegs.
»Keoki lehnte sich zurück und praktizierte die spezielle Atemtechnik, die ihm half, tief in seine Mitte zu finden. Dort angekommen, beschloss er, den Zug zu erkunden.

Er schickte sein wahrnehmendes Bewusstsein durch die beiden nächsten Waggons in Fahrtrichtung. Er achtete drauf, nicht zu versuchen, seine Aufmerksamkeit auf Einzelheiten zu richten. Großvater hatte ihm erklärt, dass *Po,* die Innenwelt, wie ein Stapel Fotografien von verschiedenen Orten war und jedes Foto wie eine andere Schicht oder Zone des Erlebens. Es war schwierig, auf eine Zone konzentriert zu bleiben, ohne in eine andere Zone hineinzugeraten, die vielleicht viele Schichten entfernt war. Der Trick, um in einer Zone zu bleiben, bestand darin, seine Aufmerksamkeit innerhalb eines bestimmten Erlebnisbereiches zu halten, der mit der Zone verwandt war, in welcher man bleiben wollte. Großvater hatte auch gesagt, dass für *Ao,* die äußere Welt, das Gleiche gelte, aber Keoki hatte dies nicht wirklich verstanden, bis er irgendwo las, dass Kampfpiloten sich davor hüten mussten, sich zu intensiv auf ein einzelnes Ziel zu konzentrieren, um nicht in eine Trance zu fallen.

Also ließ Keoki sein Bewusstsein innerhalb der Reichweite des Eisenbahn-Erlebens auf die Reise gehen, nicht mehr als einige Schichten von *Ao* entfernt. In der Lokomotive ließ er sich selbst die Elektrizität fühlen, die in die Maschine floss, und folgte ihrer Umwandlung in die mechanische Bewegung, die die Räder antrieb. Als er davon genug hatte, schwebte er zurück, durch seinen eigenen Waggon und an seinem eigenen Körper vorbei in den Speisewagen. Er betrachtete, wie dieser eingerichtet war, und nahm sich vor, diese Wahrnehmungen zu kontrollieren, wenn er in seinen Körper zurückgekehrt wäre. Er ging weiter auf seine Erkundung, passierte die Wagen der zweiten Klasse, bis er zu dem Fahrradwaggon kam.

Er fuhr ein rotes Samt-Fahrrad auf dem schmalen Kamm eines violetten Gebirgszuges, der das Zentrum einer Insel vom Meer zum goldenen Meer querte. Die Luft war erfüllt von Rosen-Blütenblättern, die ihm immer wieder die Sicht nahmen, und so fürchtete er, von dem schmalen Grat abzukommen. Als er die Blütenblätter mit einer Hand fortschlug, geriet sein Fahrrad gefährlich ins Schwanken. Das Fahrrad forderte ihn auf, damit auf-

zuhören, bevor der Tanz des Riesen einen gewaltigen Graben in dem großen Ring verursachte und …
Das Fahrrad forderte ihn auf – was? Was machte er überhaupt auf einem Fahrrad? Er erinnerte sich an etwas, das Großvater gesagt hatte: Wenn Du dich jemals im inneren Raum verlierst, dann kehre geradewegs zurück zu deinem Körper. Kraft seines Willens holte Keoki sich zurück und erwachte in seinem Abteil im Zug nach Freiburg. Er blickte sich um, bewegte Hände und Füße, berührte die Sitzpolsterung und stand auf. Nun wusste er, was geschehen war. Er hatte sich in einem *aka*-Faden verfangen, der die Fahrräder der Schicht, in der er gewesen war, mit einem anderen *aupuni po,* einem anderen inneren Bereich, verknüpfte – so schnell, dass er es nicht bemerkt hatte. Keoki wusste, was geschehen war, aber er verstand es nicht. *Po* war ein kompliziertes Feld.«
Ich denke, das ist alles, was Sie fürs Erste an Wissen benötigen. Mögen Sie stets schnell, weit und wohl fliegen.

KAPITEL 11
VIOLETTE FEDERN

In einem meiner »Huna Quest«-Kurse auf Hawaii spreche ich eingehend über das flexible Wesen der Wirklichkeit. Während eines dieser Kurse, der auf Kauai gegeben wurde, schlossen wir mit einer Übung, die ich manchmal gebrauche, um das Vorgetragene zu illustrieren. Auf dem Strand der Hanalei-Bucht, unter riesigen Eisenholzbäumen, die sich sanft in der leichten Meeresbrise wiegten, sammelten wir uns zu einer passiven Meditation, *nalu* genannt. Zweck unserer Übung war, über etwas recht Ungewöhnliches zu meditieren. Das Objekt unserer Besinnung wurde von der vierköpfigen Gruppe nach dem Zufallsprinzip gewählt: eine violette Feder. Das heißt, wir alle machten uns ein Gefühl/Bild von einer violetten Feder und hielten diese Vorstellung ohne Urteil oder Erwartung für mehrere Minuten in unserem Bewusstsein. Das war alles.

Ich erklärte der Gruppe, das Ziel der Übung sei festzustellen, ob und wie eine violette Feder in den folgenden Tagen im Leben und Erleben des Einzelnen auftauchen könnte. Ich sagte ihnen, dass sie eine tatsächlich Feder sehen könnten, das Bild einer Feder, oder dass sie vielleicht über eine Feder lesen oder hören würden. Damit ließen wir es bewenden und sprachen fortan über andere Dinge.

GEGEN ALLE REGELN

Dieses Experiment begegnete mir zum ersten Mal in einem Buch von Richard Bach, dort spielte eine blaue Rose die Hauptrolle. Damals, es war in den siebziger Jahren, konzentrierte ich mich auf eine blaue Rose, ohne mir jedoch viel davon zu erwarten. Die erste Klientin, die am nächsten Tag mein Sprechzimmer in Marina del Rey betrat, trug ein Kleid mit einem Muster aus blauen Rosen. Es war zufällig der Geburtstag meiner Mutter, und als diese am Nachmittag hereinkam, um mich zu besuchen, übergab ich ihr eine Geburtstagskarte mit roten Rosen darauf. Da erwähnte sie, ohne irgendetwas von meinem Experiment zu wissen, dass mein Vater ihr immer eine blaue Rose zum Geburtstag geschenkt habe; das hatte sie mir nie zuvor erzählt.

Nun, ich war bereits recht vertraut mit verschiedenen Ideen über Methoden, die Wirklichkeit zu verändern – aus dem Huna, dem Schamanismus und anderen Studien –, aber es ist eine Sache, etwas als Theorie zu kennen oder gar einen schrittweisen Prozess, und etwas ganz anderes, es so direkt, so rasch und so einfach selbst zu erleben.

Die erste Reaktion der meisten Menschen ist natürlich, so etwas als Zufall abzutun. Welcher mögliche Zusammenhang könnte zwischen einem einfachen, nicht emotionalen Gedanken und dem Erleben in der äußeren Welt bestehen? Nun, ein Zusammentreffen könnte Zufall sein, eines zweites vielleicht auch, drei Gelegenheiten möglicherweise ebenfalls. Aber wie steht es mit hundertmal? Im Lauf der Jahre habe ich dieses Experiment selbst und mit anderen wohl über hundertmal gemacht, stets mit dem gleichen Ergebnis. Denken Sie an etwas, an irgendetwas, klar und mit einem Minimum an Anspannung, und es wird binnen drei Tagen bis einer Woche in der einen oder anderen Form in Ihrer Umgebung erscheinen.

Dieser letzte Teil ist von Bedeutung. »In der einen oder anderen Form« heißt, dass Ihr Gedanke nicht zwangsläufig als Gegenstand erscheint. Er kann Ihnen tatsächlich recht unterschiedlich begegnen. Es könnte ein Gegenstand auftauchen, ein Bild oder eine Zeichnung, Sie lesen etwas darüber oder Sie hören jemanden darüber sprechen. Ich kenne den Einwand, dass man da vielleicht einfach etwas auffängt, was ohnehin in der Luft liegt, aber denken Sie daran, wie häufig die Übereinstimmung eintritt, und bedenken Sie zudem die Tatsache, dass wir für die Experimente bewusst ungewöhnliche Objekte gewählt haben.

Ich sage nicht unbedingt, dass die Gedanken unsere Erlebnisse ins Dasein bringen. Das ist nur eine Theorie darüber, wie es geschehen könnte. Vielleicht werden wir in eine alternative Wirklichkeit »verschoben«, in der die Erfahrungen existieren. Vielleicht ziehen unsere Gedanken lediglich bereits existierende Erfahrungen an – oder uns zu ihnen; das spielt an diesem Punkt nicht wirklich eine Rolle. Es gibt viele mögliche Erklärungen, Zufall ist jedoch keine davon. Der wichtigste Punkt heißt: Wirklichkeit ist nicht das, was man uns gelehrt hat. Wirklichkeit ist nicht einfach »dort draußen«, getrennt von dem, was wir denken und fühlen. Es gibt eine sehr enge Verbindung zwischen »hier drinnen« und »dort draußen«. Eines der größten Abenteuer im Leben ist, diese Verbindung zu erforschen.

Doch nun zurück zur violetten Feder. Das allererste Resultat kam bereits am Abend nach dem Experiment, als die Gruppe gemeinsam speiste. Es war nicht wirklich viel. Eine Schülerin, die neben mir saß, zeigte mir ein Stück von einer Orchidee, das von ihrem *lei* gefallen war und das die Farbe und Form einer violetten Feder hatte. Das nächste Ergebnis kam am folgenden Tag, als meine Kollegin Susan mit ihrer Mutter im Marriott-Hotel zum Essen ging. Als sie an die Rolltreppe kamen, auf der sie in die Hotelhalle hinunter gelangten, bemerkte sie, wie sie mir später erzählte, dass zwei *kahili* oder Feder-Standarten, die früher vom hawaiianischen Königshaus verwendet wurden und zu beiden Seiten der Rolltreppe standen, aus violetten Federn gefertigt waren, nicht gerade typisch für diejenigen, die zu Zeiten der Monarchie verwendet wurden. Doch dann wurde es noch viel interessanter. Eine Teilnehmerin aus Paris berichtete: »Nur damit Du es erfährst: Am Samstag nach unserem letzten Tag der Huna-Quest bemerkte ich, dass die Bettüberwürfe in meinem Hotelzimmer ein Muster mit violetten Federn hatten – ich denke, das zählt auch!« Eine Schülerin aus Deutschland schrieb: »Wir hatten eine gute Heimreise nach Deutschland, und am Montag fand ich in meiner Wohnung eine violette Feder auf dem Fußboden.« Die Teilnehmerin aus Paris schrieb noch: »Meine Tochter und ich sammeln Federn. Sie kam am Montag aus den Vereinigten Staaten nach Paris zurück, und ohne etwas von unserer Feder-Geschichte zu wissen, überreichte sie mir eine violette Feder als Geschenk.« Bis Dienstag, also innerhalb von etwas mehr als drei Tagen, hatten alle Teilnehmer jener Gruppe von den violetten Federn der anderen gehört, und so hatte jeder ein Erlebnis mit violetten Federn der einen oder anderen Art.

NICHT NUR FEDERN

Während eines anderen Kurses wählten wir einen Pegasus, und überall tauchten geflügelte Pferde auf. In einer Gruppe in Europa wählten wir eine grüne Katze, und auf welche Weisen grüne Katzen und überhaupt Katzen aller Arten auftauchten, war verblüffend – und dies geschah allein während der Mittagspause. Einige Teilnehmer und ich sahen eine Katze in ein Gebüsch rennen, und die Menschen, die dort lebten, beteuerten, nur äußerst selten einmal frei laufende Katzen zu sehen. Eine Schülerin gab mir eine grüne Glaskatze, die sie in einem Schaufenster entdeckt hatte, und eine andere brachte ein Buch mit, das ihr eine Freundin gerade an jenem Tag gegeben hatte; es enthielt ein Gemälde einer grünen Katze aus der Hand eines berühmten Künstlers. Und so weiter und so fort.

Waren die violetten Federn, die geflügelten Pferde und die Katzen bereits in unserer Umgebung gewesen? Das ist durchaus möglich. Aber etwas, das wir mit unserem Denken getan hatten, brachte sie von irgendwoher in den Bereich unserer Wahrnehmung und unseres Erlebens. Schließlich geschieht es nicht alle Tage, dass wir blaue Rosen sehen und violette Federn und grüne Katzen geschenkt bekommen. Es ist also nicht so, als wären all diese Dinge einfach da und wir bemerken sie bloß nicht, obwohl eine Menge denkender Vertreter der ersten Weltsicht es lieber so hätten.

Sie können gern an Zufall glauben, aber ich denke, Sie werden mehr vom Leben haben, wenn Sie den Zusammenhängen zwischen Ihren Gedanken und Ihrem Erleben mehr Aufmerksamkeit schenken. Es könnte Ihnen einen Anstoß geben, Ihre Träume wahr zu machen. Nachdem er von all jenen Erlebnissen mit violetten Federn gehört hatte, sagte ein anderer Teilnehmer: »Das war eine großartige Lektion in Wahrnehmung, Aufmerksamkeit und das Leben im Jetzt! Ich erkannte, dass ich manchmal, wenn ich intensiv beschäftigt bin, eine violette Feder (oder was auch immer ich sonst gerade bräuchte) nicht einmal bemerken würde, wenn sie aus dem Himmel herabfiele und sich um mich legte.«

DEN TRAUM PROGRAMMIEREN

Im amerikanisch-metaphysischen Jargon hört man immer wieder: »Wir wollen programmieren, dass etwas Gutes geschieht.« Nach allgemeinem Verständnis bedeutet das, eine Kombination von Worten, Vorstellung und positiver Emotion einzusetzen, um ein erwünschtes Ereignis herbeizuführen. Die meisten Menschen, die diesen Satz aussprechen, haben keine Ahnung, dass er auf Vorstellungen beruht, die bei der Programmierung von Computern verwendet werden.

Einen Computer zu »programmieren« bedeutet, eine Folge von codierten Symbolen in den Speicher des Computers einzugeben, die diesen befähigen oder veranlassen wird, eine erwünschte Funktion auszuführen, die anders ist als das, was er mit den bisher eingebauten Instruktionen tun kann. In der Computersprache heißen die bisher eingebauten Instruktionen »Firmware«, und die zusätzlichen Anweisungen sind die »Software«. Die Muttersprache des Computers besteht nur aus Nullen und Einsen, aber wenn die Software gut geschrieben ist, kann sie die codierten Symbole in ihre eigene Sprache übersetzen und die erwünschten Ergebnisse hervorbringen. In der Regel. Oder zumindest meistens.

Das Programmieren von Computern liefert uns ein gutes Bild für das, was wir mit Aspekten unseres eigenen Wesens tun können. Der Zielsinn liefert die Software (Wort- und Bild-Symbole), der Körper liefert die Hardware (Speicher und Erwartungen) und die Energie. Wenn die gedankliche Software gut präsentiert wird (und zu dem passt, was der Leibsinn für möglich hält), dann gibt der Biocomputer das Signal in den Welt-Traum aus, und etwas verändert sich.

Wie wir mit dem Experiment um die violette Feder demonstrierten, erfordert das Verändern der Wirklichkeit nicht viel Energie, solange die verwendeten Symbole nicht Angst oder Zweifel hervorrufen. (In der Computersprache: solange sie nicht den vorhandenen Programmen widersprechen.) In der Gruppe vermieden wir dieses Problem, indem wir uns auf eine sehr passive Weise auf ein ungewöhnliches Bild konzentrierten, das keinen irgendwie bedeutsamen Zweck hat. Man kann sich auch auf passive Weise mit einem bestimmten Ziel befassen, wenn bereits ein Erinnerungsmuster des Erfolges existiert, das mit jenem Ziel zusammenhängt. Hier sind einige Beispiele dieser Art von Programmierung:

Durch die Wand: Bei einem frühen Experiment mit dem magischen Fliegen saß ich in Meditationshaltung mit dem Blick auf eine Wand, hinter der sich ein anderes Zimmer befand. Ich stellte mir längere Zeit passiv vor, in der gleichen Haltung und mit dem Blick in die gleiche Richtung auf der anderen Seite der Wand zu sitzen. Irgendwann war ich plötzlich drüben auf der anderen Seite. Ich sah mich in dem anderen Raum um, und einige Augenblicke später war ich wieder an meinem ursprünglichen Platz. Ich hatte nichts von einem Übergang oder dem »Weg« in die eine oder andere Richtung mitbekommen, und ich fühlte mich tatsächlich in dem anderen Raum. Ich erkenne an, dass es ein magischer Flug gewesen sein könnte, aber es hatte sich so angefühlt, als habe mein ganzes Selbst den Platz gewechselt.

Die unmögliche Route: Am Beginn einer langen und komplizierten Reise nach Europa fanden sich meine Frau und ich am Ticketschalter in Honolulu ein, wo wir erfuhren, dass unsere ganze Reiseroute aus dem Computersystem der Fluggesellschaft »verschwunden« war. Wir blieben beide vollkommen ruhig und dankten und lobten die Angestellte der Fluggesellschaft für jede positive Kleinigkeit und ignorierten zugleich alles, was nicht zum Erfolg zu führen schien. Im Inneren segneten wir passiv, aber beharrlich mit Gedankenbildern und in Worten alle beteiligten Menschen, alle Computer und elektrischen Verbindungen, alle

Flugzeuge, die für unserer Reise eine Rolle spielen würden, und alles Gute, an das wir denken konnten. Die Angestellte strengte sich immer mehr an, um uns zu helfen, und so gaben sich auch die Menschen, mit denen sie verhandelte, immer mehr Mühe. Schließlich bekamen wir binnen etwa einer Stunde eine bessere Reiseroute zusammengestellt und noch dazu Plätze in der ersten Klasse als Entschädigung.

Flossie wird ein Flop: Während ich dies schreibe, verschwindet der Hurrikan »Flossie« in die Bedeutungslosigkeit. Noch vor einigen Tagen machte er international Schlagzeilen, und CNN berichtete mehr als einmal über den Sturm. Als Hurrikan zog Flossie langsam auf den Süden von Big Island zu, und die Menschen waren der Panik nahe. Als Flossie näher kam, wurden überall auf der Insel Schulen und viele Geschäfte geschlossen, Küstenstraßen und Zugänge zum Strand gesperrt, und der nationale Wetterdienst stellte blitzende Flutwarnungs-Leuchten und Wachen auf. Selbst als dann klar war, dass Flossie südlich der Insel vorüberziehen würde, hielt man all diese Maßnahmen aufrecht, da man von offizieller Seite erwartete, dass uns heftige Stürme, sehr starke Brandung und massive Regenfälle treffen würden, während Flossie die Insel passierte. Während all dies geschah, programmierten sehr viele Freunde auf der Insel und anderswo passiv, dass Flossie weiter nach Süden schwenken und rasch an Stärke verlieren werde, ohne Schaden anzurichten. Wir alle verwendeten dabei unterschiedliche Symbole. Ich arbeitete mit der veröffentlichten Verlaufskarte des Hurrikans, deren Prognose ich nach unserem Plan modifizierte. Während Flossie im Süden vorbeizog, gab es in meiner Gegend nur ein sehr leichtes, gelegentliches Nieseln ohne Wind. In Hilo, das 250 bis 350 mm Regen abbekommen sollte, fielen nur 50 mm. Die starken Winde waren nur noch recht kräftige Böen entlang der Küste, und die Brandung stieg nie höher, als wir es von den meisten unserer tropischen Stürme kennen.

Natürlich können Sie mit Recht in Frage stellen, dass unsere mentale Programmierung überhaupt irgend etwas mit dem Verhalten des Hurrikans zu tun hatte, aber bedenken Sie dabei: Nicht nur tat der Sturm genau das, was wir von ihm wollten – gegen alle Erwartungen –, sondern wir haben schon viele Male ähnliche Dinge bewerkstelligt, ebenfalls gegen alle Erwartungen. Natürlich funktioniert es nicht immer ganz genau, weil der Sturm (oder was auch immer) seine eigenen Pläne haben mag, aber es bringt immer eine Linderung des Problems.

ENERGETISCHES PROGRAMMIEREN

Manchmal hilft anstelle des passiven Programmieren nur eines: aktives Programmieren, das heißt hoch konzentrierte Intention in Verbindung mit starker emotionaler Energie. Diese Kombination funktioniert sehr gut, wenn große Zweifel bestehen und auch wenn eine gewisse Angst vorhanden ist. Auch wenn sehr viel Angst da ist und dazu sehr viele verwandte Erfolgs-Erinnerungen, kann das energetische Programmieren noch zum Erfolg führen. Wenn die Angst sehr mächtig ist und praktisch keine verwandten Erfolgs-Erinnerungen existieren, kann das energetische Programmieren einen Rückschlag bewirken, der die Dinge noch verschlimmert. Es gibt auch dafür eine Lösung, doch die Informationen in diesem Abschnitt sind am besten durch praktische Beispiele zu vermitteln:

Die fehlende Aktentasche: Als ich nach einem Workshop in Los Angeles nach Hause kam, vermisste ich meine sehr schöne Samsonite-Aktentasche mit den Kursunterlagen darin. Ich rief sofort das Tagungshotel an. Sie schickten jemanden zu den Kursräumen und zum zuständigen Fundbüro und meldeten, dass es keine Spur von meiner Aktentasche gebe. Als ich den Hörer auflegte, war ich fast im Begriff, aufzugeben und davon auszugehen, dass jemand das gute Stück weggenommen hatte. Doch dann entschied ich, dass ich das nicht akzeptieren wollte. War die Wirklichkeit tatsächlich so flexibel wie ein Traum – wie ich es den Teilnehmern meiner Kurse vermittelte –, dann sollte ich in der Lage sein, meine Aktentasche zurückzumanifestieren. Ich steigerte mich in einen fast wütenden Gefühlszustand und verlangte, dass das Universum meine Aktentasche zurückbringe. Während ich noch tobend und wütend auf und ab ging, klingelte das Telefon, und jemand vom Hotel sagte, sie hätten meine Aktentasche gefunden. Sehr froh über die Nachricht und stolz auf meinen Erfolg, eilte ich zum Hotel zurück. Doch dort teilte man mir mit, dass mich niemand angerufen habe, und meine Aktentasche war nach wie vor nicht vorhanden. Wie betäubt kehrte ich wieder um. Was sollte das bedeuten? Doch ich beschloss, nicht aufzugeben. Wieder praktizierte ich etwas energetisches Programmieren, aber an diesem Tag geschah nichts mehr. Am nächsten Tag erhielt ich einen weiteren Anruf mit der Nachricht, dass man meine Aktentasche gefunden habe, und ich könne herunterkommen und sie abholen. Erfreut, aber nicht ohne gewisse Vorbehalte fuhr ich abermals zum Hotel, und abermals hieß es, niemand habe mich angerufen. Dieses Mal bestand ich darauf, dass mich der Hausmeister zu allen denkbaren Aufenthaltsorten meiner Aktentasche führte, doch wir fanden sie nicht. Unterwegs Richtung Ausgang, eskortiert von dem Hausmeister, wurde meine Aufmerksamkeit plötzlich von einem geschlossenen, dunklen Büroraum mit Fenstern zur Eingangshalle angezogen. Aus irgendeinem Grund spürte ich den Impuls, hinüberzugehen und durch das Fenster hineinzuschauen, obwohl der Hausmeister beteuerte, dass dies das Büro des seit zwei Wochen abwesenden Managers sei, dass sein Büro verschlossen sei und dass keiner darin etwas zu suchen habe. Dennoch: Gleich neben dem Schreibtisch des Managers stand meine Aktentasche. Es bedurfte einiger Überredung, bis der Hausmeister die Tür aufschloss, aber dann konnte ich ihm beweisen, dass es sich um meine Aktentasche handelte, die auch heute, mehr als dreißig Jahre danach, immer noch mir gehört. Das Rätsel ist nur: Wer hatte mich zwei Mal angerufen?

Das Texas-Rätsel: Nach einem Workshop auf Kauai hatte einer der texanischen Schüler auf dem Heimweg eine Zwischenlandung in Honolulu, wo er feststellte, dass er zwei Hawaii-Hemden auf

Kauai zurückgelassen hatte. Angeregt durch meine Aktentaschen-Geschichte nahm er eine energetische Programmierung vor, dass die Hemden in seinem Hotelzimmer auftauchen sollten – was jedoch nicht geschah. Er gab auf, sowohl in Bezug auf seine Hemden als auch im Hinblick auf meine Traum-Theorien. Er flog nach Texas zurück und kam nach Hause, wo er mit seiner Tochter wohnte. Dort trug er seine Taschen direkt vom Auto ins Schlafzimmer und begann sie auszupacken. Wenige Minuten später kam seine Tochter, die die ganze Zeit in Texas geblieben war, aus ihrem Zimmer und hielt zwei enorm zusammengeknüllte textile Bündel in den Händen. »Wo kommen die her, Papa?«, fragte sie. Es waren die beiden Hemden, die er auf Kauai zurückgelassen hatte.

Diese beiden Geschichten illustrieren ein Phänomen, das beim energetischen Programmieren häufig vorkommt: Wenn Sie etwas mit Erfolg zurückmanifestieren, dann erscheint es nicht immer da, wo Sie es erwarten. Der wahrscheinliche Grund dafür ist, dass es eine große Zahl von Variablen geben muss, die wir noch nicht kennen.

Der Zahnpastatubenverschluss: Auf einer Workshop-Reise in Dänemark logierte ich für einige Tage in einem kleinen Haus auf einem Landgut. Das Waschbecken im Bad war in jeder Hinsicht normal, außer dass der Abfluss in ein Rohr mündete, das etwa 30 cm über einem Fußbodenabfluss endete. Eines Morgens, während ich mir die Zähne putzte, glitt mir die Verschlusskappe der Zahnpastatube aus der Hand, fiel ins Waschbecken und von dort in das kurze Rohr. Als ich sah, wie die Kappe in den Abfluss im Fußboden verschwand, und mir vorstellte, was dies an Folgen nach sich ziehen konnte, rief ich ganz energisch: »NEIN!« Im nächsten Augenblick sah ich, wie sich die Verschlusskappe tatsächlich neben der Abflussöffnung rematerialisierte, in der sie gerade verschwunden war. Dieses Ereignis ist zwar vergleichsweise unbedeutend, doch es ist das einzige Mal, dass ich selbst Augenzeuge einer Rematerialisierung geworden bin.

Ein zusätzliches Kuriosum auf diesem Gebiet ist, wie selten man solche Materialisierungen beobachten kann. Meistens geschehen diese Dinge im Verborgenen. Ich habe den Verdacht, dass es unsere gewohnten Glaubens- und Erwartungsmuster sind, die solchen Wahrnehmungen im Wege stehen.

PLASTISCHE MATERIE

Wir können die materielle Welt auf seltsame und erstaunliche Weisen verändern, weil die materielle Welt sich selbst auf seltsame und erstaunliche Weisen verändert – ohne unser Eingreifen.

Dies sollte uns nicht überraschen, denn Beweise dafür finden wir in allen vier Weltsichten. Die objektive Ebene sagt uns, dass alle Materie in einem Zustand ständiger Veränderung ist: Was feste Materie zu sein scheint, ist in Wirklichkeit überwiegend leerer Raum, und das Wenige an Materie, das sich in jenem Raum findet, besteht überwiegend aus elektrischen Ladungen und Wellen. Die subjektive Ebene sagte: Alles ist Energie, und alles ist miteinander verbunden; außerdem: Mentale Energie verändert emotionale Energie, die wiederum physische Energie verändert. Die symbolische Ebene sagt: Alles ist ein Traumsymbol, und wenn sich ein Symbol verändert, verändert dies alle verwandten Symbole. Die ganzheitliche Ebene sagt: Alles ist eins, und wenn ein Ding sich verändert, verändern sich alle Dinge. In diesem Zusammenhang sei darauf hingewiesen, dass sich dieses Buch zwar auf bewusst gelenkte Veränderung konzentriert, die verschiedenen Weltsichten jedoch davon ausgehen, dass Veränderung auch ohne unsere bewusste Beteiligung geschehen kann.

Dieser Abschnitt soll nicht eine Abweichung vom Thema sein, sondern unsere Wahrnehmung natürlicher Veränderung steigern, besonders der seltsamen und erstaunlichen Veränderungen. Schon die Tatsache, dass solche Dinge von Natur aus geschehen, regt uns an herauszufinden, wie wir ihr Geschehen bewusst herbeiführen können. Schließlich fliegen wir in Flugzeugen, weil die Vögel fliegen, und wir leben in Häusern, weil Tiere sich Nester und Unterschlupf bauen, wir bauen unsere Lebensmittel an, weil es effizienter ist, als Wildpflanzen zu sammeln, und wir schmelzen Eisenerz, weil Lava Gesteine schmilzt. Alles, was wir heute tun, um unsere Umgebung und unser Leben zu verändern, hat seinen Ursprung in Beobachtungen natürlicher Veränderungen und Einwirkungen.

Um unserer bewährten Vorgehensweise treu zu bleiben, erzähle ich Ihnen nun eigene Erlebnisse als Beispiele für Seltsames und Erstaunliches.

Zeitdehnung und -verkürzung: Ich habe viele Erlebnisse gehabt, bei denen sich die Zeit nicht erwartungsgemäß nach ihrem Sekunde-um-Sekunde-, Minute-für-Minute-, Stunde-um-Stunde-Muster verhalten hat, und viele meiner Schüler von überall auf der Welt erinnern sich ebenfalls an solche Gelegenheiten. Eines der häufigsten Erlebnisse dieses Typs ist, dass Sie zu einer bestimmten Zeit irgendwo sein müssen und wissen, dass Sie es nicht rechtzeitig schaffen, weil es zu lange dauert, trotzdem treffen Sie aber pünktlich oder sogar zu früh ein. Weniger verbreitet, aber immer noch recht häufig sind Situationen, in denen Sie wissen, wie lange etwas dauern wird, und dann braucht es ohne irgendeinen erkennbaren Grund viel länger.

In manchen dieser Fälle spielt zweifellos die subjektive Wahrnehmung eine Rolle. Auf einer Reise nach Bora-Bora vereinbarten eine Gruppe von Freunden und ich ganz bewusst, während unseres dreitägigen Aufenthalts möglichst stets im Bewusstsein des jeweiligen Augenblick zu bleiben; unsere gemeinsame Erinnerung daran ist das Empfinden, als wären wir eine ganze Woche dort gewesen. Auch das Gegenteil ist nur allzu bekannt: Je weniger (gern) Sie da sein wollen, wo Sie gerade sind, desto mehr fühlt es sich an, als verginge die Zeit langsamer. Je mehr Sie es aber genießen und gedanklich oder emotional enger fokussiert sind, desto schneller scheint die Zeit zu vergehen.

Doch das ist es nicht, was ich meine. Ich spreche über eine Flugreise oder Autofahrt oder Wanderung, die laut Uhr weniger Zeit braucht, als möglich erscheint – oder viel länger als für möglich gehalten.

Den Ablauf der Zeit messen wir, indem wir den Abstand zwischen unseren Wahrnehmungen von zwei Ereignissen im Raum bestimmen. Die Natur der Zeit ist deshalb abhängig sowohl von unserer Wahrnehmung als auch von der Natur des Raumes. Wenn Entfernungen im Raum nicht konstant sind (siehe unten) und wenn unsere Wahrnehmung nicht konstant ist (was nicht mehr überrascht), dann wird offensichtlich, dass die Zeit nicht konstant sein kann.

Das folgende Experiment können Sie selbst durchführen, allein oder mit einer Gruppe. Es beweist nichts, fällt aber in die Kategorie »seltsam«.

1. Stellen Sie eine große Uhr an einen Platz, an dem Sie sie gut sehen können. Ein sich kontinuierlich drehender Sekundenzeiger wäre optimal, aber auch ein Zeiger, der von einer Sekunde zur nächsten springt, erfüllt unseren Zweck.
2 Schließen Sie die Augen und stellen Sie sich in Gedanken ein Objekt oder eine Szene vor. Ich kenne den Grund nicht, aber etwas Neutrales bewirkt einen größeren Effekt als etwas Interessantes oder Emotionales.
3. Öffnen Sie nach etwa fünfzehn Sekunden rasch die Augen und achten Sie auf den Sekundenzeiger. Die meisten Menschen haben nun die Wahrnehmung, dass der Zeiger länger stillhält, als er sollte, bevor er sich über das Zifferblatt weiterbewegt. Und das bedeutet – zumindest für Sie –, dass die Zeit einen Augenblick stillgestanden hat.

Teleportation: Bei der Teleportation wird etwas augenblicklich von einem Ort zu einem anderen transportiert, ohne dass ein Weg dazwischen zurückgelegt wird. Am häufigsten sieht man so etwas in »Star Trek«, in Videospielen und virtuellen Welten, aber es kommt auch im Primärleben vor. Ich habe nie jemanden kennengelernt, der Teleportation als eine bewusste Fertigkeit demonstrieren konnte (oder wollte), aber in jedem meiner Workshops, in dem dieses Thema behandelt wurde, war eine ganze Zahl von Schülern, die die spontane Form schon erlebt hatten. Hier folgen zwei meiner eigenen Erfahrungen, die ich beide im Auto erlebt habe.

Zehn Meilen im Handumdrehen: Ich war siebzehn und spät nachts auf dem Heimweg von einer Verabredung mit dem Mädchen, das schließlich meine Frau werden sollte. Es war in der Gegend zwischen den Städten Brighton und Ann Arbor im US-Bundesstaat Michigan. Wo die Nebenstraße, auf der ich gekommen war, auf den Pontiac Trail, eine zweispurige, asphaltierte Straße, traf, hielt ich vor einem Stoppschild. Mein Ziel war die kleine Stadt South Lyon, sechzehn Kilometer südlich, wo ich damals wohnte. Es war überhaupt kein Verkehr auf der Straße. Ich erinnere mich deutlich, wie ich auf den Pontiac Trail fuhr … und dann holperte mein Wagen nur Sekundenbruchteile später über die Eisenbahnschienen am Ortseingang von South Lyon. Der Pontiac Trail war damals eine Strecke mit vielen Hügeln, Steigungen und Kurven; es ist undenkbar, dass ich diese Strecke mehr oder weniger im Schlaf zurückgelegt habe. Leider habe ich weder vor noch nach diesem Erlebnis auf die Uhr geschaut.

Über die Ampel: In den achtziger Jahren – ich lebte in Malibu, Kalifornien – war ich nachts auf dem Weg nach Hause und näherte mich auf dem Pacific Coast Highway gerade der Kuppe von Point Dume. Dahinter führte die Straße bergab, am Zuma-Beach entlang und dann an der kalifornischen Küste weiter Richtung Nordwesten. Am Ende des Zuma-Beach, der nur einige Meilen lang ist, war eine Ampelkreuzung, an der ich nach rechts in die Trancas Canyon Road abzubiegen pflegte, um in mein Wohngebiet zu gelangen. Ich erinnere mich noch, wie ich auf die Kuppe von Point Dume zusteuerte und dann nicht mehr wusste, wo ich mich befand. Mein Tempo war unverändert, aber die Schnellstraße war dunkel und ich erkannte sie gar nicht mehr. Dann sah ich am Straßenrand plötzlich ein Schild, das die Entfernung nach Ventura anzeigte, und mir wurde klar, dass ich bereits acht Kilometer *hinter* der Ampel an der Trancas Canyon Road war. Ich fuhr auf demselben Highway, auf dem mein ältester Sohn später am Steuer einschlief und meinen Wagen zu Bruch fuhr; die Strecke war bekannt für Unfälle dieser Art. Dass ich eingeschlafen und rund zwölf Kilometer auf einer kurvenreichen Straße mit anderem Verkehr und einer hell beleuchteten Kreuzung gefahren sein sollte, ist wohl keine tragfähige Vermutung.

DAS UNERKLÄRLICHE

Unerklärliche Ereignisse pflegten früher viel häufiger berichtet zu werden als heutzutage. Charles Fort, ein berühmter Erforscher solcher Ereignisse, sammelte Anfang des 20. Jahrhunderts über 40 000 Fälle von seltsamen und erstaunlichen Daten aus wissenschaftlichen Journalen, Zeitschriften und Zeitungen. Noch in den siebziger Jahren war es nicht Ungewöhnliches, dass die Zeitungen in Los Angeles über Ungewöhnliches berichteten. Ich erinnere mich an Geschichten von Felsbrocken, die in Oklahoma aus dem Boden sprangen, und von dem Regen, der aus klarem Himmel in den Hof eines Hauses in einem Vorort von Los Angeles fiel. Doch langsam und unauffällig sind solche Geschichten im Laufe der Jahre fast gänzlich verschwunden. Selbst Ufo-Berichte sind sehr selten geworden, obwohl ein wenig Nachforschung zeigen würde, dass mit Ufos zusammenhängende Ereignisse immer noch passieren. Ein kurzes Aufflackern des Interesses brachte das Auftauchen der sogenannten Rods, aber seit diese auf zufriedenstellende Weise auf der ersten Ebene erklärt wurden (als Langzeitaufnahmen von Insekten), hört man nichts mehr darüber. Aber das Leben geht weiter, ob in den Schlagzeilen oder nicht, und es geschehen immer noch viele Dinge, die die innewohnende Eigenartigkeit der Wirklichkeit selbst demonstrieren. Drei eigene Erlebnisse werde ich nun schildern. Die beiden ersten dürften eher selten sein, über das dritte Erlebnis wird auch von vielen anderen berichtet.

Ein Dodge schert aus: Im Jahre 1960, nach meinem Dienst im US-Marineinfanteriekorps, war ich wieder am College im Bundestaat Michigan, ich hatte ein Cabriolet der Marke Dodge mit vier abgefahrenen Reifen. Eines regnerischen, diesigen Morgens benutzte ich die mittlere Spur einer vierspurigen Schnellstraße zwischen den Städten Ypsilanti und Ann Arbor. Auf allen Spuren herrschte starker Verkehr. Plötzlich sah ich, wie das kleine weiße Auto vor mir eine Vollbremsung machte, und dabei links blinkte. Ich trat auf die Bremse, aber es war, als führe ich auf Glatteis; die Geschwindigkeit blieb unvermindert. Ein rascher Blick durchs Fenster nach hinten zeigte, dass direkt hinter und auf der Spur rechts von mir Autos kamen, und auch die linke Spur vor mir war voll. Im letzten Moment, bevor ich in das weiße Fahrzeug vor mir krachte, riss ich das Lenkrad nach rechts. Ich weiß nicht, warum ich das tat, aber ich hatte auch nichts anderes zu tun. Nach allen Gesetzen der Physik der ersten Ebene hätte nun die Fahrerseite meines Wagens in das Heck des weißen, vor mir bremsenden Autos schleudern, der Wagen hinter mir in meine Beifahrerseite krachen und das Fahrzeug auf der rechten Spur den vorderen Teil meines Dodge mitreißen müssen. Stattdessen wurden in dem Moment, als ich das Lenkrad herumriss, die Scheiben meines Autos undurchsichtig weiß, und ich hatte das Gefühl, der Wagen drehe sich sehr langsam im Kreise. Ich erinnere mich, dass ich noch dachte: »So sterbe ich also?« Und dann, ganz plötzlich, kam mein Wagen zum Stillstand, die Scheiben wurden wieder klar, und ich saß in meinem Dodge, blickte in die ursprüngliche Fahrtrichtung und stand rechts seitlich der Straße. Links von mir floss der Verkehr auf vier Spuren reibungslos, als wäre nie etwas Ungewöhnliches passiert, nicht einmal ein Beinahe-Unfall. Von dem kleinen weißen Auto war nichts zu sehen. Ich zitterte noch einige Sekunden und fuhr dann los, denn ich hatte auch nichts anderes zu tun.

Landrover wird weich und macht sich dünn: Ende der sechziger Jahre arbeitete ich in Westafrika. Eine meiner Aufgaben führte mich auf einer Safari in das Sahara- und Sahelgebiet zwischen Senegal und Mauretanien. Auf einer Fahrt mit drei Assistenten hatten wir gerade die Grenze zum Senegal überquert und fuhren Richtung Dakar. Es war etwa 20 Uhr und sehr dunkel. Ich saß auf dem Beifahrersitz meines Landrovers; Salif, einer meiner Assistenten, steuerte, und die beiden anderen saßen hinter uns. Sicherheitsgurte gab es damals noch nicht. Wir befanden uns auf einer unbefestigten

Straße und Salif fuhr mit etwa 80 Stundenkilometern, als wir uns von hinten einem großen Lastwagen näherten. Salif schwenkte nach links, um auf dem Seitenstreifen zu überholen. Plötzlich – warum ist es nur immer »plötzlich«? – sahen wir im Licht unserer Scheinwerfer eine Brüstungsmauer aus Beton direkt vor uns. Die anderthalbspurige Straße verengte sich zu einer einspurigen Brücke; so etwas findet man bei Landstraßen häufig, in allen Ländern. Im Scheinwerferlicht sahen wir aber auch eine steil abfallende Böschung links von der Brücke, die der Lastwagen gerade erreichte. Im allerletzten Moment, als wir schon auf der Höhe des Lastwagens waren, riss Salif das Lenkrad nach rechts. (Besitzt diese Richtung etwa einen besonderen Zauber?) Nach den Regeln der objektiven Welt hätten wir jetzt gleichzeitig in den Lastwagen und in die Schutzmauer krachen müssen, mit Sachschaden ohne Ende und sehr wahrscheinlich mehreren Todesopfern.

Doch tatsächlich geschah etwas anderes. Ich habe keine Ahnung, wie wir über die Brücke gelangten, aber ich erinnere mich, eine lauten Knall irgendwo rechts über unserem Geländewagen gehört zu haben, und dann befand sich das Fahrzeug auf der anderen Seite der Brücke, links neben der Straße, wo wir zwischen Bäume donnerten, bis wir einen von ihnen frontal trafen und zum Stillstand kamen. Trotz unserer Geschwindigkeit bekam ich von alledem nicht mehr mit als einen kleinen Ruck. Salif saß unverletzt neben mir und blickte benommen. Als ich mich umdrehte, sah ich, dass meine beiden anderen Assistenten und die rechte hintere Tür fehlten. Ich stieg aus und fand die Tür ein gutes Stück hinter uns liegend, und noch weiter entfernt fand ich die beiden Assistenten, die zusammen auf der Erde saßen, ebenfalls unverletzt und anscheinend benommen. Sie sahen nicht so aus, als seien sie aus dem Fahrzeug geschleudert worden. Dann ging ich zurück an die Stelle, wo der Lastwagen nur knapp vor dem Ende der Brücke gestoppt hatte. Der Fahrer stand daneben, auch er war unverletzt und etwas benommen. Ich musterte aufmerksam den Teil des Lasters, der noch auf der Brücke stand; auf beiden Seiten war jeweils weniger als ein halber Meter Platz. Kurz vor dem Ende der linken Seite des Lastwagens war eine Delle in Höhe einer ähnlichen Delle am oberen rechten Ende des Landrovers. Die Indizien bezeugten Unerklärliches: Der Landrover musste die Brücke gleichzeitig mit dem Laster überquert haben. Als ich zu unserem Wagen zurückging, stellte ich fest, dass die massive stählerne Stoßstange nur an der Stelle eingedrückt war, wo sie den Baumstamm berührt hatte – der den gleichen Eindruck hinterließ wie ein Holzpflock, den man in weichen Lehm drückt. Der Rest der Stoßstange erschien unverändert. War hier die Wirklichkeit verformt oder das Metall deformiert – und wie, und warum? Ich habe keine Antworten darauf. Ich könnte mir Antworten ausdenken – Sie vielleicht auch –, aber es wären nur … ausgedachte Antworten.

Wenn die Welt sich verändert: Dies ist ein möglicherweise kontroverser Abschnitt, kontroverser jedenfalls als die anderen, denn er steht so sehr im Widerspruch zu aller Logik der ersten Ebene und zur meisten Logik der zweiten. Im Grunde haben wir es hier mit einer Idee der dritten Ebene zu tun, die ja von der Annahme vielfacher, einander durchdringender Dimensionen der Wirklichkeit ausgeht.

Parallele Leben sind ein Element oder Thema zahlreicher Science-Fiction- und Fantasy-Geschichten, aber darum geht es mir hier nicht. Für die meisten Menschen bedeutet der Begriff »paralleles Leben« zwei Arten von Erlebnissen, die Seite an Seite existieren, einander aber nicht berühren. Ein sehr gutes Beispiel ist in dem Film »Stardust« zu sehen, in dem eine steinerne Mauer zwei verschiedene »Welten« auf demselben Planeten voneinander trennt, eine typische Welt der ersten Ebene und eine sehr magische. Es gibt eine Lücke in der Mauer, durch die einige Individuen in beide Richtungen schlüpfen können, doch die beiden Welten sind voneinander getrennt. Eine andere Version der Idee von parallelen Leben vermittelte, was ich oben im Hinblick auf die Beziehung zwischen meinem Schriftsteller-Selbst und meinem Künstler-Selbst geschrieben habe. Doch auch das ist jetzt nicht mein Thema.

Es gibt keinen allgemein akzeptierten Begriff für das, was ich hier zu beschreiben versuche, deshalb will ich einen erfinden. Ich will es

»gleichzeitige Felder der Wirklichkeit« (GFW) nennen. Der Grundgedanke ist, dass mannigfaltige alternative Versionen des Primärlebens nebeneinander existieren – nicht vertikal gestapelt, sondern nebeneinander ausgelegt wie eine Vielzahl von einander leicht überlappenden Papierbögen, die auf einem sehr großen Tisch liegen. Die Natur des Primärlebens ist nun dergestalt, dass jeder von uns, der im Primärleben wohnt, in eine dieser anderen Versionen gleiten und rutschen kann, ohne es zu erkennen (wenn wir nicht Acht geben und willens sind, diese Möglichkeit anzuerkennen). Statt mich jedoch weiter mit Erklärungen zu versuchen, möchte ich einige Fragen formulieren, die diesen Zweck besser erfüllen dürften.

- Haben Sie jemals gehört, wie Menschen, die Sie kennen – und/oder allgemeiner: die Medien –, plötzlich ein Wort gebrauchen, das Sie nie zuvor gehört haben, als ob es ein allgemein geläufiger Begriff wäre, den jeder kennen müsste?
- Sind Sie jemals eine vertraute Straße entlanggegangen und haben einen Neubau oder eine Baulücke entdeckt, an die Sie sich gar nicht erinnerten?
- Haben Sie jemals ein Gespräch mit Freunden oder Angehörigen geführt, in dessen Verlauf es zu heftigen Unstimmigkeiten über etwas kam, an das Sie sich deutlich erinnerten?
- Sind sie jemals eines Morgens erwacht und haben festgestellt, dass sich etwas an Ihrem Körper dramatisch verändert hat?
- Haben Sie jemals entdeckt, dass Dinge, von denen Sie wussten, dass Sie sie hatten, nicht existierten, und/oder dass Sie nun Dinge besitzen, von denen Sie sicher sind, dass Sie sie nie zuvor hatten?

Dies sind einige der Dinge, die anzeigen könnten, dass Sie in eine alternative Version des Primärlebens gerutscht sind. Natürlich ist das nicht die Sorte empirischer Deutung, die Sie mit jedermann teilen möchten, weil eine Erstebenen-Interpretation Ihrer Deutung implizieren würde, dass Sie eine psychotische Phase haben. Gleiches passierte im Frankreich des 19. Jahrhunderte, als einige Menschen behaupteten, Meteoriten gefunden zu haben. Die Wissenschaftler der ersten Ebene spotteten darüber mit folgender Logik: »Sie können keine Brocken gefunden haben, die vom Himmel gefallen sind, aus dem einfachen Grunde, dass Steine gar nicht vom Himmel fallen.« Nach der gleichen Logik können Sie nicht in eine andere Wirklichkeit geraten sein aus dem einfachen Grunde, dass Sie sich nicht in einer anderen Wirklichkeit befinden.

Die Logik der dritten Ebene jedoch nimmt an, dass Wirklichkeit ein Traum ist und dass Träume einander überlappen können. Wenn wir diese Möglichkeit einmal akzeptieren, lautet die nächste Frage: »Können wir es bewusst herbeiführen?« Ich glaube, wir können das, und ich will versuchen, herauszufinden, auf welche Weise.

TEIL IV

VERÄNDERN DER WIRKLICHKEIT IN DER GANZHEITLICHEN WELT

ICH DACHTE AN WIND

Ich dachte an Wind
Und schon wehte er
Sanft durch den Wald, den hellen

Ich dachte an Wogen
Und sie kamen
Als glitzernde, rollende Wellen

An Vögel dachte ich
Und hörte sie singen
Mit wilden und reinen Stimmen

An Liebe dachte ich
Und Liebe war bei mir
Stark, tief und gewinnend

Nun weiß ich nicht
Ob das Leben nur ist
Und Gedanken lenken meine Sicht

Oder ob die Gedanken
von sich aus locken
Der Erfahrung Licht

Vielleicht ist ja alles
Nur ein gewaltiger Traum –
Ich sehe mit innerer Sicht –

Oder ist dennoch
Alles ganz wirklich, und
Ich sehe nur mich.

Serge Kahili King, 10. März 2002

KAPITEL 12
EINHEIT IN VERSCHIEDENHEIT

Mein hawaiianischer Onkel liebte es, Geschichten zu erzählen, wenn es galt, die Ideen und Begriffe zu verdeutlichen, die er mich lehrte. Meistens beruhten sie auf hawaiianischen Legenden, manchmal dachte er sie sich einfach aus. Gelegentlich machte er Anleihen bei anderen Kulturen und gab den Geschichten eine hawaiianische Note. Ich denke, die folgende Geschichte ist ein Beispiel aus dieser Kategorie:

MAUIS FRAGE

Es begab sich lange vor Captain Cook, dass *Maui Kupua,* Maui der Schamane, nach einem langen und abenteuerreichen Leben schließlich starb und in *Kanehunamoku* einging, das verborgene Land von Kane, dem Großen Geist. Dort schlief er augenblicklich ein, und er ruhte längere Zeit. Als er erwachte, war Kane unsichtbar gegenwärtig. Maui sprang auf, und sie begrüßten einander. Dann empfand Maui einen Drang, mit Kane über sein Leben zu sprechen, und das tat er auch. Er redete und sprach über die Dinge, die er gelernt hatte, die Streiche, die er gespielt, die Wesen, denen er geholfen, und die Wesen, die er verletzt hatte; er sprach über seine Lieben und die, die er hasste, über die guten und die schlechten Zeiten. Er redete und redete und redete, bis er nichts mehr zu sagen hatte. Da schüttelte er den Kopf wie in plötzlicher Erkenntnis und blickte sich um. »Kane«, sagte er, »wo sind sie alle? Mein Großvater, meine Mutter, meine Frau? Mein Vater, meine Brüder, meine Freunde und meine Feinde?

Wo sind alle meine Ahnen, die doch vor mir gekommen sein müssen?«

»Was meinst du?«, fragte Kane.

»Nun«, antwortete Maui, »wo sind sie? Ich sehe sie nirgendwo. Sind sie in einem anderen Teil der Insel?«

Maui fühlte mehr, als er es hörte, das tiefe, freundliche Lachen von Kane, bevor der Große Geist erwiderte: »O Maui, da ist nie jemand anderes gewesen.«

EINE SCHWIERIGE LEKTION

Ich hatte mehr Schwierigkeiten mit dieser Weltsicht als mit jeder anderen. Die erste Ebene war einfach, weil wir sie mit unserer Schul- und Ausbildung aufnehmen und sie von unserem gesellschaftlichen System ständig bestätigt wird. Auch die zweite Ebene war einfach, weil ich so viele Erfahrungen hatte, die nur zu dieser Sicht der Welt passen, und weil ich so vielen Menschen begegnet bin, die ähnliche Erlebnisse hatten. Die Weltsicht auf der dritten Ebene war einigermaßen einfach, sobald ich erkannte, dass Traum-Erlebnisse und Primärleben-Erlebnisse sich gleich anfühlten und auf die gleiche Weise als Erinnerungen abzurufen und zu empfinden waren. Was die vierte Ebene anbelangt, so hatte ich Religionen, Philosophien und die Theorien der wissenschaftlichen Avantgarde studiert, die ein ganzheitliches Universum postulierten; aber ich bekam es nicht auf einer Gefühlsebene zu fassen, bis mein Onkel es auf eine andere Weise erklärte und mir einige Techniken zeigte, es praktisch zu machen.

ES GEHT IMMER UM BEZIEHUNGEN

Was mein Onkel mir auch vermittelte, war dies: Alle Weltsichten sind lediglich unterschiedliche Ansichten darüber, wie die Welt funktioniert. Keine von ihnen ist eine getreuere Version der Wirklichkeit als die anderen, und sie bilden auch keine nach Wichtigkeit geordnete Hierarchie. Der echte Schamane lernt, mit allen vier Weltsichten umzugehen und je nach Bedürfnis oder Verlangen davon Gebrauch zu machen – wenn es sich als nützlich erweist, auch von mehr als einer zugleich. Mein Onkel meinte: »Wir lernen, durch verschiedene Welten zu schwimmen.« Sinngemäß sagte er auch: Die ganzheitliche Welt ist ein netter Ort für einen Urlaub, aber man will dort nicht leben, weil man keine Freunde hätte, mit denen man feiern kann.

In praktischeren Worten erklärte er mir, dass jeder jeden Tag alle vier Weltsichten gebrauche, ohne es zu merken. So können Sie zum Beispiel eine Beziehung der ersten Ebene zu Ihrem Arbeitgeber oder Angestellten, zu einer Verkäuferin im Laden, zu einem anderen Stamm oder einer politischen Partei haben, und in dieser Beziehung sind Sie und die anderen klar von einander getrennt. Gleichzeitig haben Sie vielleicht eine Beziehung der zweiten Ebene mit Ihrem Partner oder Ihren Eltern oder Ihren besten Freunden, in der Sie sehr empfänglich sind für deren Gedanken, Empfindungen und Energien. Immer noch gleichzeitig können Sie eine Beziehung der dritten Ebene haben zu Menschen in Ihrem Leben, die Ihre Hoffnungen und Träume oder Ängste und Enttäuschungen symbolisieren. Und Sie können gleichzeitig eine Beziehung der vierten Ebene haben zu Ihren Kindern oder einem geliebten Menschen oder einem Idol, in welcher Sie sich so sehr mit ihnen identifizieren, dass Sie, wenn diesen etwas Gutes oder Schlimmes geschieht, das Empfinden haben, es treffe Sie selbst.

Die ganzheitliche Weltsicht ist also nicht ein Alles-oder-nichts-Zustand. Im schamanischen Denken gilt sie nur für alles das, mit dem Sie sich unbewusst oder bewusst identifizieren.

Den Rest dieses Kapitels widme ich verschiedenen Techniken, bei denen Sie diese Weltsicht nutzen können, um auf verschiedenste Weisen die Wirklichkeit zu verändern.

PERSÖNLICHES PROGRAMMIEREN

Das Beste an der Fähigkeit, zwischen verschiedenen Weltsichten zu wechseln ist, dass sie uns ein breiteres Spektrum an Möglichkeiten erschließt, Veränderungen zu bewirken. Wenn Sie Schwierigkeiten haben, Freunde zu finden, können Sie a) einen Zugang der ersten Ebene nutzen, um Formen gesellschaftlichen Umgangs und zwischenmenschliche Fertigkeiten zu erlernen, b) einen Zugang der zweiten Ebene, um anderen Menschen zu helfen, entspannter und offen in Bezug auf Sie zu sein, c) einen Zugang der dritten Ebene, um Symbole für das Problem zu finden und es zu verändern, oder d) einen Zugang der vierten Ebene, um Ihre Selbstwahrnehmung zu verändern. Die Grundannahme der vierten Ebene ist: Anstatt zu versuchen, die Welt zu verändern, verändern Sie einfach sich selbst, und die Welt um Sie herum wird sich ändern beziehungsweise auf die Veränderungen ansprechen, die Sie bei sich selbst durchgeführt haben.

Dieser Gedanke ist gar nicht so abwegig, wir begegnen ihm häufig in verschiedenen westlichen Lehren.

- Säe ein Lächeln, wenn Du ein Lächeln ernten willst.
- Um einen Freund zu finden, sei selbst ein Freund.
- Lache, und die Welt lacht mit dir. (Der zweite Teil dieser Redensart lautet allerdings: »Weine, und du weinst allein.« Sie werden feststellen, dass Weinen die meisten Menschen in Ihrer Umgebung unglücklich macht.)
- Willst du Erfolg haben, handle wie die Erfolgreichen.
- Tu so, als ob, bis du es kannst.

Gleichwohl ist es erstaunlich, wie wenige Menschen selbst diese einfachen Anregungen umsetzen. Sie aber, nachdem Sie so weit gelesen haben, wollen vermutlich noch weiter gehen, deshalb folgen hier für das persönliche Programmieren einige Methoden, die funktionieren.

Selbstwahrnehmung: Wie viel Aufmerksamkeit schenken Sie sich selbst? Ich meine nicht jene Nabelschau, die darin besteht, ständig darüber nachzudenken, was andere Menschen von uns halten. Ich meine einfach, Ihren Körper und Ihr Denken zu verschiedenen Zeiten und unter wechselnden Umständen passiv wahrzunehmen. Vielleicht reagieren Sie nun spontan mit: »Natürlich nehme ich wahr, wenn mein Körper sich wohl fühlt und wenn er schmerzt, und wenn ich positive oder negative Gedanken hege«, aber auch dies meine ich nicht. Das einfache Gewahr-Sein ohne den Versuch, etwas zu verändern, ohne den Versuch, etwas zu deuten, kann eine tief greifende Wirkung auf Ihr Leben haben. Die oberflächliche Wirkung, die Sie wahrscheinlich zuerst bemerken, ist Stressabbau. Auf der vierten Ebene jedoch wissen wir, dass die Spannung in Ihrem Körper direkt mit Ihrer Art zu denken zusammenhängt und mit den Problemen – und guten Dingen – in Ihrem Leben. Die Lösung der vierten Ebene, die ich Ihnen hier vorstelle, hat nichts mit einer entspannenden Massage, mit positivem Denken oder dem guten Träumen zu tun. Alles, was sie verlangt, ist Gewahrsein, denn das ist der erste Schritt zum Verknüpfen, das Verknüpfen ist der erste Schritt zur Identifikation, und sich mit etwas zu identifizieren fühlt sich innerlich gut an, und je besser Sie sich fühlen, desto besser wird Ihre Welt.

Bitte bleiben Sie jetzt bei mir, gehen Sie mir nicht verloren. An diesem Punkt ist es sehr leicht, in eine andere Weltsicht zu gleiten, wo es ohne Belang ist, wie Sie sich fühlen. Wenn Sie aber in der Weltsicht der vierten Ebene bleiben können, ist es von Belang – und verändert.

Um dies zu illustrieren, gehe ich in der Gruppe manchmal folgendermaßen vor: Nachdem ich mir einen langen Stab bereitgelegt habe, stelle ich eine leere Plastikflasche an einen Platz, wo sie jeder gut sehen kann. Dann bitte ich die Teilnehmer, die Flasche eine Minute lang zu betrachten und aufmerksam ihre Farbe, Form, Größe und das Etikett wahrzunehmen. Nach einer Minute nehme ich den Stock und schlage damit die Flasche um. Obwohl eine Minute nicht sehr lang ist, erschrickt jedes Mal die Mehrheit der Gruppe und berichtet, es habe sich angefühlt, als hätte ich sie mit dem Stock gestoßen. Dies zeigt, wie schnell eine Identifikation eintreten kann, wenn es keine Ablenkung gibt. (Jene Teilnehmer in der Gruppe, die nicht reagierten, hatten sich wahrscheinlich gefragt, ob sie die Übung richtig machten.)

Es ist es an der Zeit für eine Technik, die ich »Haut und Knochen« nenne. Sie können auch etwas anderes wählen, dessen Sie gewahr sein werden, aber ich habe sehr gute Ergebnisse damit erzielt:

1. Nehmen Sie fünf oder zehn Minuten Ihres überaus geschäftigen Lebens, um einen Ort zu finden, der so wenig Ablenkungen wie möglich zulässt (besonders durch andere Leute). Je mehr Zeit Sie haben, desto besser. Sie können es im Sitzen, Stehen, Gehen oder Liegen tun, mit geschlossenen oder offenen Augen.
2. Etwa die Hälfte der Zeit, die Ihnen zur Verfügung steht, widmen Sie dem Gewahren Ihrer Knochen. Sie können Ihr Gewahrsein nach Belieben wandern lassen – ein Schulterblatt hier, ein Oberschenkelknochen da –, oder Sie können systematisch vorgehen, mit dem Schädel anfangen und sich dann nach unten vorarbeiten. Es gibt nichts zu tun, außer sich dessen gewahr zu sein, dass die Knochen da sind.
3. Die etwa andere Hälfte der Zeit, die Ihnen zur Verfügung steht, widmen Sie dem Gewahren Ihrer Haut, entweder nach Belieben wandernd oder systematisch. Tun Sie Ihr Bestes, um sich jeglicher Kommentare, Kritik oder Deutungen zu enthalten, die Ihr Verstand Ihnen eingeben mag, und gehen Sie jedes Mal wieder zurück zu dem einfachen Gewahren, dass Ihre Haut existiert.
4. Achten Sie während dieser Übung stets darauf, wie Ihr Körper und Ihr Denken reagieren und wie Ihre Gefühle sich verändern, während Sie fortfahren.
5. Achten Sie nach diesem Prozess auf jegliche Veränderungen, die in Ihrem Leben eintreten, besonders in Bezug auf Problembereiche. Veränderungen können subtil oder dramatisch sein, sie können augenblicklich oder später kommen.

Wenn Sie zwischen den Weltsichten wechseln, kann es natürlich sein, dass Sie irgendwelche Zusammenhänge zwischen dieser Übung und Veränderungen in Ihrem Leben gar nicht erkennen; ja vielleicht sogar verneinen, dass sie existieren. Ich kann Ihnen auch nicht versprechen, dass die Übung selbst am Anfang angenehm ist, wenn Sie eine Menge Anspannung oder viele Probleme haben, aber ich sage Ihnen: Je öfter Sie diese Übung praktizieren, desto besser wird es sich anfühlen; selbst Seligkeit ist möglich. Und ob Sie die Zusammenhänge wahrnehmen oder nicht: Sowohl schlechte Dinge als auch gute Dinge werden besser.

Selbstentspannung: Sie haben Recht, dies bedeutet nichts anderes als, sich selbst zu entspannen, aber ich werde Ihnen einen sehr speziellen Weg dorthin weisen. Die Wirkungen werden denen der vorausgegangenen Übung sehr ähnlich sein. Wenn Sie einen Namen dafür wollen, könnten wir es »Progressives Dehnen« taufen. Ich werde hier nur über den Nacken sprechen, weil sich in diesem Bereich sehr viele unerkannte Spannungen ansammeln, die viele geistige und körperliche Funktionen beeinträchtigen.

1. Es ist am einfachsten, diese Übung im Sitzen zu machen, legen Sie also die Hände in den Schoß. Drehen Sie zu Beginn Ihren Kopf sehr langsam nach rechts, so weit es Ihnen ohne Anspannung möglich ist.
2. Beim ersten Anzeichen von Anspannung drehen Sie den Kopf sehr langsam nach links zurück, ein wenig über die Ausgangsposition hinaus, und dann wieder ganz langsam nach rechts, ein wenig über den Punkt hinaus, an dem Sie vorher aufgehört haben, bis Sie erneut eine Spannung fühlen.
3. Wiederholen Sie diese Bewegungen, bis Sie Ihren Kopf weiter und weiter nach rechts drehen können, so weit es ohne Anspannung oder Schmerz möglich ist, dann tun Sie das Gleiche für die linke Seite.
4. Wenn Sie so weit sind, machen Sie weiter mit Vorwärts-/Rückwärts- und diagonalen Bewegungen. Nicht selten kommt es dabei zu spontanen tiefen Atemzügen; falls Sie das nicht erleben, atmen Sie bewusst tief ein, bevor Sie die Bewegungsrichtung ändern.
5. Wenn Sie möchten, setzen Sie den Prozess mit Ihren Schultern und den Hüftgelenken fort.

Selbstbesinnung: Bei jedem Problem, das wir haben – ob es eine Frage der Gesundheit, der zwischenmenschlichen Beziehung, des

Geldes oder irgendetwas anderes ist –, werden sich immer ein oder mehrere Bereiche von Anspannung in unserem Körper finden, die damit zusammenhängen.

Was ich Ihnen nun vorstellen werde, ist nicht ein Instant-Zauber, sondern soll Ihnen helfen, die Angelegenheit zu bereinigen. Die Methode beruht auf einer Art passiver Meditation namens *nalu.* Bevor Sie damit beginnen, denken Sie an ein Problem und stellen oder legen Sie etwas vor sich, das Ihnen helfen wird, Ihre Aufmerksamkeit auf das Problem gerichtet zu halten. Es könnte ein Foto sein, eine Zeichnung oder ein Stück Papier oder ein Gegenstand, der damit zusammenhängt, zum Beispiel die höchste Rechnung in dieser Angelegenheit, falls es sich um ein finanzielles Problem handelt. Was auch immer Sie zum Zweck dieser Übung auswählen, akzeptieren Sie nun als das Problem selbst, nicht nur als ein Symbol für das Problem. Es ist auch eine gute Idee, ein Wort oder einen kurzen Satz zu formulieren, den Sie während der Übung wiederholen und der Ihnen helfen wird, Ihre Aufmerksamkeit zu halten. Je ernster das Problem, desto schwieriger wird es sein, darauf konzentriert zu bleiben, ohne sich ablenken zu lassen. Und achten Sie darauf, ein neutrales Wort, einen neutralen Satz zu nehmen, der einfach das Problem beschreibt, ohne Kritik oder Emotion.

1. Nun haben Sie das Problem vor Augen. Betrachten Sie es einfach und achten Sie darauf, wie Ihr Denken und Ihr Körper reagieren. Sie brauchen in Bezug auf die gedanklichen oder körperlichen Reaktionen überhaupt nichts zu tun; diese werden sich von selbst verändern, je länger Sie das Problem betrachten.
2. Während Sie das Problem betrachten, atmen Sie auf folgende, spezielle Weise: Atmen Sie ein mit der Aufmerksamkeit auf das Problem; dann atmen Sie aus mit der Aufmerksamkeit auf den Teil Ihres Körpers, der am stärksten reagiert. Dann atmen Sie ein mit der Aufmerksamkeit auf den Teil Ihres Körpers, danach atmen Sie aus mit der Aufmerksamkeit auf das Problem. Wiederholen Sie diesen Zyklus während des ganzen Vorgangs.
3. Machen Sie diese Übung so lang, wie Sie können, und wieder-

holen Sie sie, so oft Sie können, bis Sie anders über das Problem denken und fühlen, ohne sich dazu anzustrengen. Ab diesem Punkt werden Veränderungen und Gelegenheiten im Zusammenhang mit dem Problem in Ihrem Leben auftauchen.

Eigen-Präsenz: Die in diesem Abschnitt beschriebene Übung wird Ihnen helfen, Ihr Vertrauen, Ihre Energie und den Einfluss Ihrer Gedanken, Gefühle und Handlungen auf Ihre Umgebung zu steigern. Alles erwächst aus der Stärkung Ihrer sensorischen Präsenz. Die Übung selbst können Sie jederzeit, überall und unter allen Umständen praktizieren

1. Achten Sie in Ihrer derzeitigen Umgebung auf Einzelheiten wie Farbe, Form, Position, Bewegung und räumliche Verhältnisse zwischen Gegenständen und Menschen.
2. Lauschen Sie in Ihrer derzeitigen Umgebung auf all die verschiedenen Töne und Geräusche und alle Zwischentöne, die Sie vernehmen können. Sie hören zum Beispiel den Wind wehen, aber wenn Sie genauer hinhören, werden Sie feststellen, dass Sie eine Komposition vieler Töne wahrnehmen.
3. Berühren Sie in Ihrer derzeitigen Umgebung Dinge, die in der Nähe sind, und fühlen Sie die Unterschiede in Oberfläche, Temperatur und Gewicht.
4. Bewegen Sie sich in Ihrer derzeitigen Umgebung, wenn Sie sich bewegen, möglichst bewusst, mit umfassendem Gewahren Ihres Körpers.
5. Tun Sie alle diese Dinge zugleich, wenn Sie können, oder wenigstens mit möglichst geringem zeitlichem Abstand nacheinander. Achten Sie darauf, ob und wie die Welt auf Ihre Präsenz anspricht.

Selbst-Wertschätzung: So, wie Sie über sich selbst denken, so wird die Welt über Sie denken. Der Wert, den Sie sich selbst zugestehen, ist der Wert, den die Welt Ihnen zugestehen wird. Die Welt wird Sie in dem Maße nicht wertschätzen, in dem Sie selbst sich *nicht* wertschätzen. Wenn Sie gemischte Gefühle über sich selbst haben, dann wird auch die Welt gemischte Gefühle über Sie haben. Wie es Ihrem bewussten Denken, wie es Ihrem Zielsinn gefiele, dass die Welt über Sie denkt, macht nicht annähernd so viel aus wie das, was Ihr Zielsinn tatsächlich erwartet und was Ihr Leibsinn tatsächlich glaubt. Wenn Sie von der Welt in irgendeiner Form mehr Wertschätzung haben wollen, dann müssen Sie anfangen, sie sich selbst zu geben.

Die Übung in diesem Abschnitt ist die Einfachheit selbst. Trotzdem fällt es den meisten Menschen sehr schwer, sie zu praktizieren und dabei zu bleiben.

1. Beginnen Sie jeden Morgen mit einer persönlichen Rückschau auf alle Ihre guten Qualitäten, alle die guten Dinge, die Sie getan haben, und all die guten Dinge, die Sie zu tun planen (oder zumindest auf so viele, wie Sie sich gerade in Erinnerung rufen können oder für die Sie gerade Zeit haben). Die Welt, die alles hört, will nichts darüber hören, was Sie für Ihre Fehler, Ihre Schwächen oder Ihr Versagen halten.
2. Beenden Sie jeden Tag mit einem Rückblick auf alle die guten Qualitäten, denen Sie Ausdruck gegeben haben, und all die guten Dinge, die Sie an diesem Tag getan haben. Wenn sie an einer finanziellen Wertschätzung interessiert sind, so stellen Sie sich selbst einen symbolischen Scheck aus für das, was dieser Tag nach Ihrer Einschätzung wert war, und wenn es ein besonders guter Tag war, dann geben Sie sich einen Bonus. Die Welt, die alles hört und sieht, kümmert sich nicht um Ihre Meinung, dass Sie etwas besser gemacht haben *könnten* oder etwas anderes richtig gemacht haben *sollten.* Sie will nur wissen, was Sie über das denken, das Sie getan *haben.*

Selbst-Stärkung: Die wirksamste Art und Weise, sich selbst zu stärken, ist, die persönliche Souveränität zu steigern.

Persönliche Souveränität ist ein Thema, das jeden von uns als Individuum und uns alle als Gesellschaft betrifft, ob wir es erkennen oder nicht. Souveränität zu verstehen, kann uns zu deuten helfen, was in und um uns vorgeht. Souveränität zu steigern, kann unser Dasein radikal verwandeln.

Der Souverän besitzt die höchste Macht über jemanden oder etwas; souverän zu sein heißt, äußerst effizient und fähig zu sein. Aus diesen Gründen wird Souveränität gewöhnlich Göttern, Königen, Herrschern und Regierungen zugesprochen. Könige und Königinnen bezeichnen wir als Souveräne (selbst wenn sie nur noch Repräsentationsaufgaben erfüllen), und wir kennen die souveränen Rechte von Nationen und Staaten.

Persönliche Souveränität impliziert also die innewohnende Autorität und Macht des Individuums, seine oder ihre Richtung und Geschicke selbst zu bestimmen. Falls dies verdächtig nach freiem Willen klingt, liegt dies daran, dass persönliche Souveränität und freier Wille das gleiche sind.

Eine souveräne Nation zu sein bedeutet, das Recht und die Macht für eigene Entscheidungen zu haben und im nationalen Interesse zu handeln, ohne von einer anderen Nation gezwungen zu werden; eine souveräne Person zu sein bedeutet, sein Agieren und Reagieren wählen und bestimmen zu können, ohne von einer anderen Person gezwungen zu werden. Souveränität herrscht in dem Maße, in dem freier Wille alle diese Entscheidungen trägt – ob im nationalen oder persönlichen Rahmen.

Obwohl Souveränität auch Macht bedeutet, heißt es nicht automatisch, dass Sie, sobald Sie Souveränität besitzen, alles tun können, was Sie tun wollen. Ob Sie eine Nation sind oder eine Person: Sie müssen auch die Souveränität der anderen bedenken. Natürlich könnten Sie versuchen, die Souveränität anderer zu mindern oder zu zerstören, um zu bekommen, was Sie wollen – wie es Nationen und Individuen zuweilen tun –, aber die menschliche Erfahrung zeigt, dass Sie durch Kooperieren in der Regel mehr erreichen als durch Erobern.

Letztlich jedoch hat jeder von uns nur so viel Souveränität, wie wir zeigen können. Souveräne Rechte zu haben und souverän zu sein, ist nicht das Gleiche.

Der Weg zur Steigerung Ihrer persönlichen Souveränität ist die Steigerung des Gebrauchs Ihres freien Willens. Hier ist zu lesen, wie es geht:

1. Entscheiden Sie in jeder Situation selbst, wie Sie agieren und reagieren werden.
2. Entscheiden Sie selbst, wie Sie Ihre Aktionen und Reaktionen interpretieren – ob sie frei gewählt sind oder nicht.

Wenn Sie zum Beispiel für jemanden arbeiten und den Befehl erhalten, eine unangenehme Aufgabe zu erledigen, kann sich das anfühlen, wie wenn Sie etwas von Ihrem freien Willen verloren hätten. Aber abgesehen davon, dass Sie jederzeit kündigen können, können Sie auch für sich entscheiden, dass Sie nicht für den Chef arbeiten: Sie liefern eine bezahlte Dienstleistung und können selbst entscheiden, die Aufgabe zu erledigen, weil Sie dies selbst entscheiden und nicht, weil es Ihnen befohlen wird. Kurzum: Sie können Ihr Agieren und Reagieren und Interpretieren immer selbst wählen.

Doch seien Sie auf der Hut, persönliche Souveränität hat ihren Preis. Er heißt »persönliche Verantwortung«. Je mehr Sie von Ihrem freien Willen Gebrauch machen, desto mehr wächst auch die Verantwortung für Ihre eigenes Agieren und Reagieren. Wenn Sie den Gebrauch Ihres freien Willens weit genug ausbauen, können Sie weder Ihre Eltern, Ihre Feinde, Ihre Freunde, Ihren Liebhaber oder Ihre Partnerin, die Gesellschaft, das Schicksal, den Teufel oder Gott für etwas verantwortlich machen, das mit Ihrem Erleben zusammenhängt. Und Sie werden sich machtvoller fühlen und machtvoller sein in Ihren Wirkungen auf die Welt.

Würden viele Menschen ihre Eigenverantwortung beträchtlich steigern, würde unsere Gesellschaft sich dramatisch verändern. Koabhängige und manipulative Beziehungen verschwanden fast, ungezählte Rechtsanwälte müssten sich nach neuen Berufen umsehen, Politiker würden für ihre Entscheidungen zur Rechenschaft gezogen, Versicherungen viele Policen ändern, Menschen unterschiedlichen Glaubens toleranter miteinander umgehen müssen, der Mensch würde generell mehr aus Liebe als aus Angst handeln ... Was wäre das für eine Welt? Eigentlich eine sehr gute.

Das harmonische Selbst: Wenn wir diese Wörter einzeln betrachten, sind sie leichter zu verstehen. »Harmonie« ist leicht zu begreifen; es stammt von dem griechischen *harmonia* ab, das »Fügung, Bund, Ordnung« bedeutet. »Selbst« ist ein Wort, das sich normalerweise auf ein Individuum (im Unterschied zu einer Gruppe) bezieht. Im Huna jedoch verwenden wir häufig den Begriff »drei Selbste« und meinen damit die Gruppierung von Körper, Denken und Geist eines Individuums. Da wir nicht meinen, dass Körper, Denken und Geist drei getrennte Individuen seien, wäre »drei Aspekte des einen Selbst« eine bessere Bezeichnung. Gleichwohl scheinen bei manchen Leuten diese drei Aspekte im Widerstreit zu stehen, und dieser Streit im Inneren des Individuums steht in direkter Verbindung mit Streit und Krieg im Umfeld des Individuums.

Streit beruht immer auf Angst. Und Angst beruht immer auf Disharmonie oder, genauer, dem Gefühl, von einer Quelle der Liebe und/oder Macht getrennt zu sein. Und dieses Gefühl führt nur allzu oft zu Wut, die noch mehr Getrenntsein bewirkt. Die Lösung ist deshalb, sich zurückzuverbinden. Es gibt zwei hawaiianische Sprichwörter, die diese Idee poetischer zum Ausdruck bringen.

'Akahi a komo ke anu ia'u, ua naha ka hale e malu ai
Kälte durchdringt mich nun, denn das schützende Haus ist zerbrochen.

Dies waren laut Überlieferung die Worte eines Häuptlings in der alten Zeit, der damit die Angst zum Ausdruck brachte, die er fühlte, als seine beiden Heerführer in der Schlacht gefallen waren.

Pili kau, pili ho'oilo
Gemeinsam in der Trockenzeit, gemeinsam in der Regenzeit.

Dieses Sprichwort beschreibt eine liebevolle Beziehung.

Damit nähern wir uns diesem Punkt: Um Harmonie in sich und um sich haben, müssen Sie zuerst Frieden mit sich selbst schließen.

Der Weg zum Frieden mit sich selbst ist Freundschaft mit sich selbst.

Vielleicht haben Sie die Frage schon auf den Lippen? Der Weg zur Freundschaft mit einem Menschen ist, ihn wertzuschätzen und zu stärken *aus einer Position der Selbst-Wertschätzung und Selbst-Stärkung.* Der nächste Schritt heißt also, zu lernen, wie dies zu bewerkstelligen ist.

Eine Technik möchte ich Ihnen hier vorstellen; noch sehr viel mehr über das Thema können Sie aus meinem Buch *Healing Relationships* lernen.

1. Tun Sie so, als wären Sie ein Mannschaftskapitän oder ein Bandleader, und die Mitglieder Ihrer Gruppe heißen Geist, Denken und Körper. Ihr Ziel heißt, Freunde zu werden, damit Sie in vollkommener Harmonie zusammenarbeiten können.
2. Erstens teilen Sie Ihren Leuten mit, was sie tun sollen. Sagen Sie zum Beispiel: »Geist, wir brauchen Inspiration und Energie; Verstand, hole du, was du an Information brauchst, und ersinne Lösungen für unsere Probleme; Körper, erinnere dich, was du darüber weißt, wie wir uns entspannen und wohl fühlen können.«
3. Zweitens zeigen Sie ihnen Ihre Wertschätzung für alles, was sie tun, das Ihre Leistung steigert, und vergeben Sie ihnen alles, was sie tun, das nicht dazu beiträgt. Sagen Sie zum Beispiel: »Geist, das war eine gute Idee, danke; Verstand, mir gefällt die Art und Weise, wie du hier deine Vorstellungskraft einsetzt; Körper, danke für deine Kooperation.« Es ist auch eine gute Sache, Ihre verschiedenen Aspekte mit speziellen Belohnungen zu bedenken, die für den einzelnen jeweils passend ist.
4. Erinnern Sie sie und sich selbst als Mannschaftskapitän/Bandleader, dass Freunde einander nicht kritisieren und nicht gegeneinander arbeiten.

Wenn Sie diese Übung fortführen und Ihre innere Harmonie zunimmt, brauchen Sie die Übung immer weniger, und es kommt der Tag, an dem Sie und Ihre Mannschaft/Gruppe wirklich eins sind.

KAPITEL 13
EINE ZEIT ZUM GROCKEN

Robert A. Heinlein, ein Schriftsteller, der vor allem mit seinen Science-Fiction-Geschichten bekannt wurde, prägte das Wort »grocken«, das er 1961 in seinem Roman *Ein Mann in einer fremden Welt* einführte. Der Protagonist, Valentine Michael Smith, wuchs unter Marsianern auf, gleich zu Anfang erwähnt Heinlein das Wort zum ersten Mal beiläufig. Dort schreibt er über Smiths »Grocken, da er nicht war wie seine Brüder«, und meint den Augenblick auf dem Mars, in dem Smith aufgrund einer speziellen Begabung erkennt, dass er kein Marsianer ist.

In einem modernen Wörterbuch wird »grocken« definiert als »etwas intuitiv oder durch Einfühlen verstehen« und »sich einfühlen und einfühlsam kommunizieren, eine innere Verbindung herstellen«; in dieser Bedeutung verwenden es viele Menschen heute. Das ist aber nur ein Teil der Bedeutung, die Heinlein dem Wort in seinem Roman gab. Einen wichtigen Hinweis finden wir auf Seite 105, wo Smith eine Bemerkung über die Schwimmbegabung einer Frau macht und sagt: »Das Wasser grockt Dorcas. Es pflegt [sie].« Smith wählt die Wörter sehr sorgfältig, und »pflegen« heißt »jemanden liebevoll beschützen und für ihn sorgen«. Im Rest des Kapitels verdeutlicht Heinlein in Dialogen, dass der Begriff des Grockens auch umfasst, etwas von innen zu kennen – viel mehr als nur durch Einfühlungsvermögen – und in diesem Zustand der Kenntnis fähig zu sein, das zu beeinflussen, was man gerade grockt. Darüber hinaus bedeutet ein »Grocken in Fülle«, mit etwas eins zu werden.

Die Fertigkeit des Grockens ist unter Schamanen wohlbekannt, sie ist aber in modernen Sprachen nicht leicht zu erklären, denn sie ist schwer zu definieren. Etwas dem Grocken Ähnliches finden wir in der Schauspieltechnik des Method-Acting nach Lee Strasburg und Konstantin Stanislavski. In einem anonymen Artikel zum Thema steht: »Method-Acting verbindet auf realistische Weise eine sorgfältige Betrachtung der psychologischen Motive einer Rolle mit einer Art von persönlicher Identifikation mit – und möglicherweise der Reproduktion von – dem Gefühlszustand der Rolle.«

Moderne Diskussionen über Schamanismus nähern sich dem Thema indirekt oder teilweise, wobei die Betonung mehr auf der Form als auf der Funktion liegt. In diesen Diskussionen wird die Sache »Formverändern« genannt, wobei man im Allgemeinen drei Typen unterscheidet: a) eine Veränderung darin, wie man anderen erscheint, b) eine sichtbare Geistform von menschlicher Gestalt oder nicht (wie ich in einem früheren Kapitel beschrieb) und c) eine tatsächliche physische Transformation (wie zum Beispiel einen Werwolf). Als ich in Westafrika lebte, waren die Menschen von Dahomey/Benin fest davon überzeugt, dass der Präsident des Landes die Gestalt einer Antilope annehmen könne, um sie zu bespitzeln.

Grocken, wie es von Heinlein beschrieben und von Schamanen praktiziert wird, erfordert keine Veränderung in Erscheinung oder Gestalt. Was Grocken jedoch verlangt, ist die Fähigkeit, ein Muster zu kennen, mit ihm zu verschmelzen und es zu beeinflussen.

MUSTER

Mit Mustern der einen oder anderen Art sind wir alle vertraut.

- Menschen, die nähen, sind vertraut mit Schnittmustern,
- Meteorologen sind vertraut mit Wolkenmustern,
- Psychologen sind vertraut mit Verhaltensmustern,
- Geologen sind vertraut mit Gesteinsmustern,
- Bauingenieure sind vertraut mit Belastungsmustern,
- Stadtplaner sind vertraut mit Verkehrsmustern,
- Mathematiker sind vertraut mit Fraktalmustern
- und so weiter und so fort.

Je vertrauter wir mit Mustern sind, desto mehr »verinnerlichen« wir sie (d.h., desto mehr bringen wir sie in unseren Körper), was uns ermöglicht, nicht nur das Muster nach Belieben zu gebrauchen, sondern auch kreativ darüber zu improvisieren und sogar unser Wissen über das Muster zu nutzen, um etwas anderes zu beeinflussen, das dieses gleiche Muster nutzt.

Musikern ist dieser Gedanke sehr vertraut. Mozart war ein Meister der musikalischen Muster seiner Zeit, und er konnte augenblicklich das Muster eines beliebigen, gerade gehörten Musikstücks erkennen, es wiedergeben und darüber improvisieren, es variieren und so etwas Neues erschaffen. Als ich anfing, die Ukulele zu spielen, lernte ich eine Reihe von einfachen Akkorden, die für Hunderte von Liedern zu gebrauchen sind; ich schrieb sogar selbst Lieder für diese Muster. Viele Künstler benutzen Muster, auch viele Schriftsteller, Redner und Computerspiel-Designer. Unser Leben ist voller Muster; die Menschen lernen und gebrauchen sie, um Wirklichkeit zu verändern.

NATÜRLICHE MUSTER

Einige der interessantesten Muster sind meines Erachtens in der Natur zu finden. Wir erkennen den Unterschied zwischen Farnen und Bäumen anhand von Stamm-, Zweig- und Blattmustern, und die gleichen Kategorien von Mustern verwenden wir, um zwischen Baumarten zu unterscheiden. Dabei weisen viele Bäume Blattmuster auf, die denen von Farnen ähnlich sind. Einige Bäume, zum Beispiel der *koa,* haben in jungen Jahren ein farnähnliches Blattmuster und machen in der Reife eine Wandlung zu einem anderen Blattmuster durch, das dem des Eukalyptus ähnelt. Der holzige Stamm des Koa-Baumes wiederum ähnelt mehr dem eines Mahagoni.

Meereswellen bilden Muster, die stark von Wind- und Landmustern beeinflusst sind, und wenn Sie genau hinsehen, werden Sie bemerken, dass Wellen auch Wellen haben, die von Wellen beeinflusst sind.

Eines der unglaublichsten Muster in der Natur wurde als mathematische Proportion definiert und als Goldener Schnitt bekannt. Ich werde die Gelegenheit nicht zu einer Mathematik-Vorlesung nutzen – die Natur ist ohnehin nicht sehr präzise –, will aber in möglichst einfacher Annäherung sagen: Viele Dinge in der Natur sind so gebaut – oder bauen sich selbst –, dass ihre Maße das Proportions-Muster von 1 : 1,618 widerspiegeln. Ich bin beispielsweise 1,78 Meter groß, und mein Nabel ist auf 107 Zentimeter Höhe. Wenn wir 1,78 durch 1,618 teilen, erhalten wir 1,10.

Das Maß von der Spitze meines linken Mittelfingers bis zur Schulter beträgt 71 Zentimeter, geteilt durch 1,618 ergibt 44 cm; das entspricht dem Abstand zwischen meinem Nabel und dem oberen Ende meines Brustbeins. Diese engen Zusammenhänge zwischen Körperteil-Proportionen und der Zahl 1,618 gibt es bei allen Menschen. Und bei Muscheln, Kristallen, Früchten, Blättern und vielen, vielen anderen Dingen. Die Menschen nutzen diese Proportion bewusst in Kunst und Architektur. In der Natur ist es nicht perfekt, aber der Vollendung sehr nah.

Worauf es ankommt, ist: Muster sind überall, und Muster können genutzt werden.

Wenn ich bestimmte Lieder singe oder auf der Ukulele spiele, wenn ich bestimmte Tänze übe, wenn ich an bestimmte Orte fahre, wenn ich mit bestimmten Booten segle, wenn ich bestimmte Computer verwende .... brauche ich nicht darüber nachzudenken, was ich tue, weil das Muster ein Teil von mir ist. In gewissem Sinne sind wir verschmolzen. Um das Muster jedoch zum Ausdruck zu bringen, muss ich die bewusste Entscheidung treffen, mich mit ihm zu verbinden – indem ich die Ukulele aufnehme, indem ich das Boot besteige usw. Dann kann ich mich von dem Muster leiten lassen. Oder ich kann das Muster leiten – zu Möglichkeiten, die das Muster modifizieren oder erweitern, ohne es zu verändern.

Nehmen wir die Ukulele als Beispiel. Ich kann das Lied »Ain't She Sweet« (»Ist sie nicht süß?«) spielen, ohne überhaupt darauf zu achten, was meine Hände tun. Oder ich kann bewusst bestimmte Akkorde verwenden, andere hinzufügen, den Rhythmus oder die

Tonart wechseln – und das alles, ohne das Lied zu verändern. Ich kann es tun, weil das Lied ein Spektrum möglicher Modifikationen hat, die innerhalb des Gesamtmusters ausgeführt werden können. Wenn ich diesen Rahmen allerdings verlasse, indem ich Akkorde spiele, denen sich das Muster nicht anpasst, dann spiele ich entweder ein anderes Lied oder erzeuge Misstöne.

Genau darum geht es auch bei der Nutzung von Mustern zur Veränderung der Wirklichkeit. Die ganzheitliche Sicht der Welt sagt: Weil alles eins ist, kann alles mit allem anderen eins werden. Dies bringen wir zustande, indem wir Muster auf einer tieferen Ebene verschmelzen, mit anderen Worten, durch Verschmelzen mit den inneren Mustern von etwas, mit dem Muster, aus dem seine Existenz ersteht, nicht bloß mit dem Muster, das es in seinem Verhalten zum Ausdruck bringt.

INNERE MUSTER

Es gibt die sehr alte Vorstellung, das ganze Universum sei aus dem gleichen Grundstoff gemacht. Ich meine damit nicht atomare oder subatomare Teilchen, auch nicht die Idee des »lichttragenden Äthers« aus dem frühen 19. Jahrhundert, der als eine physikalische Substanz für sich betrachtet wurde. Der Begriff, den ich zu vermitteln versuche, ist etwas wie »Vormaterie«, eine unbegrenzte, nichtmaterielle Matrix, die »Mutter aller Muster«. Eine weitere Idee ist, dass die ganze Schöpfung aus diesem … (nennen wir es) Feld hervorgeht, auf eine Weise, mit der wir uns nicht abzumühen brauchen. (Wir könnten dies natürlich tun, aber dann schriebe ich hier nur ein Buch über Theorien.)

Wir wollen dies alles überspringen und die Existenz eines solchen Feldes einfach annehmen. Ein hawaiianischer Name dafür wäre *aka,* vermutlich verwandt mit dem Sanskritwort *akasha.* Die Bedeutungen, die *aka* im hawaiianischen Wörterbuch zugeordnet werden, sind von Belang: Schatten, Reflexion, Bild, Abbild, Essenz, Klarheit, ein Embryo zum Zeitpunkt der Empfängnis, ein frisch geschlüpfter, noch durchsichtiger Fisch. Die Verwandtschaft mit

Mustern erweist sich in dem Begriff *aka lehulehu,* das heißt »Schatten der Menge«, ein bildlicher Ausdruck für einen »viel begangenen Weg«. *Aka* ist dann *das* Muster, aus dem alle anderen Muster hervorgehen.

Um es nicht weiter zu komplizieren: Muster gehen hervor aus Bewegung oder Energie. Da wir mit der ganzheitlichen Weltsicht arbeiten, brauchen wir uns nicht um eine Ursache zu kümmern (einen typischen Begriff aus der objektiven Weltsicht). Nach allem, was wir wissen, und allem, was zählt, haben Energie und *aka* immer existiert, und Muster bilden sich, wenn Energie sich mit Energie mischt. Wenn wir Begriffe gebrauchen, die Ihnen bereits vertraut sind, dann ist Energie wie der Zielsinn, und *aka* ist wie der Leibsinn. Energie »bildet« (oder erschafft) neue Muster, und *aka* erinnert sie. Wir können also sagen, dass das ganze Universum aus Mustern und Energie besteht, aus Mustern von Energie und energetisierten Mustern. Aufgrund dieses allem zugrunde liegenden Feldes und Flusses, von dem wir selbst ein Teil sind, können wir verschmelzen und modifizieren.

ENDLICH: PRAKTISCHES

Bevor wir mit der Welt um uns verschmelzen können, müssen wir wissen, wie man verschmilzt. Das ist viel einfacher, als Sie vielleicht denken, denn Sie tun es bereits sehr oft, ohne daran zu denken. Ich will diesen natürlichen Vorgang nun in Einzelschritte ordnen, damit Sie ihn bewusster nachvollziehen können.

1. Lernen Sie kennen, womit Sie verschmelzen wollen. Je mehr intellektuelles und Erfahrungswissen Sie über etwas haben, desto leichter ist es, das Muster auf eine intuitive Weise kennenzulernen. Ein englisches Sprichwort behauptet: »Vertrautheit bringt Verachtung hervor.« Das ist gelogen. Ein Verlust an Achtung bringt Verachtung hervor. Vertrautheit bringt in Wirklichkeit Verbundenheit hervor.
2. Befreunden Sie sich mit dem, mit dem Sie verschmelzen wollen.

Mögen Sie etwas nicht oder fürchten sich vor ihm, können Sie sich nicht gut mit dem Muster verbinden. Wissen kann helfen, dies zu ändern. Nehmen Sie einfach an, es sei lebendig, und sprechen Sie es mit Komplimenten, Lob und Bewunderung an.

3. Trainieren Sie das Gefühl, Sie seien tatsächlich das Ding, mit dem Sie verschmelzen wollen. Vielleicht fällt es Ihnen leichter, sich anfangs auf ein Symbol für das Ding zu konzentrieren, das Sie sich auf Ihrem Nabel vorstellen. In meinen Gruppen spreche ich manchmal darüber, beim Verschmelzen den »Ein-Prozent-Schamanen« aufrechtzuerhalten, das heißt niemals mehr als zu neunundneunzig Prozent zu verschmelzen; wenn Sie nämlich zu hundert Prozent verschmelzen, vergessen Sie, einen verändernden Einfluss auszuüben. In der Praxis werden Sie jedoch selten zu mehr als fünfundzwanzig Prozent verschmelzen, bereits diese ermöglichen Ihnen ein beträchtliches Maß an Einfluss.
4. Wenn Sie verschmolzen sind – in welchem Grade auch immer –, lassen Sie Ihr Denken und Fühlen erkunden, welche Potenziale zur Modifizierung des Musters bestehen. Wenn Sie zum Beispiel an eine bestimmte Modifikation denken, die Sie wünschten, so achten Sie auf Ideen und Gefühle, die für Widerstand oder Fluss sprechen. Sie können nichts erzwingen, das nicht im Bereich des Wollens und Könnens Ihres Objekts liegt.

Außer der Tatsache, dass Sie nur mit vorhandenen Potenzialen arbeiten können, müssen Sie wissen, dass Sie beim Grocken zur Veränderung niemals allein arbeiten. Es wird immer jemand oder etwas anderes kooperieren und helfen oder sich der Veränderung widersetzen; deshalb dürfen Sie weder Erfolg noch Versagen oder Scheitern sich allein zuschreiben. Alles, was Sie tun können – und das ist eine gute Sache –, ist das Beste, was sie können.

Bei allen Beispielen, die nun folgen, geht es um das Grocken, um anderen zu helfen und sie zu heilen. Erinnern Sie sich, dass Sie jeden oder alles grocken können, um Ihr Wissen, Ihre Fertigkeiten und Ihr Wohlbefinden zu vertiefen bzw. zu steigern.

DAS ARBEITEN MIT MUSTERN

Bei der Arbeit mit Mustern werden wir nach einer hawaiianisch-schamanischen Praxis die Welt in sieben »Elemente« gliedern. Auf diese Weise lernen wir, für viele Arten und Typen von Problemen zu grocken. Jedes Element wird mit Richtlinien, Beispielen und Anmerkungen in einem eigenen Abschnitt behandelt. Die Reihenfolge der Elemente in dieser Darstellung ist nicht hierarchisch.

WASSER GROCKEN

Qualitäten, die Sie grocken können: Fließen, Absorption, Anpassungsfähigkeit, anhaltendes Einwirken

Wasser-verwandte Themen (Auswahl): überreichlicher Regen, Fluten, Gezeiten, Dürre, Wolken, Wasserversorgung

Beispiele

1. Ich half einmal während einer Dürrezeit, Regen in ein texanisches Tal zu bringen. Es war frappierend, dass der ganze Bundesstaat unter einer Dürre litt, doch wir vermochten binnen weniger Tage einen ordentlichen Regen in jenes Tal zu bringen.
2. Freunde und ich grockten einen Tsunami, der von Japan her auf Kauai zukam; es gab offizielle Katastrophenwarnungen. Es erübrigt sich zu sagen, dass alle Menschen, die zusammengeeilt waren, um das Unglück zu beobachten, sehr enttäuscht wurden, als nichts passierte. Wir arbeiten mit jedem Tsunami, über den wir erfahren, dass er sich Hawaii nähert, und seitdem wir damit begonnen haben, hat hier nicht ein einziger irgendwelchen Schaden angerichtet.
3. Auf Kauai liegt der Monat November schon in der Regenzeit. Achtzehn Jahre in Folge hielten wir am amerikanischen Thanksgiving-Day* auf der Regenseite der Insel ein Fest im Freien ab, und zum Teil dank unserer Grock-Aktivität wurde es uns nur ein einziges Mal verregnet.

* (am 4. Donnerstag im November; Anm. d. Übers.)

4. Mit Wolken zu arbeiten, macht Spaß, weil sie so gut ansprechen. Viele Male habe ich Wolken gegrockt und von Picknicks fortgelenkt oder sie herbeigeholt, wenn wir Schatten brauchten.
5. Ich finde es nützlich, bei Überflutungen das bewegte Wasser zu werden und zu versuchen, die unschädlichsten Bahnen zu finden, um in diese abzufließen.
6. Mit Erfolg habe ich auch Wasser aufgespürt, indem ich das Wasser »erfühlte«. Es gibt eine Technik, einen unterirdischen Wasserlauf umzulenken, indem man Metallstäbe dort in die Erde schlägt, wo die Ader in ein Gebäude eindringt und es flutet. Ich habe das einmal etwas anders gemacht, indem ich eine Gedankenform des Pfahles positionierte und dann das Wasser grockte, um mich selbst von der Gedankenform fortzulenken. Der Wassereinbruch versiegte.

STEIN GROCKEN

Qualitäten, die Sie grocken können: Stärke, Sicherheit, Geduld, Festigkeit

Stein-verwandte Themen (Auswahl): Erdbeben, Erdrutsche, Vulkane, Erosion, Bodenbeschaffenheit

Beispiele

1. Wir haben viel mit Erdbeben im Pazifischen Becken gearbeitet, am häufigsten, um die Auswirkungen von Nachbeben so weit wie möglich zu lindern, da die kurze Vorwarnzeit der Erstbeben kaum die Chance einer Einflussnahme erlaubt. Kürzlich hatten wir einige heftige Beben auf Big Island in der Nähe des Vulkans Kilauea, und unsere Arbeit war so wirkungsvoll, dass der Geologische Dienst der Vereinigten Staaten einen sehr ungewöhnlichen Tag registrierte, an dem nur ein kleines Beben innerhalb von 24 Stunden aufgezeichnet wurde; normalerweise haben wir an jedem Tag des Jahres viele kleine Beben. Unserer gewöhnliche Vorgehensweise ist, die Felsen in der Erdbebenzone zu grocken, zu fühlen, wo Spannungen bestehen, und diese zu entspannen.

2. Bei Erdrutschen und Erosion bemühen wir uns, ein Gebiet zu stabilisieren. Je nach Bodenbeschaffenheit versuchen wir, die chemische Zusammensetzung für den jeweiligen Zweck zu verändern.
3. Im Jahr 1990 floss Lava aus Kratern an der Flanke des Kilauea auf Big Island in Richtung des Küstenortes Kalapana. Eine Freundin, deren Haus in Gefahr war, bat mich zu kommen und zu tun, was ich konnte, um die Lava von ihrem Heim abzuhalten. Beim Grocken beschloss ich »als Lava«, ihr Haus nicht anzurühren. Später teilte sie mir mit, dass die Lava an ihrem Haus vorüberfloss, ohne es zu beschädigen; weil ihr Haus aber von Lava umgeben und alle Versorgungswege und Leitungen abgeschnitten waren, musste sie es aufgeben.

FEUER GROCKEN

Qualitäten, die Sie grocken können: Energie, Intensität, Veränderlichkeit, Gewahrsein, Aktion

Feuer-verwandte Themen (Auswahl): Brände, Hitze, Kälte, Dunkelheit, Licht

Beispiele

1. Waldbrände sind das Problem, mit dem wir in dieser Kategorie am häufigsten zu tun haben. Wenn wir mit Feuer direkt arbeiten, grocke ich das Feuer, fühle den fröhlich lodernden Drang der Energie und treffe dann die Entscheidung, mich zu beruhigen. Ich verwandle mich in Funken und schließlich in schlichte Wärme, die in der Umgebungstemperatur aufgeht. Freunden und mir ist es gelungen, die Ausbreitung vieler Brände so weit zu reduzieren, dass die Feuerwehrleute am Boden die Arbeit leichter vollenden können. Manchen Menschen fällt es aufgrund von Erinnerungen oder Assoziationen sehr schwer, Feuer zu grocken, doch ist es auch möglich, mit Bränden und Feuer zu arbeiten, indem man den Wind vermindert oder Regen herbeiruft.
2. Eine Veränderung der Umgebungstemperatur ist recht einfach

zu erreichen. In einer Reihe von Workshops konnte ich, wenn es in einem Raum zu warm oder zu kalt war, die ganze Gruppe dazu bringen, die Luft zu grocken und die Temperatur nach oben oder unten zu verändern; in New York beeinflusste unsere Gruppe einmal die Temperatur der Großstadt. Es ist hilfreich zu wissen, dass Luftmoleküle mehr Wärme abgeben, wenn sie sich schneller bewegen; wenn sie sich langsamer bewegen, empfinden wir es als kühl. Wenn Sie Luftmoleküle grocken und ihre Bewegung verlangsamen oder beschleunigen, ist die Auswirkung eine merkliche Veränderung der Temperatur. Es funktioniert am besten, wenn es eine Gruppe von Menschen gemeinsam praktiziert.

3. Wenn Sie mit Licht und Dunkelheit arbeiten, müssen Sie bedenken, dass diese stets in einem Verhältnis zueinander stehen. Auch wenn es unter normalen Umständen für uns Menschen absolut dunkel wirkt, gibt es doch Tiere und elektronische Geräte, die das Restlicht wahrnehmen können. Es gibt sogar einige Menschen, die sensibel genug sind, Licht zu sehen, wo andere es nicht mehr wahrnehmen. Beim Grocken von Licht können Sie es sich als Muster von Teilchen oder als Muster von Wellen vorstellen, es spielt wirklich keine Rolle. Ich persönlich stelle mir das Licht gern als ein Feldmuster vor. Wenn ich Veränderungen bewirken will, denke ich auch an ein Intensitätsmuster, das ich mehr fühle als visualisiere. In einigen Gruppen demonstriere ich das, indem ich mein persönliches Energiefeld grocke und es so weit verstärke, dass meine Zuhörer mit eigenen Augen sehen können, wie meine Aura heller wird. Auf ähnliche Weise können wir unser Feld oder einen Gegenstand aufhellen, um sie für die Menschen in der Nähe wahrnehmbarer zu machen, oder sie dämpfen, um uns selbst oder ein Objekt der Wahrnehmung zu entziehen.

Qualitäten, die Sie grocken können: Energie, Richtung, Anpassungsfähigkeit, Bewegung

Wind-verwandte Themen (Auswahl): Hurrikane, Tornados, Stürme und Winde aller Art, Hoch- und Tiefdrucksysteme, Luft allgemein

Beispiele

1. Meine Kollegen und ich haben durch Grocken schon viele Erfolge beim Umlenken und Abschwächen von Wirbelstürmen erzielt; denken Sie aber daran, dass es nur funktioniert, wenn die Möglichkeit dazu im Hurrikan selbst besteht. Wenn Sie einen Hurrikan grocken, nehmen Sie das beispielsweise wahr, als bewegten Sie sich in eine Richtung, es kann z. B. nur nach rechts gehen, aber unmöglich nach links. Als Grocker zu versuchen, den Hurrikan trotzdem nach links zu motivieren, wäre schlichtweg vergeudete Mühe. Hurrikane sind so machtvoll, dass ihre Energie so manchen Menschen entsetzt; in diesem Falle sind Sie besser beraten, auf der Symbol- oder subjektiven (telepathischen) Ebene zu arbeiten. Tornados sind so kurzlebig, dass ich noch keine Gelegenheit hatte, mit ihnen zu arbeiten. Lebte ich jedoch in einer Tornado-trächtigen Gegend, würde ich bestimmt meine Grock-Fertigkeiten trainieren.
2. Mit Winden von geringerer als Hurrikan- oder Tornado-Intensität ist einfach zu arbeiten, weil sie für Beeinflussung so empfänglich sind. Eine Gruppe, in der ich war, grockte einen großen Sturm, der sich vom Pazifik auf Kalifornien zubewegte. Am nächsten Tag strahlte die Wetterabteilung eines Nachrichtensenders im Fernsehen eine Karte aus, die zeigte, dass der Sturm tatsächlich gestoppt wurde und umkehrte. Ich erinnere mich, dass der Meteorologe kommentierte, er habe das noch nie zuvor gesehen. Gestern – am Tag, bevor ich dies niederschreibe –, arbeitete ich mit einigen Freunden auf Big Island in der Nähe von Volcano Village im Freien während einer Phase von dichtem »Vog« (vulkanischem Smog) und Windstille. Ich grockte die Luft, nahm als

solche eine spielerische Haltung an und beschloss, mich zu verziehen. Wenige Minuten später kam eine leichte Brise auf und befreite uns vom Vog. Freunde, die nicht weit von hier wohnen, berichteten, dass ihre Gegend massiv luftverschmutzt blieb. Zwei Stunden später brachte der Wind Wolken und starken Regen, der die Luft überall um uns reinwusch – an einem Tag, für den die Quellen der ersten Ebene keinen Regen vorhergesagt hatten.

PFLANZEN GROCKEN

Qualitäten, die Sie grocken können: Wachstum, Ausdehnung, Ernährung, Ausdauer, Transformation

Pflanzen-verwandte Themen (Auswahl): Heilen, Wachstum, Anpassungsfähigkeit, Ernährung

Beispiele

1. Pflanzen zu grocken, ist an und für sich ein wunderbares Erlebnis, aber wir können es auch tun, wenn eine Pflanze leidet oder kümmert – um das zu ändern. Manchmal muss eine Maßnahme auf der ersten Ebene erfolgen, dann geben Sie der Pflanze mehr Wasser oder Nährstoffe. Manchmal aber braucht sie mehr liebevolle Zuwendung von der zweiten Ebene oder einen heilenden Traum von der dritten Ebene. Als ich über Pflanzen allgemein mehr lernte, stellte ich fest, dass sie – wie Tiere und Menschen – so gestresst sein können, dass ihre Anfällig für Ungeziefer, Krankheiten und Umweltbedingungen zunimmt. Stress erzeugt Spannung, und so grocke ich die Pflanze auf der vierten Ebene und entspanne mich, dann öffne ich mich für mehr Nährstoffe aus der Luft, dem Licht und der Erde. Etwas Ähnliches praktiziere ich, wenn ich will, dass Samen oder Setzlinge kräftiger und schneller wachsen.
2. Eine weitere interessante Entdeckung war, dass Pflanzen sehr empfindlich auf ihre Umgebung ansprechen und ihnen ihre Position im Verhältnis zu ihrem Umfeld keinesfalls gleichgültig ist. Deshalb grocke ich eine Pflanze, bevor ich sie einpflanze, um

festzustellen, in welche Richtung sie »blicken« will, wenn ich sie in die Erde setze. Die Pflanze weiß es zu schätzen und lohnt es mit besserem Wachstum. Gelegentlich habe ich eine Pflanze gegrockt, die bereits in der Erde war, aber nicht sehr glücklich schien. Anschließend habe ich sie ausgegraben und neu ausgerichtet, mit sehr guten Ergebnissen. Manchmal habe ich einer Pflanze geholfen, sich einer neuen und anderen Umgebung anzupassen, indem ich sie grockte und etwas tat, was ich nur als »ihre Wesensart anpassen« beschreiben kann, so dass sie sich besser einleben konnte.

3. Im schamanischen Denken ist alles lebendig, deshalb gibt es so etwas wie »totes« Gemüse nicht, ob gekocht oder nicht. Doch angesichts der Art und Weise, wie manches Gemüse zubereitet wird, könnte es nützlich sein, das Gemüse auf meinem Teller zu grocken, um es zu energetisieren und seinen Geschmack und Nährwert zu steigern.

TIERE GROCKEN

Qualitäten, die Sie grocken können: alle Qualitäten, die bestimmten Tierarten eigen sind

Tier-verwandte Themen (Auswahl): Heilen, Energie, Stärke, Friedlichkeit

Beispiele

1. Wenn Tiere krank werden, ist Grocken eine sehr gute, ihre Heilung ergänzende Hilfe. Auf diese Weise können Sie nicht nur mehr über die inneren Gründe, Faktoren und Zusammenhänge der Erkrankung oder des Unbehagens herausfinden, sondern auch die natürlichen Heilungsfunktionen mit Energie stärken und die Ausscheidung von Giftstoffen beschleunigen. Sie können auch die Lösung emotionaler Probleme unterstützen, die zu der Krankheit beigetragen haben. In einem recht dramatischen Fall grockte ich ein sterbendes Kätzchen und half damit, es binnen einer Stunde wieder gesund zu machen. Das Gleiche tat ich

für einen Wildvogel, den Freunde im Wald gefunden und zu mir gebracht hatten; er war zu krank zum Fliegen. Es dauerte mehrere Stunden, bis der Vogel wieder in der Lage war, selbständig zu fliegen.

2. Tiere leiden sehr unter emotionaler Spannung, deren Ursache meist die Gefühlszustände der Menschen in ihrer Umgebung, drastische Veränderungen der Lebensbedingungen, Mangel an Liebe oder Verwirrung über ihre Rolle sind. Ich erwähnte bereits in einem früheren Kapitel, wie ich die Anregungen von Cesar Millan umsetzte, indem ich mich selbst in einen Zustand von ruhigem Vertrauen versetzte. Häufig wandle ich den Vorgang ab und grocke eines kluges, zutrauliches Tier oder den ruhigen, vertrauensvollen Eigentümer des Tieres, um die Anspannung bei den Tieren zu lösen. Ich kann auch das Tier selbst grocken und viel Spannung lindern, aber meist sind so viele Umgebungsfaktoren im Spiel, dass solche Hilfe allzu oft nur vorübergehender Natur ist, wenn nicht die innere Einstellung des Tieres verändert wird.

MENSCHEN GROCKEN

Qualitäten, die Sie grocken können: alle Qualitäten, Talente oder Fertigkeiten, die Sie mit einem bestimmten Menschen assoziieren, tatsächlich oder in der Vorstellung

Menschen-verwandte Themen (Auswahl): Heilen von Krankheit, Stress, Spannung, Emotionen, Zweifel, Verwirrung

Beispiele

1. Eine der Probleme beim Grocken von Menschen zum Zwecke der Heilung ist, dass sie so sehr wie wir selbst sind. Was ich damit meine? Wenn Sie helfen wollen und einen Menschen grocken, der Krebs oder ein gebrochenes Bein hat, dann müssen Sie willens sein, den Krebs oder das gebrochene Bein zu erleben, während Sie grocken, und Sie müssen fähig sein, sich davon zu lösen, wenn Sie aus dem Grocken hervorgehen. Wenn Sie sich vor dem

Zustand oder Leiden des anderen Menschen fürchten oder sich unsicher fühlen, dann grocken Sie nicht; tun Sie etwas anderes, um zu helfen. Arbeiten Sie mit einer anderen Weltsicht. Es besteht absolut keine Gefahr, dass Sie allein aufgrund des Grockens die Probleme oder die Krankheit der anderen Person an sich selbst entwickeln; aber wenn Sie zu ängstlich sind, könnte Ihr Leibsinn das für eine Anweisung halten, das Leiden zu kopieren. Das einzige andere Problem ist, dass Ihre Angst bewirken könnte, dass Sie aus dem Grocken »herausschnellen«. Anders ausgedrückt: Wenn Sie die Identifikation nicht aufrechterhalten könnten, wäre Ihr Grocken vergeblich. Doch das ist in Ordnung; es gibt zahlreiche andere Möglichkeiten, jemandem zu helfen.

2. Ich habe so oft mit Grocken gearbeitet, um Menschen zu helfen, dass ich Ihnen, anstatt einzelne Fälle zu erzählen, eine spezifische Vorgehensweise beschreibe, die ich aus der Dynamind-Technik übernehme (s. mein Buch: *Die Dynamaind-Technik)* und für diesen Rahmen anpasse:
   a) Atmen Sie tief ein und aus, und entspannen Sie sich, so tief Sie können.
   b) Denken Sie an eine Person, der Sie helfen wollen, und denken Sie an den Zustand, den diese Person verändern will.
   c) Stellen Sie sich vor, die Person mit dem Leiden zu sein. Nehmen Sie sich so viel Zeit, wie Sie brauchen, bis Sie möglichst deutlich und umfassend fühlen können, dass Sie wirklich die Person *sind,* und sagen Sie zu sich: »Ich bin [Name].«
   d) *Als jene Person* machen Sie mit folgender Formel eine Aussage; ersetzen Sie dabei Wörter nach Ihrer Wahl, so dass sie passen: »Ich habe ein Problem, und das kann sich ändern. Ich will, dass das Problem fortgeht und etwas Besseres an seine Stelle tritt.«
   e) Klopfen Sie sich sieben Mal leicht auf die Brust, klopfen Sie sieben Mal von oben – der Handrücken weist nach oben – auf die »Schwimmhaut« zwischen Daumen und Zeigefinger an beiden Händen, und klopfen Sie sieben Mal auf den leicht hervorstehenden Rückenwirbel am unteren Ende Ihres Nackens.

f) Führen Sie die Hände zusammen, atmen Sie tief ein und sammeln Sie dabei Ihre Aufmerksamkeit auf dem Scheitel; danach atmen Sie tief aus und sammeln Sie dabei Ihre Aufmerksamkeit unter den Fußsohlen. Fühlen Sie, wie ihr Körper darauf anspricht und wiederholen Sie dies nach Belieben.
g) Wenn Sie fertig sind, sagen Sie zu sich: »Ich bin [Ihr eigener Name]«, und Sie sind fertig.

Und fertig ist nun auch dieses Buch (abgesehen von einem weiteren Gedicht und ein wenig Text über mich selbst, die noch folgen).

Es war mir ein großes Vergnügen, diese Gedanken mit Ihnen zu teilen – weil ich es liebe, Ideen mitzuteilen, und weil das Schreiben mir Erinnerungen an Dinge und Begebenheiten in den Sinn zurückgerufen hat, die lang vergessen waren … und mich auf Dinge gebracht hat, über die ich noch nie nachgedacht habe. Ich hoffe, Sie haben es ebenfalls genossen. Am meisten aber hoffe ich, dass Sie dieses Buch, meine anderen Bücher und jede andere Quelle, die Sie finden können, nutzen werden, um dazu beizutragen, diese Welt zu einem besseren Ort zu machen.

NACHWORT

ES GIBT EIN MICH

Es gibt ein *mich* ganz nah bei mir,
So selbstsicher und schlau;
Und ganz gleich, was es versucht,
Es kann's, und zwar genau.

Es zweifelt nie an seinem Wert,
Seine Zukunft steckt voll Sinn.
So führt es voller Zuversicht
Das andre Selbst, das ich bin.

Das nahe Selbst benutzt Geld
Als spirituelles Gerät.
Es mangelt ihm an nichts,
Weil im Überfluss es lebt.

Es liebt die Schwachen, es liebt die Starken,
Es ist tolerant und stärkt.
Keinen Moment lang vergisst es,
Dass alles, was es denkt, auch wirkt.

Stets sind seine Gedanken richtig,
Um heil zu sein, und zuweilen
Die Anderen, die es trifft, zu lehren,
Sich auch selbst zu heilen.

Es kennt sich aus im inneren Raum;
Der Traum ist seine Welt;
Es ist alles, was ich gern wär'
Und was so schwer mir fällt.

Und es ist ich, und ich bin es.
Zwischen uns ist's nicht sehr weit.
Ich kann seine Talente nutzen;
Dazu bin ich bereit.

Die Antwort sind Wasser, Luft und Erde,
Und Feuer, das endlos brennt.
Ich übersetze: das Fühlen, Denken,
Konzentration und leidenschaftliches Element.

Serge Kahili King, 1979

ÜBER DEN VERFASSER

Serge Kahili King, Ph.D., ist ein Ehemann, Vater, Freund, Schamane, Schriftsteller, Lehrer, Geschichtenerzähler, Psychologe und Computerspieler – in dieser Reihenfolge. Darüber hinaus liebt er die hawaiianische Kultur, lernt gern neue Dinge und sammelt Steine.

Er erlebte intensive Lehrzeiten bei hawaiianischen, afrikanischen und mongolischen Schamanen, bereiste mehr als fünfzig Länder (bisher) und leitet Aloha International, ein weltweites Netz von Menschen, die dazu beitragen, diese Welt zu einem besseren Ort zu machen.

Dr. King lebt mit seiner Frau und vier Computern neben einem aktiven Vulkan auf der Insel Hawaii und widmet sich dem Schreiben von Büchern, dem Unterrichten von Gruppen, dem Entwickeln eines virtuellen Huna-Zentrums in »Second Life« und dem Schutz des Urwalds.

Weitere Informationen finden Sie beim Besuch folgender Websites:

www.huna.org
www.huna.net
www.alohainternational.org
www.sergeking.com

KONTAKTADRESSEN

Deutschland:
Spirit of Aloha – Petra Sittel & Dominik Chudzinsky
Tel. und Fax: 0 81 77 – 87 60
info@spirit-of-aloha.de
www.spirit-of-aloha.de

Schweiz:
aeon Zentrum für Psychosynthese und ganzheitliches Heilen
Dornacherstrasse 101
CH-4053 Basel
Tel. +41 61 262 32 00
Fax +41 61 262 32 01

VON SERGE KAHILI KING SIND BEI LÜCHOW ERSCHIENEN

BÜCHER

Der Stadt-Schamane. Ein Handbuch zur Transformation durch Huna, das Urwissen der hawaiianischen Schamanen

Die Dynamind-Technik. Vier einfache Schritte zur Heilung

Healing Relationships. Durch Huna im Einklang mit sich und der Umwelt

Instant Healing Jetzt! Ganzheitliche Methoden, um sich schnell von Schmerz und Leid zu befreien

Huna. Der hawaiianische Weg zu einem erfüllten Leben

Kahuna Healing. Die Heilkunst der Hawaiianer

Grenzenlose Kraft. Entdecken Sie ihr Potenzial mit dem Stadtschamanen

CDS

Der Stadt-Schamane

Der schamanische Weg nach Innen. Meditationen aus Hawaii

Healing Relationships. Durch Huna im Einklang mit sich und der Umwelt

Huna und Liebe. Das heilende Wissen der Schamanen Hawaiis

KARTENSET

Aloha Spirit. Weisheiten aus Hawaii auf 62 Karten